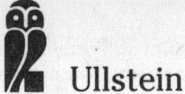  Ullstein

Peter Boccarius

MICHAEL ENDE

Der Anfang der Geschichte

Mit einem aktuellen Nachwort

Ullstein

ein Ullstein Buch
Nr. 23844
im Verlag Ullstein GmbH,
Frankfurt/M – Berlin

Aktualisierte Ausgabe

Umschlaggestaltung:
Vera Bauer
Foto: Nomi Baumgartl/Bilderberg
Alle Rechte vorbehalten
Taschenbuchausgabe mit
freundlicher Genehmigung der
F. A. Herbig Verlagsbuchhandlung
GmbH, München
© 1990 nymphenburger in der
F. A. Herbig Verlagsbuchhandlung
GmbH, München
Printed in Germany 1995
Druck und Verarbeitung:
Ebner Ulm
ISBN 3 548 23844 0

Dezember 1995
Gedruckt auf alterungs-
beständigem Papier mit
chlorfrei gebleichtem Zellstoff

Die Deutsche Bibliothek –
CIP-Einheitsaufnahme

Boccarius, Peter:
Michael Ende : der Anfang der
Geschichte / Peter Boccarius. Mit
einem aktuellen Nachw. –
Aktualisierte Ausg. – Frankfurt/M ;
Berlin : Ullstein, 1995
    (Ullstein-Buch ; Nr. 23844)
    ISBN 3-548-23844-0
NE: GT

Dieses Buch entstand,
als Michael Ende noch am Leben war.

Als er starb,
schrieb ihm der Verfasser einen letzten Brief.

Er steht am Schluß dieses Buches.

Inhalt

ERSTES KAPITEL

Wie er in eine nicht sehr geheure Welt hineingeboren wurde

(Garmisch, 1929–1931)

Einen Löwen den Berg hinauftragen – Geldsorgen – Der listige Engel von Altona – Regen, Streit und eine Tasse Tee – Traurig in Palästina – Schloß Elmau – Eine liebeleere Kindheit – Michael in der Krippe – Mucki oder die Gemütlichkeit bei warmen Buttersemmeln – Eine Lokomotive braust heran – Lebenswende durch einen eleganten Herrn – Jubel und Aufbruch Der Seher vom Elsaß

1

ALS SIE SCHWANGER WAR, träumte ihr, sie müsse einen jungen Löwen einen Berg hinauftragen. Dann, im Operationssaal des Gemeindekrankenhauses, als man ihr den Sohn aus dem Leib schnitt, schien es der Bewußtlosen, als ob sie einen endlosen Gang entlangliefe, immer wieder durch Türen, die hinter ihr ins Schloß fielen; und sie lief und entfernte sich – bis eine Stimme sie zurückrief: »Du hast ein Kind.«

Der junge Löwe wog über neun Pfund. Die Mutter, nur 1,58 m groß, mit viel zu engem Becken und schon beinahe achtunddreißig Jahre alt, hatte noch nie geboren. Deshalb gab es nur eine Chance – »außer mit Anbohrung des Kindes«, wie Sanitätsrat Dr. Ulrich attestierte –: den Kaiserschnitt. Sie holten Michael am 12. November 1929, 17.15 Uhr. Die Sonne stand im Skorpion, im Osten stieg das Zeichen der Zwillinge herauf. Die Mutter brauchte lange, bis sie sich erholte. Er wurde als Michael Andreas Helmut unter der Nr. 87 ins Garmischer Geburtsregister eingetragen, Sohn des Kunstmalers und Bildhauers Edgar Karl Alfons Ende und seiner Ehefrau Luise, geborene Bartholomä; beide wohnhaft in Garmisch, Bahnhofstraße 47. Michael: Das war der Wunschname der Eltern. Helmuth (mit th) hieß Edgars jüngerer Bruder. Andreas? Es gab ein Gedicht, das den

Endes viel bedeutete. Der Malerdichter Karl Thylmann hatte es im Ersten Weltkrieg, bevor er fiel, für seinen kleinen Sohn Andreas geschrieben, und die ersten seiner tiefgründigen Verse lauteten so:

ANDREAS, DEM SÄUGLING

Dein Geist, hersinkend jahrelang immer noch fern,
Überschattet die schlafende Form.
Ich neige mich dir, ich bin nicht älter als du.
Im Anfang wehten wir, Flocken vom Urlicht,
Auf die Bahn zum Beginn.
Licht wollen wir erst wieder werden,
Schaffendes Licht.

Du schläfst, aber hörst mich.
Du bist noch groß vom Reich,
In dem du wobest seit du gestorben warst.
Wie du, Kindlein, sollen wir werden,
Spricht der Eine,
Wie du.
Das ist das schwerste der Wunder.

Wie oft hatten Edgar und Lise in den Monaten des Wartens dieses Gedicht studiert – der werdende Vater, der das Pathos liebte, und die werdende Mutter, für die es Gewißheit war, daß sie einem ganz besonderen Menschenkind das Leben schenken würde.
Die Schmerzen, die Probleme, die Geldnöte konnten sie in dieser Gewißheit nicht erschüttern.
War die Geburt schwer gewesen, die finanziellen Sorgen waren eine Katastrophe. Prompt, noch 1929, trafen die Arztrechnungen ein. Chirurg Dr. J. Mehltretter forderte für den Kaiserschnitt 250 Mark, Sanitätsrat Dr. Hans Ulrich wollte 120 Mark für »Beistand bei Entbindung/Operation und Nachbehandlung«. Dazu kam wohl das Honorar für die Hebamme, Frau Hiensch (doch gibt es darüber keine Urkunde mehr). Und bei der Entlassung von Mutter und Kind – oder kurz danach – hatten die Endes die Forde-

rung der Klinik befriedigen müssen: »Verpflegung = 13 Tage à 8 RM m. Kind 104 RM« stand da; »Narkose und Nähmaterial 15 RM« und so weiter. Bis hin zu »Zäpfchen 3 RM«, acht Posten zu insgesamt 170 Mark (Faks. S. 289/290).

540 Reichsmark – eine Riesensumme in diesen Tagen, in denen man den Biedermeiersekretär der Bayernkönigin Karoline (1776–1841) für 80 Mark ersteigern konnte, und einen in aller Welt bekannten Kupferstich wie Dürers *Ritter, Tod und Teufel* für ganze 8600 Mark. Schlechte Zeiten, die Endes haben Geldsorgen, und da sind auch noch Raten zu bezahlen; und die Großeltern in Hamburg können nichts beisteuern – der alte Herr hat gerade wieder einmal mit einem seiner todsicheren Geschäfte (diesmal in Leder) ein kleines Vermögen vertan: 3000 Mark.

2

12. November 1929: ein Tag wie viele andere. In München führt das Nationaltheater die *Bohème* auf, das Residenztheater *Präsidentenwahl* von Max Halbe; und in den Kammerspielen gastiert das Moskauer hebräische Künstlertheater »Habimah« mit einem Stück von Scholem Alejchem. Die junge Schauspielerin Erika Mann freut sich über ein – allerdings auf vier Monate befristetes – Engagement an die Bayerischen Staatstheater; Heinz Rühmann, Star der Kammerspiele, wird am kommenden Donnerstag in Landshut ein Gastspiel geben. Die Luitpold-Lichtspiele in der Briennerstraße locken mit Spektakulärem (3.30, 6.00 und 8.30 Uhr): Man zeigt Duponts *Atlantic*, den »1. deutschen Sprech- und Ton-Grossfilm«, mit Fritz Kortner und Lucie Mannheim in den Hauptrollen (es gibt kleine technische Pannen). Für acht Uhr bittet ein Dr. med. Müller in den ersten Stock des Museums zum Atemkurs für Fortgeschrittene, bei der Christengemeinschaft erörtert Pfarrer Rudolf Meyer, Prag, öffentlich die Frage: »Wer war Christus?« Beim Südbahnhof, in der Ruppertstraße, hat ein Dienstmädchen Gift genommen, draußen in Forsenried ist das Ökonomieanwesen des Landwirts Jakob Adam fast ganz heruntergebrannt. Die Polizei warnt dringlich vor Ketten-

briefen und bittet, sie samt Umschlag in Zimmer 304 der Polizeidirektion abzugeben.

Nichts Besonderes also, ein Tag wie viele andere. Wer weiß denn schon, daß die Welt dabei ist, aus den Fugen zu geraten?

3

Vor Michael Endes Geburt ist einiges Bemerkenswerte passiert, und ein Engel hatte alle Hände voll zu tun, um die Geburt im Gemeindekrankenhaus von Garmisch möglich zu machen. Und das kam so: Der siebenundzwanzigjährige Edgar Ende, Kunstmaler in Hamburg, gehört durchaus nicht zu den Berühmtheiten dieser Zeit, wenn er auch nicht mehr ganz unbekannt ist. Er arbeitet in einem Atelier, das ihm die Stadt Altona zur Verfügung gestellt hat, tut dies und das für seinen Namen als Künstler, verkauft auch manchmal eines seiner rätselhaften Ölbilder und steckt immer in Geldnöten. Eine gescheiterte Ehe hat er bereits hinter sich, er sieht gut aus, ein junger Hüne; und er ist verliebt, sehr.

Es geht nicht anders: Vater Edgars Liebesgeschichte mit dem schönen jüdischen Mädchen unbekannten Namens muß hier, am Anfang dieses Buches über seinen Sohn stehen, es ist eine Frage der Existenz. Denn: Nehmen wir einmal an, es gibt Engel, dann hätte Michael Endes Schicksalsengel doch damals – 1928 – vor einem schier unlösbaren Problem gestanden: wie Michaels Eltern zusammenbringen, nämlich das aus dem Saarland gebürtige Fräulein Bartholomä, das in Garmisch in seinem Laden für arabische Spitzen sitzt und näht; und den jungen Maler aus dem Norden, der zwar ab und zu in die quirlige, überschäumende Reichshauptstadt Berlin reist, dem es aber partout nicht einfallen will, sich auch einmal die Alpen, Garmisch und seine Schönheiten anzusehen.

Engel sind kundig im Unmöglichen, und dieser hier macht sich besonders unerschrocken ans Werk. Besagtes Mädchen in Hamburg kommt ihm dabei zupaß, und man darf ohne weiteres annehmen, daß er es war, der den jüdischen Eltern unüberwindliche Abneigung gegen den freienden Jüngling und jungen Hünen ins

Herz pflanzte. Barsch wird die Tochter entfernt, weit weg geschickt, ins Internat – in ein Internat im südlichsten Teil Deutschlands, in Garmisch (dort also, wo das Fräulein Bartholomä sitzt und näht).

Sehr gut und alles schon halb gewonnen, der Rest ist für einen Engel ein Kinderspiel, der Rest trägt sich dort zu, wo Engel zu Hause sind: im Herzen der Liebenden.

Der junge Herr Edgar in Altona träumt, seufzt, leidet, da braucht der Engel die Fühlfäden nur noch etwas strammer anzuziehen. Bis der Maler vom einen zum anderen Augenblick erkennt: Er muß auf der Stelle sterben, wenn er das Mädchen nicht wiedersieht. Kaum daß er seinem Bruder Helmuth die Schlüssel zum Atelier in die Hand drücken kann – fort ist er, auf dem Weg zum Bahnhof, ohne Koffer, nur mit dem, was er auf dem Leibe trägt. Und schon rast sein Zug durch die Lüneburger Heide, weiter, über die Mittelgebirge, weiter, weiter, nach Süden, o ja, nach Süden, bis zu dem ersehnten Zipfel ganz unten auf der Landkarte, dem mit den alpinen Schönheiten (wo das nichtsahnende Fräulein Bartholomä im Laden sitzt und näht). Und Michaels Schicksalsengel kann befriedigt die Hände in den Schoß legen, die Arbeit ist getan, alles wird sich nun von allein abspulen; und vielleicht ist der Geflügelte an diesem Punkte der Geschichte erst einmal wieder himmelwärts entschwunden.

Hier endet das exakte Wissen des Chronisten über Vater Edgars Romanze mit der schönen Unbekannten, der im Internat; denn nichts weiß die Familiensaga der Endes weiter darüber – kein Wort über unverantwortliche Stunden der Leidenschaft an Gletscherspalten oder über verträumte Wanderungen hinauf zu Berghütten, wo frische Buttermilch und bestürzende Naturerlebnisse der Liebenden harren; nichts über feuerspeiende Internatsdirektorinnen oder über Teestunden im Vestibül des Mädcheninstituts, vielleicht beim Klavierklang von Beethovens *Albumblatt für Elise*. Nein, die Zeit hat alle Spuren verweht, nichts ist bekannt über diese Liebe und über das weitere Schicksal des jüdischen Mädchens, das dem Engel des ungeborenen Michael als Angelhaken diente.

Wir können der Schönen nur still unseren Dank sagen für ihren – wenn auch unfreiwilligen, wenn auch passiven – Anteil an der Existenz des *Momo*-Autors. Und ihr wünschen, sie möge ein leich-

tes, ein freies Leben gelebt haben; und daß ihr, als Deutschland der
Teufel ritt, die Flucht über die Grenze gelungen ist.

4

Aber der junge Herr Edgar! Gar nicht lange, und er taucht wieder
auf aus dem Nebel dieser vergessenen Tage, in Garmisch natürlich,
immer noch in Garmisch, wo es bekanntlich gar nicht so selten
regnet – wie zum Beispiel an diesem schicksalsträchtigen Nachmittag des Jahres 1928. Der junge Mann, ohne Schirm und Mantel aus
seiner Pension »Nirwana« aufgebrochen, muß schleunigst nach
einem Unterschlupf vor den dicken Tropfen suchen. Und weil er
gerade in der Bahnhofstraße am Bunten Haus vorbeikommt, an
einem kleinen Laden mit Spitzen aus Arabien und bunten Edelsteinen aus Idar-Oberstein, dem Laden einer gewissen Lise Bartholomä
– deshalb stürzt Edgar kurzentschlossen hinein.
Die Chefin ist selber da (eine ziemlich kleine Person, findet er) und
legt Kunden Waren vor. Edgar lungert herum, schielt nach spitzen-
besetzten Damen-Negligés, sieht sich Steine an, Granate, Amethy-
ste, schöne Bergkristalle – so vergeht die Zeit. Und vielleicht haben
Edgar und Lise da auch zum erstenmal miteinander gelacht; denn
möglich ist es, daß Jonathan, Lises Kapuzineräffchen, der Schrek-
ken aller Nähmädchen, herumturnte und seine Possen riß.
Das Lachen vergeht Fräulein Bartholomä, als der Ladenschluß naht
und der kaufunlustige Kunde immer noch nicht verschwinden will
(es regnet weiter). Sie findet, daß er ein ziemlich unverschämter
Bursche ist und außerdem zu schön – schöne Jünglinge mag sie
nicht. Und schon bekommt Edgar von seiner zukünftigen zweiten
Gattin die erste Lektion (und weiß von nun an, womit er ein halbes
Leben wird rechnen müssen): Diese Frau macht aus ihrem Herzen
keine Mördergrube.
Sie will, daß er geht – er kümmert sich nicht darum (es regnet
weiter). Sie zankt ärgerlich zu dem Hünen hinauf; er, auch nicht
schüchtern, raunzt mit seinem Hamburg-Akzent arrogant zu ihr
herunter. Sie streiten, daß die Vitrinen scheppern und die Nacht-

hemden wippen; der Affe (dürfen wir annehmen) hüpft kreischend auf den Kronleuchter, die Nähmädchen äugen neugierig in den Laden herein – bis Fräulein Bartholomä seufzend einlenkt: »Schön, dann kommen Sie eben noch einen Sprung mit nach oben und trinken mit mir eine Tasse Tee.« Nach oben – das heißt: in den ersten Stock, in die Wohnung der Ladenbesitzerin.

Beim Tee erzählt er ihr, daß er Kunstmaler ist, er nimmt einen Bleistift und skizziert, was er so auf die Leinwand bannt. Lise ist beeindruckt, sie hat schon immer ein Herz für mittellose Künstler gehabt.

5

Die Tasse Tee hat Folgen, im Juli gehen die Verlobungsanzeigen hinaus, am 22. Februar 1929 wird geheiratet. Es herrscht bitterkalter Winter in Europa. München hat in diesem Februar Fröste von minus dreißig Grad zu ertragen, und aus Mecklenburg wird gemeldet: Ostsee zugefroren, die Schiffe stecken im Eis fest. Im Süden, an der Riviera, zittern die Italiener und Franzosen bei Temperaturen von minus dreizehn Grad, und im Balkan heulen die Wölfe.

Kälte hin, Kälte her – auf dem Garmischer Standesamt werden als Vermählte eingetragen (Registernummer 7, Aufgebotsverzeichnis Nr. 123/1928): der Maler und Bildhauer Edgar Karl Alfons Ende, 28, aus Altona; und die Geschäftsinhaberin Luise Bartholomä, 37, aus Neunkirchen; beide gegenwärtig wohnhaft in Garmisch, Bahnhofstraße 47. Ihre Trauzeugen: der Kaufmann Fritz Staackmann, 49 Jahre alt, und der Architekt Arthur Holzheimer, 30 Jahre alt.

Die Eltern des Bräutigams sind Carl Gustav Reinhold Ende, Wachszieher, Handlungsreisender, Nachtportier, Straßenbahnschaffner, Agent, Inhaber einer Pantoffel- und Hausschuh-Manufaktur in Altona; und seine Ehefrau Auguste Sophie, geborene Wille; beide am Leben.

Die Eltern der Braut: Philipp Karl Bartholomä, verstorbener Hüttenarbeiter in Neunkirchen/Saar; und seine zweite Ehefrau Katharina Elisabeth, geborene Sattler, ebenfalls schon lange tot.

Die jungen Eheleute sind arm, aber glücklich. Es wird schon alles besser werden, hoffen sie.

Doch das täuscht.

6

1929 – eine Endzeit. Nur: Wer weiß das schon? Die meisten ahnen es auch nicht am 25. Oktober 1929: Das ist der Schwarze Freitag, der dem Black Thursday der Amerikaner folgt, dem Tag, an dem die Börsenkurse in New York ins Bodenlose stürzen. Aber nun beginnt die Weltwirtschaftskrise, schleichend und langsam erst, dann galoppierend: Anfang 1933 wird es sechs Millionen Arbeitslose in Deutschland geben, und Hunger, Geschäftszusammenbrüche und der Selbstmord Ruinierter gehören dann zum Alltag.

1929: Wer ahnt schon, was es bedeutet, daß ein Mann namens Hitler einen Mann namens Himmler zum »Reichsführer SS« macht? Die Demokratie wird sterben. Noch ist Kaiser Wilhelms Generalfeldmarschall aus dem Ersten Weltkrieg, Paul von Hindenburg, Reichspräsident, noch ein Sozialdemokrat Müller Reichskanzler – noch. Aber sie marschieren schon durch die Straßen, die künftigen Herren mit ihren braunen Kolonnen, halten Massenversammlungen ab, prügeln sich und schreien nach Rache, wenn einer der Ihren verprügelt wird; ihre Zeitungen beschimpfen, verleumden, demütigen die deutschen Juden, alle Juden, schüren Haß und triumphieren. Und die da marschieren, randalieren, agitieren, verleumden, die Anhänger, Vorläufer, Vorredner des Dritten Reichs – sie werden bald Grund zum Triumph haben: Schon die Reichstagswahl vom 14. September 1930 wird die Nationalsozialistische Deutsche Arbeiterpartei nahe an die Macht heranbringen, sechs Millionen Wähler werden dafür sorgen; und was vorher eine Splitterpartei mit zwölf Abgeordneten im Reichstag war, darf dann 107 Sitze im Parlament beanspruchen – als zweitgrößte Fraktion, nur die Sozialdemokraten haben mehr.

1929: Theodor Heuss veröffentlicht sein Werk *Das Wesen der Demokratie.* Joseph Goebbels hat mit seinem Theaterstück *Blutsaat* Premiere an der Nationalsozialistischen Versuchsbühne in Berlin – demselben Berlin, das jüdischen Theaterkünstlern wie Fritzi Massary, Elisabeth Bergner, Fritz Kortner, Max Reinhardt zujubelt. Noch.

7

Im Alter wird die Sonntagsmalerin Lise Ende fast immer auf ihren kleinformatigen Temperabildern, irgendwo in einer Ecke, auch ein bleiches, einsames Mädchen darstellen: ein Waisenkind. Fast zwanghaft tut sie das; denn da ist etwas, das sie nicht vergessen kann.

Geboren in Neunkirchen im Saarland, hat sie sehr bald ihre Eltern verloren: Als sie noch keine vier Monate zählte, verunglückte der Vater, ein Hüttenarbeiter, tödlich beim Anstich des Hochofens, er fiel in die glühende Masse. Die Mutter ist dreieinhalb Jahre später tot, und Lise kommt ins Waisenhaus. Sie wird es erst mehr als ein Jahrzehnt später wieder verlassen.

Da macht sie sich auf den Weg nach Palästina. Ihre Halbschwester Pauline lebt dort als Diakonissin, sie gehört zu den Kaiserswerther Schwestern. Die pflegen auch im Vorderen Orient die Kranken, bringen den Kindern Lesen, Schreiben und ein wenig Bildung bei. Pauline, achtzehn Jahre älter als Lise, meint, die kleine Schwester könne ihr dabei zur Hand gehen. (Der Vater, Philipp Karl Bartholomä [1835–1892], hatte aus zwei Ehen sechzehn Kinder. Pauline war das älteste, Lise das jüngste.)

Aber Lise wird nicht glücklich in Palästina. Und statt weiter im Heiligen Land zu putzen und zu wienern, kehrt sie nach Deutschland zurück. Als der Erste Weltkrieg ausbricht, wird sie Krankenschwester, betreut Verwundete, dann geht auch das zu Ende. Im Rheinland finden wir sie wieder, Lise betreibt dort einen Laden, ähnlich dem im Garmischer Bunten Haus, den wir schon kennen. Das Unternehmen floriert, zeitweilig finden dort bis zu zehn Nähmädchen Lohn und Brot. Sie fertigen Spitzenwäsche an, die ist begehrt, vor allem bei den jüdischen Kundinnen. Und so behaglich waren die Verhältnisse der jungen Chefin damals, daß sie sogar notleidenden Künstlern hin und wieder einen Geldschein zustecken konnte, schon früh hat sie ihre Liebe zur Malerei entdeckt.

Aber diese Kindheit, diese Jugend! Lise Bartholomä-Ende wuchs in den entscheidenden Entwicklungsjahren bei Menschen auf, die tagtäglich mit ihrem Schöpfer Umgang pflegten, auf kernige Weise und eher karg und farblos, gemäß dem protestantischen Kirchenglauben. Das hatte auch sein Gutes, es machte die kleine Bartholomä bibelfest – so bibelfest, daß sie später zum Schrecken jedes Sektierers wurde. Läutete er zwecks Bekehrung an der Wohnungstür, schlug ihn die Öffnende alsbald in die Flucht, wenn er sie mit Bibelzitaten aus dem Alten und Neuen Testament in sein Lager zu ziehen suchte; denn jedes Zitat wußte sie zu entkräften. Wie aus der Pistole geschossen stellte sie ihm ein anderes Wort des Herrn gegenüber: »Es steht aber auch geschrieben . . .«, antwortete Lise dann sachkundig und redete, bis der Sektierer nicht mehr ein noch aus wußte.

Bibelfest ja – aber fromm? Nicht nach den Maßstäben ihrer Kirche. Wie sie in der Obhut der emsigen Schwester keine Heimat gefunden hatte, so auch nicht im evangelischen Glauben. Möglich, daß Übereifrige ihr diesen Glauben schon im Waisenhaus ausgetrieben hatten. Wahrscheinlicher ist, daß der Protestantismus Lises Heißhunger eben nicht stillen konnte – den Heißhunger und die Sehnsucht nach den erddunklen Farben von Märchen und Mythos. So klug und praktisch diese Frau ihr Leben führte – Nüchternheit im Religiösen war nicht ihre Sache. Sie brauchte, was Edgar ihr dann mit seinen geheimnisvollen Leinwandvisionen ins Haus brachte; und das hat sie weitergereicht an den Sohn.

War sie keine fromme Protestantin, so war sie doch eine tiefgläubige Frau. Sie hatte jüdische Freunde, vertiefte sich in die Weisheitsbücher fernöstlicher Religionen – doch für ihr innerstes Leben galt: Ohne Christus konnte sie nicht sein. Und als sie dann nach dem zu fahnden begann, was ihrer Art des Religiösen entsprach, als sie Christus außerhalb der christlichen Konventionen suchte, eine Ketzerin, der in früheren Zeiten der Scheiterhaufen der Inquisition gewiß gewesen wäre – da traf man sie immer in Kreisen, die den Gekreuzigten in den Mittelpunkt des Lebens stellten.

So kommt Lise eines Tages auch auf die Elmau, das Neo-Märchenschloß im Gebirgstal zwischen Garmisch und Mittenwald. Hier, am Fuß der Wettersteinwand, schart einer der vielen Propheten der zwanziger Jahre Gäste und Bewunderer um sich – Hungrige, Enttäuschte, Einsame, Suchende: der vergötterte, verteufelte Johannes Müller (1864–1949).

Er ist ein Philosoph des praktischen Lebens, Gott zu- und der Welt nicht abgeneigt; und nicht sauertöpfisch und mystisch, sondern fröhlich und bunt geht es zu in seinem Schloß hinter den sieben Bergen, bei Tanz, Tee und Musik, mit allen möglichen heiligen und unheiligen Gesellen und Gesellinnen. In diesem Geistzentrum reden und streiten Intellektuelle und Künstler von Rang mit den Stillen im Lande, mit Grüblern und Spinnern, Pfarrern und Studenten; und dann findet man sich wieder beim Meister ein, um begierig seinem Vortrag zu lauschen und ihm tausendundeine Frage zu stellen. Denn der große, weise alte Mann schöpft aus allen Brunnen des Lebens: Er spricht über die rechte Ernährung ebenso wie über die rechte Stellung der Frau und das Reich Gottes, über die himmlische und die irdische Liebe, über das Kind und das Genie, das wahre Leben und die Ehe, über Bildung und Religion und Gott und den Teufel und die Reden Jesu. Und immer gibt er, der schnauzbärtige Doktor mit der unscheinbaren Gestalt, der auch schon mal für seinen eigenen Hausmeister gehalten wurde – immer weiß er, in seiner nüchternen und ein wenig naiven Art praktische Lebensanweisungen zu geben.

Unter denen, die kommen, hören und feiern, ist also auch Lise Bartholomä, die Geschäftsfrau aus dem Rheinland. Und so wohl wird ihr in diesem Freundeskreis, daß sie beschließt, sich nahe der Elmau niederzulassen.

Was sie auch tut; vom kleinen Spitzenladen im Garmischer Bunten Haus haben wir ja bereits gehört.

8

Wie wird eine mit ihrem Dasein fertig, die ohne Vater und Mutter, ohne Nestwärme aufgewachsen ist, ohne einen Menschen, zu dem sie gehört – wohin entwickelt sich der Charakter eines ungeliebten, unbehausten Kindes aus ärmlichen Verhältnissen? Nein, Luise Bartholomä ist keine selbstsüchtige, raffgierige Person geworden, das nicht, da liegt nicht ihr Problem. Geld, Besitz? Das haben immer die andern, und es macht nichts. Sicherheit? Lise wird ihr ganzes Leben in Unsicherheit führen, und auch das drückt sie nicht sehr. Sie besitzt Gottvertrauen, Selbstvertrauen, Mut, Stolz. Sie entwikkelt Herzensgüte und schlägt sich immer auf die Seite der Schwächeren; beinahe unkritisch wirft sie sich vor alle, denen – ihrem Gefühl nach – Unrecht geschieht. Sie weiß, was sie sich abverlangen kann, und das ist viel: Löwenkräfte wachsen ihr zu, wenn es ums Überleben geht, sie kämpft mit zusammengebissenen Zähnen für Mann und Kind, wenn es nötig ist.

Und doch: Eine liebeleere Kindheit fordert ihren Preis. Als Lise noch keine vier Jahre alt war, hatte sich ihre Mutter davongestohlen, ins Paradies, wo alles so viel besser und schöner ist als hier; um der himmlischen Seligkeit willen hat sie einfach ihr Kind verlassen: So sieht es das kleine Mädchen. Einmal empfunden, erlitten, geht das in Fleisch und Blut und jeden Nerv ein, da hilft der Erwachsenenverstand später gar nichts; das Trauma bleibt bis ins Alter.

Maßlosigkeit im Lieben, Maßlosigkeit im Hassen sind das Ergebnis. Und Lises selbstquälerische Sucht, wieder vom liebsten Menschen verlassen zu werden wie damals. Der liebste Mensch, das ist jetzt Edgar; und Lise entwickelt schon bald eine zwanghafte, böse Technik, ihn auf die Probe zu stellen. Sie kennt ihn nun, kennt seine Schmerzzone. Dorthin schickt sie Worte wie Pfeile und leidet dabei genauso wie er: Das kann ein Mann sich doch nicht anhören von seiner Frau, diese aufreizenden, unerträglichen Provokationen; jetzt, jetzt muß er doch vom Tisch aufstehen, seinen Hut nehmen und für immer fortgehen – also bitte, sie hat es ja von Anfang an gewußt, daß er fortgehen und sie verlassen wird.

Lises Trauma überschattet ihre Ehe und die Kindheit ihres Sohnes –

bis tatsächlich geschieht, was sie am meisten auf der Welt fürchtet. Bis dahin geht Lise noch einen weiten Weg. Noch steckt sie in den Garmischer Tagen, der blinden, glücklichen Zeit zu Ende der zwanziger Jahre.

9

1929: Draußen in der Welt, jenseits des Werdenfelser Alpenlands, sind es gefährdete Tage, fröhliche Tage, melancholische Tage – die große Zeit der verlorenen Generation. Was für eine Freude am Spiel, welche unerschöpflichen Hervorbringungen! Der Schwung der zwanziger Jahre trägt noch, noch arbeiten überall die verrückten, monomanischen Schriftsteller, Maler, Musiker, die denen, die am Ende des Dezenniums geboren werden (wie zum Beispiel Michael Ende) Wege zur Kunst weisen werden – später, viel später, nach der endlosen Zeit der Dürre, der Hybris, der Zerstörung. Wenn es in Deutschland wieder Gedankenfreiheit geben wird und die Werke der Verfemten zurückkehren in dieses geschundene Land.
1929: Sternstunde in der Berliner Philharmonie. Albert Einstein stürzt ins Künstlerzimmer, um ein Geigen-Wunderkind in die Arme zu reißen – der knapp dreizehnjährige Yehudi Menuhin hat (unter Bruno Walters Leitung) Bach, Beethoven und Brahms gespielt wie niemals ein anderer zuvor. 1929: Trauer um den großen Hugo von Hofmannsthal. Im österreichischen Rodaun starb er in eben dem Augenblick, als er zum Begräbnis seines Sohnes Franz aufbrechen wollte; der hatte seinem Leben selbst ein Ende gesetzt. 1929: Ein Schloß in Schweden wird entdeckt – von Daddy und Lottchen, dem dicken Journalisten und der quicken Journalistin, die in problematischer Liebesbeziehung aneinanderhängen. Daddy alias Kurt Tucholsky alias Peter Panter und so weiter wird das alte Gemäuer zum Schauplatz des liebsten Sommerromans der Deutschen machen. Das Buch: *Schloß Gripsholm*.
1929: Von Thomas Wolfe erscheint in englischer Sprache *Schau heimwärts, Engel*, von Thornton Wilder erstmals auf Deutsch *Die Brücke von San Luis Rey*. Döblin veröffentlicht *Berlin Alexander-*

platz, Remarque *Im Westen nichts Neues*. Weltberühmt wird Ernest Hemingway mit seiner pazifistischen Liebesgeschichte *A Farewell to Arms*, weltberühmt Jean Cocteau mit dem Roman *Les enfants terribles*, der zwischen Traum und Wirklichkeit spielt. Mehr als ein halbes Jahrzehnt hat der französische Diplomat Paul Claudel an seinem grandiosen Welttheater um Leidenschaft, Leid und Gottsuche geschrieben: *Le soulier de satin* (Der seidene Schuh); jetzt, 1929, bringt der bedeutende Pariser Verlag Gallimard das Stück heraus.

1929: Es heiraten Franz Werfel und Frau Alma, verwitwete Mahler, geschiedene Gropius. Es heiraten Helene Weigel und Bertolt Brecht, der – umstrahlt von seiner *Dreigroschenoper* – dabei ist, in Theorie und Praxis sein episches Theater zu entwickeln. An die schöne Lou Andreas-Salomé, einst Gefährtin Nietzsches, Rilkes und anderer, schreibt der krebskranke Sigmund Freud, er habe sich eine »höchst überflüssige« Arbeit vorgenommen – und meint damit sein Werk *Das Unbehagen an der Kultur*. Und im selben Jahr bekommt Thomas Mann für die *Buddenbrooks* den Nobelpreis für Literatur.

10

Doch das war die große Welt draußen – nicht die Welt der Endes. Sie hatten keine Freunde unter den Beruhmtheiten der zwanziger Jahre. Zu ihren wenigen Bekannten am Ort zählte auch nicht der Komponist der *Salome* und des *Rosenkavaliers*, Richard Strauss, der doch beinahe in der Nachbarschaft wohnte; in seiner Jugendstilvilla in der Zoeppritzstraße 42 ging die Prominenz aus und ein.

Die Besucher der Endes umgab kein solcher Glanz. Da erschien hin und wieder ein Bildhauer, der Perchtenmasken bastelte; das Fräulein, das den Modeladen nebenan betrieb, schaute herein; ein wohlhabender Hamburger ließ sich von Edgar porträtieren. Manchmal stürmte, hinter sich die Mutter, das Sportsmädel Yella in den Laden (von der Schönen gibt es zwei Ende-Porträts und die Erinnerung an eine Skitour am Kreuzeck, die Edgar nicht wiederholen mochte); und abends spielten die Eheleute Bridge mit einem ihrer Trauzeugen, dem verabschiedeten Offizier Fritz Staackmann, und seiner jüdischen Frau.

Eine kleine Welt. Doch bei aller Enge – im Laden, in der Wohnung darüber, in den finanziellen Verhältnissen: Diese kurze Zeit unter der Zugspitze war, wenn nicht sorgenfrei, so doch heiter und vielleicht die glücklichste in Edgars und Lises gemeinsamem Leben – die Zeit der großen Hoffnungen. Er malte Bilder, die später berühmt werden sollten; sie stand in ihrem kunstgewerblichen Laden und kämpfte um den Unterhalt der Familie (die Zeiten wurden immer schwieriger); und das Kind Michael schlief in seiner Krippe (wirklich, in einer schönlackierten Krippe, die die Eltern besorgt hatten). Edgar, ganz begeisterter Vater, badete seinen Sohn täglich, unterhielt ihn, zauberte ihm vor. Und Lise, eine sehr zärtliche Mutter, stillte ihr Kind lange; sie sang ihm Schlaflieder, nähte ihm Puppen. Es erschien ihr als die größte Sache der Welt, ein Baby zu haben – ein Wunder.

Das Baby sammelte allererste Eindrücke vom Diesseits. Michael erinnert sich an Bridge-Abende seiner Eltern in der Wohnung des verabschiedeten Offiziers, bei Onkel Fritz also und Tante Hedy Staackmann. Er spielte unterm Tisch mit der warzenübersäten Dackelhündin Mucki – so war Gemütlichkeit: wie es da nach Felltier, Semmeln und warmer Butter roch. Michael erinnert sich auch noch an die ersten kleinen Skibretter, auf denen er im Hof hinterm Haus herumrutschte – so war Winter: wie da unter ihm geheimnisvoll der Neuschnee knirschte. Und er erinnert sich (oder hat man ihm das später immer wieder erzählt?) an seine erste Begegnung mit einer Lokomotive: wie er emsig den Bahndamm hinaufkrabbelte, auf dem oben der Zug heranraste; und wie ihn der Vater in letzter Sekunde vor der feuerspeienden Emma zurückkriß.

Das Kind sollte getauft werden. Aus Palästina wurde das arabische Spitzenkleid geschickt, das Lise längst für den feierlichen Akt bestellt hatte. Ein kostbares Stück, aber leider für den Neunpfünder zu klein. Neue Bestellung in den Nahen Osten. Doch so schnell, wie der Knabe wuchs, konnten die fleißigen Araberinnen ihre feinen Spitzen nicht zustande bringen – als das zweite Taufkleid aus dem Vorderen Orient in Garmisch eintraf, war Michael auch dem schon entwachsen. Seufzend schloß Lise das kleine Kunstwerk in einer Schublade ein, und Vater Edgar bestimmte, daß es keine Taufe geben werde; der Sohn möge, wenn er erwachsen geworden, selbst über seinen Glauben bestimmen. Aber das ist eine andere Geschichte.

11

Und eines Tages (das muß noch 1929 gewesen sein) wurden Träume wahr, und der Cherub stand leibhaftig vor der Tür, der Bote aus der anderen, der großen Welt der Berühmtheiten; und war ein sehr eleganter Cherub im grauen Flanell mit scharfen Bügelfalten: Dr. Franz Roh, der allgewaltige Münchner Kunstkritiker, einflußreich und gefürchtet.
Er hatte sich höchstpersönlich zu dem kaum bekannten Maler Ende nach Garmisch aufgemacht.
Jetzt ließ er sich Edgars Gemälde vorführen – das erste Porträt von Yella und *Das Bad*, und sicher waren auch *Die Erregten* darunter und *Die Ringer* und vielleicht schon *Der Adler mit dem Netz*; und, hinten in einer Ecke, möglicherweise das kleine Bild von 1923, das in der Familie bis auf den heutigen Tag »Das Milchmännchen« heißt. Und der Kunsthistoriker betrachtete jedes einzelne lange, hielt den Kopf schräg und rückte an der blitzenden Brille, trat an die Leinwand heran, dann viele Schritte zurück, um wieder näher zu kommen und in die Hocke zu gehen und mit schmalen Augenschlitzen die Einzelheiten zu studieren. Und schließlich – Aufatmen bei Edgar und Lise – nickte Dr. Roh und schürzte die Lippen: Hm, hm, das sei ja nun mal was ganz anderes als die Neue Sachlichkeit – interessant, diese Bilder, höchst interessant. Vielleicht, daß man dergleichen Halbsurrealismus nennen müsse?
So hatte Edgar Gnade vor den Augen des großen Kritikers gefunden.

1931 ziehen Endes von Garmisch nach München. Weil ihnen der Laden (und damit wohl auch die Wohnung) gekündigt worden sei, sagen die einen – und die andern: Mit Spitzen und Edelsteinen sei damals, in der Zeit der Weltwirtschaftskrise, kein Lebensunterhalt mehr zu verdienen gewesen.

Beides ist sicherlich richtig. Aber der tiefere Grund lag wohl anderswo. Zog es Edgar, den Kunstmaler, nicht nach München, weil er dort, in der Kunstmetropole, sein Glück versuchen wollte? Hatte ihm der Bote im grauen Flanell vielleicht erklärt, man werde auf den noch beinahe namenlosen Halbsurrealisten und seine ganz besonderen Werke nie aufmerksam werden, wenn er sich weiter in Garmisch vergrabe?

Und sprachen nicht die allerdeutlichsten Vorzeichen dafür, daß die Welt nur auf Edgars Bilder wartete? Dr. Rohs Sympathie, geneigte Kunsthändler, die Menschenmenge, die Endes Gemälde *Das Aquarium* im Schaufenster einer Münchner Kunsthandlung dermaßen fassungslos anstarrte, daß die Polizei die Menge auseinandertreiben mußte? Waren das etwa keine sicheren Omen?

Wir können uns denken, daß die Endes – obwohl arm wie die Kirchenmäuse – beschwingt ihr Hab und Gut eingepackt haben und singend mit ihrem Kind nach München gezogen sind: Vater wollte die Welt erobern, Mutter war fest entschlossen, ihm dabei tatkräftig unter die Arme zu greifen; und golden – so schien es ihnen – stand das Tor der Zukunft offen. Sie waren eben Träumer.

So endete Michaels erster Lebensabschnitt unter der Zugspitze, doch sollte es nicht sein letzter hier sein: Noch einmal verschlug es ihn nach Garmisch und Partenkirchen.

13

Ehe wir Michael jetzt in sein verwunschenes Obermenzinger Kinderland folgen, wollen wir uns noch seine Vorfahren ansehen: die Endes und die Bartholomäs und ihre Frauen und deren Familien; um nachzuforschen, ob da nicht ein wenig Sternenglanz aus fernen

Zeiten um das Haupt des Kindes leuchtet; und ob nicht ein früher Poet, ein später Parsifal oder ein Alchimist zu Michaels Existenz sein – wenn man so sagen will – Scherflein beigetragen hat.

Über die Familie Ende wissen wir wenig, Hamburger waren das nicht: Michaels Großvater mit den vielen Berufen ist aus Schlesien in die Hansestadt gekommen. Seine Altvordern verschwinden schon ein paar Generationen zuvor aus den Familienakten tief ins Iser- und ins Riesengebirge hinein, wo Rübezahl sich am wohlsten fühlt und der Vogel Greiff sein seltsames Lied singt. Allenfalls eine Hexe läßt sich an diesem Familienzweig rühmen: Michaels Urgroßmutter Christiane Beate soll als altes Weib Kräuter sammelnd durchs Riesengebirge gestreift sein. Und man fuhr gut mit ihr, wenn es eine Gürtelrose zu besprechen galt; oder eine wackelige Kuh, die keine Milch mehr geben wollte.

Also weiter, zu Michaels Hamburger Großmutter, der geborenen Wille. Schön war sie, die Auguste Sophie, als sie dem Großvater in die Ehe folgte, und sie kam aus Mecklenburg. Von dort brachte Auguste den Nachkommen einen gesunden Schuß Bauernblut mit – und vielleicht die bedächtige Art –, aber Magier- und Alchimisten-Ahnen, soweit man sehen kann, nicht.

Bleiben die Bartholomäs, Mutter Lises Familie. Von Neunkirchen und seinem Eisenwerk, der Saar, den Hochöfen und Kohlengruben ziehen sich ihre Spuren nordwärts; und dort kreuz und quer durch die waldreiche Pfalz und ihre heiteren Hügel mit dem gesegneten Wein. Brave Leute, einfache Leute: der Hüttenarbeiter Philipp (den kennen wir schon, er ist in den Anstich gefallen), vor ihm ein Schippenschmied und vor dem ein Müller. Dann die Sattlers (das ist die Familie, aus der Lises Mutter stammt): seßhafte Neunkirchner Bergleute und Bauern.

Also gar nichts Besonderes? Doch. Wenn wir jetzt genauer hinsehen, nämlich auf das Jahr 1812, als Michaels Ururgroßvater Johann Nicolaus I Sattler seine Wilhelmina Carolina Friederika zum Weibe nahm – da wird es auf einmal spannend. Weil diese Ururgroßmutter nämlich eine geborene Lichtenbergerin war, und mit den Lichtenbergers kommt Glanz in die Familiendokumente.

Nicht deshalb, weil plötzlich aus der Ahnenliste die evangelischen

Geistlichen zuhauf herauspurzeln, hochwohllöbliche, ehrenfeste Pfarrherren der Barockzeit, und einer vom andern in reinem Ehebette gezeugt; auch nicht, weil zwei dieser gottesgelehrten Kanzelredner es bis zu Hofpredigern gebracht haben; nicht einmal, weil über eine gewisse Dame Anna Elisabeth auch ein paar Spritzer Adelsblut hereinströmen ins pfälzisch-saarländische Ahnengemisch (durch die Grafen Ziegenhain nämlich, und die stammen – der Genealoge weiß das – von Karl dem Großen persönlich ab). Nein, das alles ist es nicht, was uns plötzlich aufmerken läßt. Denn ein Dichter, zumal einer der phantastischen Literatur, braucht andere Bauherrn im Fleische als Pastoren, Blaublütige und Machtpolitiker. Magie muß her, Mondlicht, Sternengeflimmer.

Und das finden wir nun, finden unter Michael Endes Antezessoren tatsächlich einen wortgewaltigen Astrologen, Propheten, Eremiten: Johann Lichtenberger, den Seher vom Elsaß.

Gleich werden wir dieses Denkmal enthüllen. Doch zuvor gilt es, die Zweifler zu beschwichtigen und den Kundigen unsere Reverenz zu erweisen. Ja, wir wissen es wohl und bekennen es frei, daß weder die Ziegenhainschen (und damit der große Karl) als Vorväter Michaels *gänzlich* gesichert sind; noch ist es der rätselhafte Mann, von dem hier gleich die Rede sein soll. Aber gerade er, der Sternenmagister: Paßt er nicht trefflich ins Vor- und Umfeld eines Märchenerzählers, könnte er nicht einer der Ende-Legenden entsprungen sein? Weil wir spätestens seit Erscheinen der *Unendlichen Geschichte* wissen, daß es fruchtbarer ist, ein wenig zu träumen, als immer nur mit der nüchternen Elle zu fuchteln – deshalb sehen wir den Meister Lichtenberger tatsächlich und gegen alle Skeptiker in Michaels Ahnentafel.

Damit aber kein Zweifel aufkommt: Es hat ihn wirklich gegeben, den Johannes Lichtenberger, er ist eine historische Persönlichkeit.

14

Vieles vom Leben des einst hochberühmten Mannes liegt in geheimnisvollem Dunkel, einiges aber steht dank fleißigen Forschern fest: Er wurde um 1445 in der Pfalz geboren, in einer Burg oder einem

Dorf nahe Idar-Oberstein, und stieg bis zum Astrologen am Hof Kaiser Friedrichs III. (1440–1493) auf. Schließlich zog er – »des ougen synt dunkel worden und der griffel zyttert vonn alter« (Originaltext Lichtenberger) – sich von der Welt zurück und beendete seine Tage als Einsiedler, wieder in der Pfalz. Etwa 1503 starb der Magister, doch sein Ruhm blieb; Schüler rechneten es sich zur Ehre an, Lichtenberger als ihren Meister zu bezeichnen. (Er war ein »Mann der neuplatonischen, hermetischen und adeptischen Philosophie« – Peuckert, 1966.) Paracelsus studierte ihn fleißig, Luther förderte 1527 eine Wittenberger Neuauflage der Lichtenbergerschen *weissagunge* und schrieb ein Vorwort dazu.

Zwar gab es zu seiner Zeit viele, die den künftigen Lauf der Dinge voraussagen wollten; aber er – »aller stände der Welt böse und gute Zufäll verkündend« – galt als der erfolgreichste und zuverlässigste Astrologe. Gierig wurden seine Warnungen und Prophezeiungen aufgegriffen, wie ein Lauffeuer jagten sie durch die Lande. Erst wurde mündlich und in Handschriften weitergegeben, was der Meister aus der Astrologia naturalis schöpfte; dann erschien es auch, schön mit meist 44 bis 45 Holzschnitten verziert, im Druck – und das wieder und wieder. Lichtenbergers *Prognostika* (1488) sind immer neu aufgelegt worden: Mehr als dreizehn Ausgaben finden sich heute noch in unseren Bibliotheken. Das Werk kam in lateinischer und deutscher Sprache heraus, auch auf Italienisch, in Modena, Mailand, Venedig. Es wurde plagiiert und (was Lichtenbergers Bekanntheitsgrad zeigt) parodiert; und natürlich gab es Raubdrucke.

Den Seher vom Elsaß (diesem unrichtigen Beinamen liegt eine Verwechslung seines Herkunftsorts zugrunde) –, den Seher vom Elsaß kannte damals jeder vom Hörensagen, sehnsüchtig lauschten die Menschen seinen Worten. Lebten sie doch in jener brodelnden Endzeit des ausgehenden Mittelalters, dem Hexenkessel der Vorreformation. Damals erwarteten alle den Einen, den Retter. Er sollte sie von allen Nöten befreien, den inneren und den äußeren. Er sollte die verrottete Kirche erneuern. Er sollte die Hungrigen speisen und die Völker glücklich machen. Wann kam er denn nun endlich?

Kein Wunder, daß Prophezeiungen gefragt waren, kein Wunder,

daß Geistliche und Gelehrte, Fürsten und gekrönte Häupter, die reichen Städter und die armen Bauern aufhorchten, als sich Lichtenberger zu Wort meldete und die Probleme der Zeit aufgriff. Er nahm kein Blatt vor den Mund, sagte, was er sagen wollte, auch wenn es den hohen Herrn nicht gefiel und er sich mit seinen Voraussagen mächtige Feinde machte. Deshalb meinen manche Forscher, daß er sich im Alter nicht wegen eines Augenleidens in seine pfälzische Einsamkeit zurückgezogen habe, sondern ganz schlicht aus Furcht vor gedungenen Meuchelmördern.

Was war es, das der Meister der Welt in seiner aufrüttelnden Rätselsprache vortrug? Alles. Er prophezeite dem Volk ein Mitspracherecht beim Gesetzemachen – undenkbar zu jener Zeit. Er sagte der katholischen Geistlichkeit das Ende voraus – Luther war noch ein Knabe. Er kündigte eine neue Kunstrichtung an – Dürer hat sie verwirklicht. Er redete von einem neuen Zeitalter der Medizin – mit Paracelsus hat es begonnen. Und er sprach von unglaublichen politischen Umwälzungen.

Bei allem gab es keinen Zweifel, auf welcher Seite die Sympathien des Meisters waren: bei den Armen, den Unterdrückten, Entrechteten. Neuere Historiker zählen Lichtenberger zu den Wegbereitern des Bauernkriegs, und tatsächlich mag den geschundenen Bauern Hoffnungen gemacht haben, was er ihnen aus den Sternen deutete: Sie würden in nicht zu ferner Zeit gebieterisch ihr Recht verlangen. Zwei Jahrzehnte nach Lichtenbergers Tod haben sie es getan in dem unglückseligen Bauernkrieg (1524/25), den der Mann ebenfalls vorausgesehen hat: »Wer 1523 nicht stirbt, 1524 nicht im Wasser verdirbt und 1525 nicht wird erschlagen, der mag wohl von Wundern sagen.«

15

Was hat Lichtenberger mit Michael Ende zu tun? Vielleicht dies: daß unserem Autor der Wunsch eingeboren wurde, Menschen zu warnen und zu bewahren – doch (anders als der Pfälzer, der in einer Welt der wuchernden Phantasie lebte) vor der geistigen Dürre.

ZWEITES KAPITEL

Wie er zwischen Prinzessinnen und Träumern aufwuchs

(München-Obermenzing, 1931–1935)

Erste Liebe – Looping über Obermenzing – Die Weissagung der Zigeunerin – Bismarck, überlebensgroß – »Kuno, komm rein!« – Ein Loch im Kopf – Dürers alte Mutter – Zweite Liebe – »Laß mer de Trambahn entgleisen!« – Wildes, anarchisches Leben – Hiebe mit dem Kochlöffel – Pastorale – Waldbrand und Weltende

1

HEUTE SIEHT ES DORT natürlich anders aus als damals. Damals, als Michael hinkam, war es ein verwildertes Gelände, viele Meilen breit, viele Meilen lang, etwas außerhalb der Welt und doch nahe bei der Stadt München. Es begann hinter dem Würmkanal, gleich wenn man die kleine Holzbrücke überschritten hatte. Ein paar Villen standen auf diesem Gelände, ein Park mit steinernen Putten gehörte dazu, auch die brachliegende Wiese, die bis ans Nirgendwo reichte, und der vernachlässigte Wald, den Michael später anzündete.

Dieses Land zwischen Kanal und Horizont bevölkerten die seltsamsten Wesen: Prinzessinnen, ein Mann mit einem Loch im Kopf, zeitweilig lebte auch Beppi mit seiner Zirkustruppe hier; man konnte unversehens Dürers alter Mutter über den Weg laufen, begegnete einem finsteren Seneschall, wurde vom Schnauzerhund Schnauzerl mit freundlichem Bellen begrüßt; und Bismarcks Geist weste heimlich in der Kegelbahn. Die da die Jugendstilvillen dieses Areals bewohnten (und nach und nach in Michaels Gesichtskreis traten), waren einerseits ganz reale Existenzen, andererseits etwas seltsam – nicht gerade verrückt, nur seltsam. Jedenfalls unterschieden sie sich von uns Bürgern wie Eskimos und Lappen von mitteleu-

ropäischen Straßenbahnschaffnern, Metzgermeistern und Feuer-
wehrmännern. (In der gesamten Ende-Literatur ist angegeben, der
Autor habe seine Kinderjahre in Pasing verbracht. Dieser Fehler
beruht auf einem Irrtum der Familie. Tatsächlich lag [und liegt] die
Floßmann-Villa [damals Prinzregentenstr. 15, heute Marsopstr. 19]
auf Obermenzinger Gebiet – nämlich nördlich vom Kanal, der
Pasing [im Süden] von Obermenzing [im Norden] trennt. Auch die
damalige Hausnummer, korrekt: Prinzregentenstr. 15, ist auf manchen Dokumenten falsch vermerkt.)

2

Alles begann mit einer Prinzessin. Als Michael, drei oder vier Jahre
alt, erste Streifzüge in sein Kinderland unternahm, von besagtem
Schnauzerhund Schnauzerl begleitet, traf er sie zum erstenmal.
Eigentlich war sie keine Prinzessin, aber eine Baronesse schon.
Christa hieß sie, ein Kind mit blonden Haaren, nicht älter als der
kleine Junge, der sich in sie verliebte. Sie kann den Ruhm für sich in
Anspruch nehmen, den Reigen der vielen Prinzessinnen eröffnet zu
haben, die dem Dichter im Lauf seines Lebens innigst zugetan
waren.
Auch Michael hegte heiße Gefühle für Christa, und das um so mehr,
als sie seinen Blick zum Himmel lenkte. Aber noch nicht aus
Gründen der Transzendenz, Astronomie oder gar Astrologie, sondern zu lustvollen Schauspielen: War Christas Vater doch einer
dieser frühen Flieger, die – womöglich im Doppeldecker – Runden,
Schleifen und unglaubliche Loopings knapp unter den Wolken
drehten und ihren Mut an den Himmel schrieben.
Herr von Beaulieu trug diese merkwürdig unkleidsame Kappe, die
für enges Anliegen der Ohren sorgt und den Kopf so eiförmig
erscheinen läßt. Er stülpte sich mit entschlossenem Ruck die Wind-
schutzbrille über die Nase, ehe er in seine Focke-Wulf FW 44 oder
eine andere fliegende Kiste kletterte, und kurvte in dem wenig
geheuren Dinge manchmal auch über Obermenzing herum und
führte derart waghalsige Kunststücke vor, daß Christa und Michael

der Atem stockte. (Eines der beliebtesten Sportflugzeuge war zu dieser Zeit der Focke-Wulf »Stieglitz«, ein gestaffelter Doppeldecker mit Kabelverspannung [Baujahr 1932]. Da dieses Sportflugzeug auch als Schulflugzeug benutzt wurde, hatte es zwei Sitze; es konnte aber auch von einem Piloten allein geflogen werden. Für den Heinz-Rühmann-Film *Quax, der Bruchpilot* [1941] wurde diese Maschine verwendet. Ernst Udet [1896–1941] soll damit über Mailand Flugkunststücke vorgeführt und so Furore gemacht haben.)

Das Glück der beiden währte nicht lange. Bald zogen die Beaulieus mit der Geliebten weg aus der Obermenzinger Villa, und der verliebte Michael blieb mit einem Schmerz zurück, den er im Leben noch öfter erleiden sollte.

3

Vorhin haben wir von einem finsteren Seneschall gesprochen, aber jetzt zögern wir: Denn dem Herrn Josef soll auf diesen Seiten ja kein Unrecht widerfahren. Bestimmt war er ein wackerer Mann und sein Körper viel weniger vierschrötig, sein Wesen viel weniger barsch, als es dem Winzling Michael erscheinen wollte. Aber was wäre ein Märchenland ohne Drachen, Riesen oder wenigstens *einen* finsteren Seneschall? Deshalb wollen wir hier den Herrn Josef (Gott und er selbst mögen es uns freundlichst verzeihen) mit Michaels Kinderaugen betrachten. Also sehen wir einen Mann mit riesigen Händen vor uns, einen Wüterich, dem ein kleiner Junge besser aus dem Wege geht.

Doch wir müssen, um von Seneschall Josef zu erzählen, bei Herrn Floßmann und seiner Villa beginnen.

Joseph Floßmann (1862–1914) genoß einst als Bildhauer solchen Ruhm, daß er so manches öffentliche Bauwerk seiner Heimatstadt München schmücken durfte: Seine dekorativen Plastiken prangten auf Brücken und an den Fassaden von Museen und Schulen, und manche tun das wohl heute noch. Als der Künstler ins himmlische Atelier abberufen wurde, blieben aber nicht nur seine Spuren als fleißiger Bildhauer auf der Erde zurück, sondern auch seine Witwe, zwei Töchter und die Villa hinterm Würmkanal; und Herr Josef war Floßmanns Schwiegersohn und hatte eine der Töchter sowie die Obermenzinger Villa übernommen.

In Garmisch hatte einst eine Zigeunerin Michaels Mutter aus einer Kristallkugel geweissagt: »Ich sehe ein schneeweißes Haus an einem Gewässer... Dort werden Sie wohnen, Frau Ende!« Kein Zweifel, die Somnambule hatte in ihrer Kugel den Würmkanal und die Floßmann-Villa geschaut, in die Endes 1931 einzogen.

Ihr Reich lag im Parterre des schönen Hauses: die Küche, das Schlafzimmer der Eltern, Michaels kleine Kemenate und Edgars großes Atelier. Herr Josef – davon hatte die Garmischer Seherin allerdings nichts gesagt –, Herr Josef wohnte darüber.

So ist es zu dieser betrüblichen Schicksalsgemeinschaft gekommen, die des kleinen Michael Tage im Obermenzinger Kinderland überschatten sollte. Aber das gibt es ja, unüberwindliche Abneigung auf den ersten oder zweiten Blick (aus welchen Gründen auch immer); sogar bestbezahlte Psychologen kriegen das oft nicht weg. Auch der gute Wille der Beteiligten nutzt da wenig, das Verhältnis wird nur schwärzer, und Mißverständnisse schießen aus dem Boden wie Fliegenpilze.

Ein Mißverständnis lag auch der Bismarckaffäre zugrunde, in die sich Herr Josef und Michael verstricken sollten.

Der Hausherr hatte seinen Mieter Edgar Ende um freundliche Hilfe bei einer Sonderaktion gebeten. Im Wäldchen unweit der Villa stand nämlich eine alte, überdachte Kegelbahn, die sich vorzüglich zum Abstellraum eignete. Deshalb barg sie des seligen Floßmann Œuvre, soweit es Otto von Bismarck betraf.

Was die Jahrzehnte überdauert hatte, reihte sich im Staub der Kegelbahn zu Hunderten aneinander, oder es lag zu Haufen und Gruppen getürmt: Bismarck, immer wieder Bismarckfiguren aus Gips von der Hand des fleißigen toten Bildhauers – in allen Formaten, daumen- bis überlebensgroß. Der Reichskanzler blickte sinnend, sitzend, stehend den Beschauer an; es gab ihn mit und ohne Helm, auch als Porträtbüste fürs Vertiko, auch als Reiter mit Roß für den Vorgarten, und nie ohne seinen originellen Schnauzbart.

Weil aber die nationale Begeisterung für den Reichsgründer und damit die Nachfrage nach seinen Gipsporträts inzwischen abgeflaut war (zumal in Bayern), mußte die unverkäufliche Ware nun endlich mal beseitigt werden. Also nahmen Herr Josef und sein Mieter Hammer zur Hand, zerstückelten die Gipskanzler und machten sie schön klein, um alles in einer Grube unterzubringen.

Wo die Männer so fleißig arbeiteten, wollte der kleine Michael nicht untätig herumstehen. Um ihnen Freude zu bereiten, ergriff er, ohne sie groß zu stören, ebenfalls ein Hämmerchen. Still eilte das Kind in den Park hinaus und hieb (indem es sich auf die Zehenspitzen stellte) den steinernen Barockputten die Nasen ab. Das gelang vorzüglich, und bis Herr Josef es merkte, das Mißverständnis aufklären und die unerwünschte Hilfeleistung stoppen konnte, lag manche Puttennase auf dem Erdreich.

Doch dürfen wir annehmen, daß Edgar sich schützend vor sein Kind geworfen und den Zorn des Seneschalls von Michael abgewendet hat.

Verständlich, daß Michael von nun an vor Herrn Josef davonlief, wenn sich das machen ließ; und daß die Hände des Mannes, wenn er den Buben nur von weitem sah, unruhig zuckten, während gefährliche Lichter in seinen Augen aufglommen.

Nein, hier bahnte sich keine Freundschaft an.

4

Dann, eines Tages im Frühling, begegnete Michael dem großen Kameraden seiner Obermenzinger Tage.

Der Junge trieb sich ums Haus herum, der Sonnenschein lockte ihn ins Wäldchen und weiter und weiter, bis an den Zaun des Nachbargrundstücks. Dort arbeitete einer mit der Schaufel, er grub ein tiefes Loch in die Erde – den Mann hatte Michael noch nie gesehen. Da steckte das Kind die Nase zwischen die Zaunlatten und guckte still den Fremden an.

Er sah abenteuerlich aus, ähnlich den Kommunisten auf alten Fotos: Seine schwarzen Haare hingen unter einer großkarierten

Schlägermütze hervor, auch das Halstuch fehlte nicht (es war natürlich rot), und die Füße steckten in Stiefeln, wie sie sibirische Strafgefangene trugen. Ein wenig milderte die Sonnenbrille auf seiner Nase dieses sozialistische Arbeiterkostüm; und sehr verfremdet wurde es durch die elegante Küchenschürze, die sich der Kerl vor den Bauch gebunden hatte. Sie war mit Rüschen verziert und stammte offensichtlich aus hochherrschaftlichem Hause.

Das Kind äugte also hinüber. Der Unbekannte hörte auf zu arbeiten und sah hoch. Und dann sagte Fanti (so hieß der Mann) laut und vernehmlich, was Michael nie vergessen wird – er sagte die Worte: »Kuno, komm rein!« Michael bezog den Kuno ganz richtig auf sich, er ließ sich nicht lange bitten und kletterte eilig über den Zaun. Und nun geschah etwas, das Folgen haben sollte – nicht allein für den Dreikäsehoch, sondern auch für Generationen kleiner Jungen und Mädchen, die Leser der Jim-Knopf-Geschichten. Es geschah nämlich folgendes: Michael Ende, der künftige Autor, trippelte an Fantis Hand ins Reich der Phantasie und machte die ersten Schritte auf Lummerland zu.

Die beiden zogen in die Nachbarvilla und dort durch viele Räume und Zimmer, die ganz verwunschen aussahen. Wo hatte es je so was Schönes gegeben: Jedes Fleckchen an den Wänden (und sogar an der Decke!) war wunderbar bemalt mit Bildern und Figuren. Reiter, Pferde, Tänzerinnen, Landschaften – es gab alles, und alles drängte sich bunt durcheinander: eine heitere Traumwelt, farbenfrohe, schwebende Märchen, ein wenig so, wie sie der Maler Chagall geträumt und dargestellt hat.

Und das alles stammte von Fantis Hand, er war der Künstler.

Jetzt setzte Fanti sich an seinen Zeichentisch und goß Rotwein in ein Glas. Dann nahm er Michael auf den Schoß und fing ohne viel Umschweife an, eine Geschichte zu erzählen. Zauber senkte sich auf das lauschende Kind; denn dieser Kerl fabulierte nicht betulich wie eine gute Tante und auch nicht in gepflegter Schauspielermanier – nein, Fanti fabulierte wild drauflos wie ein Verrückter, sein Gesicht sah dabei fast grimmig aus.

Das allererste Märchen, das der Maler dem Buben erzählt hat, handelte vom Wolf und den sieben Schweinchen und von Michael und Fanti und Wer-weiß-wem-sonst-noch. Da stand man als kleiner Junge mittendrin im großen Abenteuer, vergaß Vater und Mutter, den Heimweg und das Mittagessen und erlebte alles am eigenen Leib – die Angst und die Not und den Sieg. Und das um so genauer, als der Erzähler immer wieder einen Zeichenstift zur Hand nahm, um auf die Rückseite alter Kalenderblätter hinzuwerfen, was gerade geschah.

Michael lauschte atemlos den Worten des großen Fanti. So sind die beiden Freunde geworden.

5

Dieser Märchenmaler und hochbegabte Aquarellist stammte aus München, ein Außenseiter und Eigenbrötler, der kaum den Mund auftat – es sei denn, er hatte Kinder um sich. Denn Fanti liebte alle Kinder, und alle Kinder liebten ihn. Wie die Kletten hingen sie an seinen Rockschößen: weil er so schöne Geschichten erfand, weil seine Einfälle sie in helle Begeisterung versetzten; und weil er Kinder ernst nahm, sie waren seine Partner. Nie redete er mit dem flötenden Zungenschlag des Erwachsenen auf sie herunter; nein, er sprang handfest und eher ein wenig barsch mit ihnen um.

Auch Fanti war arm – und wohl nicht nur krank am Beutel. Als er die Sonnenbrille absetzte, sah der kleine Michael ein seltsames Gesicht. Es war gezeichnet von einer Tragödie: Um sein zwanzigstes Lebensjahr hatte der Maler aus Liebeskummer einen Selbstmordversuch unternommen. Die Pistolenkugel ging daneben, aber der unglückselige Schuß kostete den Mann ein Auge. Auf dem anderen schielte Fanti, und auf der Stirn war eine tiefe Kerbe zurückgeblieben. Doch sogar aus diesen betrüblichen Umständen wußte er noch eine kuriose Geschichte zu basteln.

Als Michael auf Fantis Kopf deutete und wissen wollte, was das denn für ein Loch sei, ging der Maler zum Bücherregal und kam mit einem winzigen Spinnrad zurück. Das habe früher mal in seinem Schädel gesteckt, erklärte er; der Doktor habe es ihm herausoperiert und außen eine kleine Fensterscheibe eingesetzt, um jederzeit in Fantis

Hirn hineinschauen zu können. Inzwischen sei die Fensterscheibe aber zugewachsen, das sehe Michael ja selber.

So war Fanti. Seine Geschichten mochten wuchern und ausufern – im süßen Fruchtfleisch der Phantasie steckte immer ein wahrer Kern. Wer diesem Märchenerzähler mit Andacht lauschte und sich an seiner Hand ins Reich der Poesie wagte, stand auf einmal reich beschenkt da: Die Wirklichkeit fing an zu leuchten, und was durch sie hindurchstrahlte, war das Gute und das Schöne und eine ganz besondere Art der Wahrheit.

Leser der Jim-Knopf-Geschichten haben es mittlerweile sicher gemerkt: Diesem unbekannten, unglückseligen Maler hat Michael ein literarisches Denkmal gesetzt. Als der Autor Jahrzehnte später seine Kinderbücher schrieb, lugte ihm der tote Fanti über die Schulter. Und wenn Jim Knopf auch nicht Michael Ende ist und der Lokomotivführer Lukas nicht der Kunstmaler Fanti – die Freundschaft, die da in Lummerland geschlossen wird, gleicht der Freundschaft von Obermenzing wie ein Ei dem andern.

Und die Kunst zu fabulieren hat der Dreikäsehoch Michael dort und in jenen Jahren von seinem großen Kameraden gelernt.

6

Das Haus, das Fanti so liebevoll ausgemalt hatte, gehörte natürlich nicht ihm, dem armen Schlucker. Er hatte in dieser Villa nur Unterschlupf gefunden (weshalb er sich auch in Haus und Garten nützlich machte). Und das war das andere Geschenk des Malers an seinen neuen kleinen Freund: daß er Michael hereinzog in die Villa und ihren Lebenskreis. Denn da fand der Junge, was er – das Einzelkind – bisher nicht gekannt hatte: eine große Familie.

Der Clan bestand aus Frau Buchner und ihren vier unmündigen Kindern; dazu gehörten noch Fanti und die Resi, eine Köchin, die das deftigste Essen der Welt auf den Tisch brachte. Die Buchnerkinder – drei Mädchen und ein Knabe – wuchsen frei wie die Vögel unter dem Himmel auf, sie liefen mit stolzen Rotznasen und in der abenteuerlichsten Kleidung herum. Der Junge zum Beispiel hatte ein Gemenge aus aufzutragenden Damenschlüpfern an, auf irgendeine Weise verbunden mit kurzen Hosen und einem zerrissenen Mäntelchen; und an den nackten Füßen Stiefel.

Es war das wahre, das herrliche, pralle Leben, an dem der kleine Ende von nun an teilnehmen durfte. Die Kinder wimmelten durcheinander, schrien aufeinander ein; sie stritten und verbündeten sich, heulten, jubelten und bekamen Kinderkrankheiten. Man entwickkelte sich eben.

Wenn der *Momo*-Autor – längst erfolgreich, bärtig, grau geworden – von diesem Obermenzinger Kinderland erzählt, lächelt er mehr mit den Augen als mit den Lippen und sieht ganz anders aus als sonst. Und man muß es ihm wohl glauben, daß dieses verwunschene, verschwundene Land den Wolken und dem Himmel näher gewesen ist als der Stadt München; und daß seine Bewohner wie auf einem großen fliegenden Teppich über der Wirklichkeit schwebten. Gewiß, es gab hier den realen Geruch nach Wiese und Baumharz, es gab Walderdbeeren, die ein Kind pflücken und in den Mund stecken konnte (wenn es Herr Josef nicht sah); es gab einen Hund, der wie andere Hunde bellte, und Menschen, die das und jenes arbeiteten. Und doch wurde dieses anarchische Gewimmel aus Kindern und Träumern von eigenen Gesetzen und Riten bestimmt – durchaus handfesten, wie wir gleich erfahren werden, aber eben anderen als anderswo.

Heute würde man da von alternativer Lebensweise sprechen.

7

Hildegard Buchner, die von allen (auch vom Nachbarskind Michael) Mutter genannt wurde, ähnelte verblüffend Dürers Mutter – so, wie der Nürnberger Meister sie als alte Frau auf seiner Handzeichnung von 1514 dargestellt hat. Doch durfte sich niemand von diesem Aussehen täuschen lassen, Frau Buchner war kein Muttchen; sie war eine Dame mit Bildung, die sich glühend für Malerei begeistern konnte – nicht für blutleere ästhetische Experimente, aber für Saftiges von künstlerischer Kraft.

Die dürre Frau lief immer in weiten Marlene-Hosen herum, die Zigarette zwischen den Lippen. Den kleinen Michael mochte sie, das Kind beschäftigte sie. Und weil sie sich auch mit Planetenkonstellationen, Ephemeriden und sonstigem Astrologenrüstzeug befaßte, hat sie einmal sachkundig im Horoskop des Buben gelesen. Ihr Kommentar: »Er wird auf die junge Generation großen Einfluß nehmen.«

Mit Regine, der ältesten Buchnertochter, verband Michael nichts – puh, die war ja schon viel zu groß. Auch Mutter Buchners Jüngste, Helge, verkörperte nicht, was sich der Bub wünschte, sie taugte nur zur Kameradin. Aber die dazwischen, Asgerd, die frühreife, gescheite Asgerd – sie wurde zu Michaels zweiter Liebe, zur nächsten Prinzessin in seinem Leben, zuständig für das Zarte und das Süße, für die Seele.

Zuständig für die Eroberung der Welt und die Versuche, die Belastbarkeit ihrer Bewohner durch allerlei Streiche auszuloten, wurde Hartmut Buchner, ein trotziger Knabe mit trotzigem Mund. Weil Hartmut ein wenig älter war als Michael, fiel ihm das Kommando zu; der kleinere zog hinter ihm her, durch Dick und Dünn und alle Abenteuer, die harmlosen und die schlimmen.

Das mit der Straßenbahn gehörte zu den schlimmen.

Da wollten die Jungen den Botanischen Garten besuchen, das Eintrittsgeld klimperte in ihren Hosentaschen. Doch am Weg lagen viel zu viele Kioske, die Süßigkeiten feilboten. Als die beiden endlich am Ziel ankamen, war das Eintrittsgeld vertan, und ohne Obolus ließ man sie nicht zu den exotischen Blumen. Aber gleich wieder nach Hause umkehren, hätte bedeutet, daß dort jeder den Braten gerochen und ihre ungebremste Naschsucht getadelt hätte.

Also Langeweile vor den Toren des verbotenen Gartens. Hier liegt die Endstation der Straßenbahn, sie fährt einen großen Bogen und dann wieder zurück in die Stadt. Was tun? Steine kicken, du einen, ich einen – welcher fliegt am weitesten? Und wie ist's mit Wackersteinen? Wackersteine kicken geht nicht – au, das tut weh. Aber man kann sie in die Schiene legen, dann springt die Straßenbahn heraus und kippt um, wirst du sehen. Wirklich?

Wirklich, die Trambahn sprang aus den Schienen. Umgekippt ist sie nicht, aber sie sprang tatsächlich aus den Schienen. Eine tolle Sache, die Lausbuben sahen begeistert zu. Bis sie einer am Kragen packte, der Schaffner nämlich; der hat sie dann – Scheiße – verhauen.

8

Aber Fanti, Fanti, Fanti – der häßliche Fanti, der große Fanti, Freund, Märchenerzähler, Maler der Feen und Zwerge, Spielkamerad, Tröster, Beichtvater – Fanti, allgegenwärtig im Obermenzinger Kinderland: Er war der Mittelpunkt und die höchste Instanz gleich hinter Gottvater. Wo er auftauchte, begann die Welt zu strahlen.

Wer darf auf seinen Schultern reiten – ich, du? Wem erzählt er seine neueste Geschichte – mir, dir? Für wen erfindet er wieder das allerverrückteste Zeug, daß du dich ausschütten mußt vor Lachen? Wer sorgt am Dreikönigstag für schwarze Schuhwichse im Gesicht und eine Pelzmütze auf dem Kopf und den fröhlichsten Umzug durch den eiskalten Winter? Wer streicht dir, wenn du schon mit vier Jahren einen richtigen Bart haben möchtest wie ein Mann, abends ein weißes Pulver auf die Oberlippe und weiß dir dann genau zu erklären, warum es über Nacht doch nicht so recht gewirkt hat? Der Fanti, immer der Fanti.

Nie hat man ihn für sich allein, aber ganz selten doch. Zum Beispiel an dem Faschingsnachmittag, an dem Hartmut und die Mädchen zu einem vornehmen Kinderball durften, Michael aber zu Hause bleiben mußte, weil er nicht eingeladen war. Den Tränen nahe, sah er Fanti an. Da blinzelte ihm der Maler zu, und das hieß: Warte nur, bis sie weg sind, dann feiern *wir zwei* Fasching – klar?

Und wie sie feierten! Es wurde ein großartiges Fest. Erst bastelte Fanti dem Jungen aus Pappkarton einen hohen, steifen Kragen, einen Vatermörder, und malte lustige Schweinchen darauf. Dann strich er Michaels Gesicht mit weißer Farbe an, da sah der Bub aus wie ein Clown. Und zu guter Letzt hat Fanti noch Michaels Hose hinten aufgeschnitten und den Hemdenzipfel herausgeholt.

Die beiden zogen durch Obermenzing und Pasing und kehrten in jedem Metzgerladen ein. Da reichten die Metzgermeister und ihre drallen Ehefrauen lachend Leckeres über den Ladentisch und zeigten sich nicht kleinlich mit Wurstscheiben: Nein, wie komisch der Kleine aber auch aussah! Und noch lange blickten sie den beiden vergnügt nach, dem verrückten Maler und dem glücklichen Kind an seiner Hand.

Unvermutet bekamen sie Gesellschaft, die Hälfte der Hunde von Obermenzing und Pasing trottete speicheltropfend mit ihnen: weil so ein Spaßvogel von Metzger eine Wurst an den Hemdenzipfel gebunden hatte, der aus Michaels Hose herausguckte.

Die Buchnerkinder können nicht *mehr* gelacht haben auf ihrem feinen Kostümball.

9

Fanti war auch Richter im Kinderland, Meister Justitia mit der Waage für Gut und Böse; und der Einfachheit halber anschließend gleich der Rächer der Schandtaten und zuständig für den Strafvollzug.

Denn so wild es zwischen Floßmannvilla und Buchnerhaus zuging, so zwanglos die Kinder aufwuchsen – es gab eine Grenze zwischen läßlicher Sünde und strafwürdigem Frevel. Wurde diese Grenze überschritten, donnerte es wie dazumal im anderen Paradies; und den Erzengel mit dem Flammenschwert machte hier, wie gesagt, Fanti.

Der Junge, der etwas angestellt hatte, ging freiwillig zu ihm beichten. Nicht, weil das befohlen war – man tat es einfach, man lief hin und erzählte und wußte: Findet Fanti die Sache übel, so wird er dich bestrafen.

Der Maler hörte sehr ernst zu, runzelte die Stirn, wollte das und jenes genauer wissen; und stufte er die Missetat als Frevel ein, setzte er ohne Zorn und Eifer sogleich das Strafmaß fest. Man wurde in die Küche geschickt, den Kochlöffel zu holen; den gab man dem Erzengel in die Hand, steckte den Kopf zwischen seine Knie und nahm die Schläge entgegen.

Die waren kein Spaß, sie taten weh. Da mußte man schon die Zähne zusammenbeißen, zumal der Fanti nicht sparte (für die Sache mit der Trambahn gab es zum Beispiel pro Hosenboden zehn). Anschließend hatte man sich in die Ecke zu stellen – eine halbe Stunde lang, befahl der Maler. Doch so lange hat es dann nie gedauert, bis er den armen Übeltäter herausrief aus der Einsamkeit.

Danach – was für ein Gefühl, wieder rein und unschuldig zu sein! Alle Sünden waren vergeben und abgebüßt, nie kam Fanti darauf zurück, und die Sonne schien heller als je zuvor. Sagten die Kinder. Edgar freilich, der seinen Sohn nie angerührt hat, fand diese Erziehungsmethode ebenso ärgerlich wie heute jeder moderne Pädagoge. Nur die Buben dachten anders darüber. Wer Fantis Freund sein wollte, mußte die Spielregeln anerkennen, auch die unangenehmen. Michael Ende verteidigt Fanti noch heute: »Der Maler«, sagt er, »hat uns gebeutelt wie die jungen Hunde, aber nie seine Liebe entzogen.«

10

Auf der Wiese, die sich bis an den Horizont erstreckte, spielte sich in diesen Jahren immer mal wieder Romantisches ab: Ein Schäfer zog mit Herde, Hund und Karren daher, um für einige Zeit zu bleiben. Alle freuten sich über den Anblick der frommen Wolltiere, die das Gras abzupften und sich malerisch, als mümmelnde Silhouetten, gegen die abendliche Sonne abhoben – bis weit, weit hinaus; denn es war eine riesengroße Herde. Da machte es nichts, daß der Schäfer schauerlich nach Mist und Fusel roch; auch nicht, daß er gerne mal volltrunken unterm Holunderstrauch lag und Fanti ihn auf seinen Schultern in den zweirädrigen Schäferkarren schleppen mußte, damit die Nachtkühle dem Mann nichts anhabe. Nein, alle liebten die alttestamentlichen Tiere, den angeberischen Hütehund und den übelriechenden Hirten; der gehörte mit seinem ausgefallenen Beruf zu den Einsamen im Lande und war also – Schafgestank hin, Schafgestank her – so etwas wie ein Vetter oder Onkel der Außenseiter von Obermenzing.

Gern fanden sich Edgar und Lise mit ihrem Michael unterm Holunderstrauch ein, um im Abenddämmern mit dem Mann lange, tiefsinnige Gespräche zu führen. Und manchmal erwies sich dabei, daß dieser Kerl sein Handwerk verstand und – wie alle guten Schäfer – den siebten Sinn besaß: Mitten im Wort rannte er plötzlich los und warf sich irgendwo auf ein ganz bestimmtes Schaf, um ihm wie ein Besessener den Bauch zu massieren. Das war nötig, er rettete das Tier so vor dem sicheren Tod; denn unvernünftig, wie Schafe nun mal sein können, hatte es sich überfressen und wäre nun an seinen Koliken eingegangen.

Wie der Mann auf das vollgefressene Schaf in der riesigen Herde aufmerksam geworden war, wird für immer sein Geheimnis bleiben. Der kleine Michael aber lernte am guten Hirten und seinem Problemtier, daß es Unerklärliches zwischen Himmel und Erde gibt.

11

Einmal, im Spätherbst, hielt auf der Wiese ein Wagen mit einem mageren Gaul davor, und ein paar abgerissene Gestalten machten sich dort zu schaffen: fahrendes Volk, eine kleine Artistenfamilie. Da gab es eine Kunstreiterin und den Dummen August und Beppi, den Chef der Truppe; der machte den Seiltänzer.

Sie hatten kein Zirkuszelt, sie waren zu arm. Ihre Vorstellung fand unter freiem Himmel statt, in der offenen Manege. Für Beppi wurden zwei Masten aufgestellt, dann spannten sie ein Drahtseil von Mast zu Mast; und atemlos starrten Michael, die Buchnerkinder und alle Buben und Mädchen der Umgebung auf den Artisten, der tollkühn über das Seil lief. Aber nicht nur so, einen Fuß vor den andern gesetzt – nein, Beppi bewältigte viel Schwierigeres: An die Enden der langen, wippenden Balancierstange, die er in den Händen trug, waren Körbe gebunden; und aus jedem Korb lugte oben ein Beppisprößling heraus – der Vater trug seine Kinder sicher zum Mast gegenüber. Und damit nicht genug: Der Mann band sich zwei Sensen an die Knöchel, scharfgeschliffene Sensen, die nach innen zeigten; und um sich nicht ins eigene Fleisch zu schneiden, mußte er bei jedem Schritt gefährlich weit mit dem Fuß ausholen – in fünf, sechs Meter Höhe! Der Trick ist Beppi wohl nicht immer gelungen;

denn die Großmutter der Truppe jammerte viel über die Drahtseil-
nummer. Weniger, weil sie sich um die Kleinen in den Körben
sorgte; sondern mehr, weil sie dauernd die Seidenstrümpfe des
Seiltänzers flicken mußte, die der sich an den Sensen zerschnitten
hatte.
Jeden Tag Vorstellung, jeden Tag Zirkus – die Kunstreiterin, der
lustige Clown, die Sensation auf dem Zirkusseil: herrliche Zeiten für
die Kinder. Aber das Wetter verschlechterte sich, die Tage wurden
kürzer und die Nächte kälter. »Wo wollt ihr denn jetzt hin?« fragte
Mutter Buchner die Zirkusleute. Die zuckten die Achseln: hierhin,
dorthin – wohin sie der Weg eben führte. Da erlaubte ihnen die
Dame, den Winter im Buchnerhaus zuzubringen, und sagte ihnen
obendrein freies Essen zu.
Sie erwiesen sich als gute Hausgenossen, nie unterwürfig, aber
immer freundlich und hilfsbereit. Sie schliefen in den unergründli-
chen Tiefen der Villa, wohl im Keller; und tagsüber machten sie sich
nützlich und reparierten ohne viel Aufhebens, was es zu reparieren
gab.
Aber die Kinder! Sie waren nicht mehr wegzubringen von den
Zirkusleuten. Die Mädchen ließen sich Turnkunststücke von ihnen
zeigen, und die Buben hielten sich an den Dummen August, der
ihnen die berühmte Clown-Nummer »Bienchen, gib mir Honig!«
beibrachte.

12

Die Artisten von Obermenzing konnten nicht ahnen, vor wem sie da
tanzten, ritten und Kapriolen schlugen. Sie haben es wohl nie
erfahren, daß unter ihren kleinen Zuschauern einer saß, der sie mit
ihren kümmerlichen Künsten und ihrem bunten Flitter für immer in
sein Herz schloß – so sehr, daß er ihnen eines Tages über ihre
armselige Existenz hinaus Leben verleihen und Beppi und die
anderen mit dem Glanz umgeben sollte, den seine Kinderaugen an
ihnen wahrgenommen hatten.
Tatsächlich vergaß Michael den kleinen Zirkus nie. Immer wieder

taucht diese Zauberwelt in Endes Geschichten und Theaterstücken auf. Im *Spiegel im Spiegel* zum Beispiel. Hier ziehen Beppis harmlose Gesellen, grandios in geheimnisumwitterte, phantastische Gaukler verwandelt, melancholisch über die Landstraße. Doch am eindeutigsten steht das Obermenzinger Urbild hinter dem verzweifelten Menschengrüpplein im *Gauklermärchen*. Not, Würde und der tapfere Wille zum Überleben hier wie damals, wenn auch kein Porträt: Pippo im Mysterienspiel und Beppi auf der Wiese hinterm Buchnerhaus sind nicht ein und derselbe.

Nein, kein Porträt. Ende hat sich immer spröde und sparsam gezeigt, wenn es darum ging, Menschen seiner Umgebung in seinen Werken originalgetreu abzubilden.

13

Eines Tages war es zu Ende – Michael mußte mit seinen Eltern das Wunderland hinterm Würmkanal verlassen. Vorher aber brannten die Buben noch den kleinen Wald nieder.

Das Brennmaterial bezogen sie von einem morschen Pavillon, der ebenfalls auf dem Obermenzinger Gelände stand. Diesen Kuppelbau in Art einer Moschee hatte sich um die Jahrhundertwende ein reicher Mann dorthin stellen lassen. Aber nicht zu frommer Sufi-Meditation, sondern für Orgien. An der verschwiegenen Stätte konnte der Krösus nämlich mit Freunden und Damen ungestört Feste der Sinnenfreude feiern, die Räumlichkeiten waren sehr praktisch darauf zugeschnitten: Weil die Zeit des Gruppensex noch nicht gekommen war, lagen um einen Festsaal herum gemütliche Kammern, in die sich die Paare zurückziehen konnten.

Das üppige orientalische Treiben gehörte längst der Vergangenheit an, als die Endes Obermenzinger Boden betraten, wer weiß, was aus dem Pseudopascha geworden ist. Geblieben war sein alter Lustpavillon, war die Kuppel dieses Bauwerks; und die trug immer noch viele Lagen wasserabstoßender Teerpappe. Woher Hartmut und Michael es wußten, kann ich nicht sagen – aber den kleinen Burschen war wohlbekannt, daß die Teerpappe ganz vorzüglich brannte. Und irgendwann, in einer Stunde der Langeweile, erinnerten sie sich daran.

Die Sache ist ganz einfach. Du kletterst auf das Dach des Pavillons und reißt dir Streifen von der Pappe ab – du brauchst gar nicht viel. Wieder unten, wickelst du die Pappstreifen ziemlich fest um einen Stock – fertig. Wundervoll, wie die Fackel lodert, wirst du sehen.

Aber der Teer tropfte. Die Kerle liefen, ihre lodernden Stöcke geschultert, über die Wiese – und der Teer tropfte ins sommerdürre Gras. Schon züngelten kleine, tückische Flammen hier und dort, manche konnten von den Jungen noch ausgetreten werden, andere machten sich selbständig, rannten in Richtung Wald davon. Da wurde es Hartmut und Michael mulmig.

Leicht unterschätzt eine Gefahr, wer ihr noch nie begegnet ist. Michael sprang ins Haus und füllte einen Waschzuber mit Löschwasser. Als er damit an den Ort des Geschehens zurückkam, roch es schon fürchterlich nach Brand und Katastrophe, der halbe Wald stand in Flammen, und es nutzte gar nichts, daß Fanti sich der Lohe entgegenwarf und sie mit der Schaufel einzudämmen suchte. Die Feuerwehr mußte alarmiert werden.

Doch auch die konnte den Wald nicht mehr retten, die Fichten waren verloren, das Feuer hatte gewonnen – beißend der Rauch, rotgelb die riesigen Flammen, die zum Himmel loderten; da war nun nichts mehr zu machen.

Später wurden Hartmut und Michael von den Polizeibeamten verhört. Die Angst der beiden, ins Gefängnis zu kommen, erwies sich allerdings als unbegründet; und als unbegründet erwies sich auch Mutter Buchners und Vater Endes Sorge, die verkohlten Fichten bezahlen zu müssen: Der Waldbesitzer, telefonisch über das Unheil informiert, verzichtete gutmütig auf Anzeige und Schadenersatz.

Aber etwas war anders als bei allen Streichen vorher, die Jungen merkten es an Fantis Reaktion: Es gab keine Beichte, keine Schläge mit dem Kochlöffel – und keine Absolution. Das hier war zu schrecklich, das mußte man selbst verantworten – schlimmer: Man mußte ganz allein damit fertigwerden.

Eine Tür fiel ins Schloß. Die unbeschwerte, strahlende Kindheit ging an diesem Unglückstag zu Ende.

1

EIN PAAR BEINAHE SORGENFREIE JAHRE unter dem Himmel von Obermenzing, dann hatte die Armut die Endes eingeholt.
Die Wohnung in der schönen Floßmann-Villa war nicht mehr zu
halten, sie mußten sich etwas Billigeres suchen und zogen nach
Schwabing. In diesem Münchner Stadtteil lebten seit Jahrzehnten
die Bürger, die Künstler und die Wanzen friedlich beisammen; und
die Menschen gerieten allenfalls dann aneinander, wenn die einen
den andern mal wieder die Miete nicht zahlen konnten.

Kaulbachstraße 90, Vorderhaus, 4. Stock: So hieß von den ersten
Oktobertagen 1935 an Edgars und Lises Adresse. Die schlechteste
war es nicht: In der verträumten, engen Straße standen jetzt zwar
heruntergekommene, ehemals aber ansehnliche Bürgerhäuser und
dazwischen sogar das eine oder andere Palais, zum Beispiel – mit
der Hausnummer 15 – die klotzige Villa des Malers Fritz August
Kaulbach, der um die Jahrhundertwende die Damen der großen
Welt porträtiert hat.

Der andere, der moderne Maler Edgar Ende kann sich gerade eben
etwas im Dachgeschoß des Hauses Nr. 90 leisten, einen einzigen
»abgeteilten Raum zur Benützung als Kunstmalersatelier«: So heißt
es im Mietvertrag mit dem Hausbesitzer, der »Aktienbrauerei zum

Löwenbräu in München«, unterschrieben am 6. September 1935. Die Monatsmiete kam Michaels Eltern sauer an: 40 Mark mußten sie zahlen.

40 Mark für eine Bruchbude! In der nahen Amalienstraße konnte man damals für 140 Mark eine feine Fünfzimmerwohnung mieten; im Stadtzentrum kosteten drei Räume im Parterre ganze 89 Mark. Und die es sich leisten konnten, kauften im ruhigen Vorort Solln eine Herrschaftsvilla mit 15 000 Quadratmetern Garten für nur 36 000 Mark.

Wer es versteht, weiß sich auch in ärmlichen Verhältnissen wohnlich einzurichten; und Michaels Eltern waren geradezu Meister in dieser Kunst. Edgar werkelte und bosselte, Lise half ihm und putzte den Schmutz weg; und nach und nach entstand aus dem elenden Dachraum eine gar nicht so üble, kleine Wohnung. Schränke waren so aufgestellt, daß sie ein winziges Entrée bildeten; hinter geschickt eingezogenen Trennwänden lag die Schlafkammer für Mutter und Kind; Lise bekam eine Miniküche, die Dachluke in fünf Meter Höhe; der Rest – mit dem Alkoven für Edgars Bett und einer Sitzecke – blieb dem Maler als Atelier und war gleichzeitig Wohnzimmer, Eßzimmer, Besuchszimmer – Lebensraum für die Familie Ende.

2

Komfort gab es nicht. Alle Bewohner des Dachgeschosses benutzten das einzige Klo, das draußen vor der Wohnungstür lag. Alle holten Wasser vom einzigen Hahn, der neben dem Speicher plätscherte. Endes brauchten ein paar Eimer voll täglich zum Waschen und für die Küche. Und einmal in der Woche mußten es viele Eimer sein: Das Wasser wurde auf dem Herd gekocht und in eine Zinkwanne geschüttet, die sie in die Mitte des Ateliers stellten. Dann feierte die Familie ihr Badefest.

Geheizt wurde mit einem Kanonenofen, Lise mußte die Kohleneimer aus dem Keller heraufschleppen. Eiskalt die Winternächte unterm undichten Dach; oft lagen morgens Schneehaufen in der Wohnung, und das Wasser im Waschtisch war gefroren.

Aber das Schlimmste: die Wanzen. Nichts half gegen die Blutsauger

– keine Flitspritze, auch kein Volksrezept, etwa: die Beine des Betts in Wasserschüsseln zu stellen. Die Wanzen fanden immer ihren Weg zu den Menschen. Auch wenn der Kammerjäger wieder einmal alles gründlich ausgeräuchert hatte – keine zwei Wochen später waren neue Wanzen da, hatten sich neue angesiedelt, die Tauben brachten sie mit. Da konnte der Junge manche Nacht kein Auge zutun, bis er sich schluchzend und übermüdet zu einer Holzbank schleppte, um wenigstens noch die paar Stunden bis zum Morgen zu schlafen.

Und doch bot diese arme Umgebung auch etwas besonders Schönes – etwas, womit kein anderes Großstadtkind aufgewachsen ist: das Glasdach, das sich über der Atelierwohnung wölbte. In klaren Nächten sah der kleine Michael, in seinem Bett liegend, die Sterne über sich blinken; und manchmal, am Tage, zogen rauschend Schwäne über das Atelierdach zum Englischen Garten hinüber.

3

Da waren Edgar und Lise nun also angekommen in der Schwabinger Bohème – dort, wo Kunst und Armut dicht beieinander wohnten und zum Leben so vieler gehörten, die vom ganz großen Ruhm träumten und dabei oft nicht wußten, wie sie am nächsten Tag Bratkartoffeln auf den Teller bringen sollten.

Bald stand man auf gutem Fuß mit den Nachbarinnen im vierten Stock. Links von der Ende-Wohnung hausten in einer Atelierwohnung zwei junge Bildhauerinnen, Etta und Inge. Die hübschen Mädchen ließen sich gern vom Meister Edgar Ratschläge für ihre Plastiken geben, und im Fasching luden sie zu rauschenden Festen ein. In der dritten Wohnung lebte ein alleinstehendes Fräulein mit Ponyfrisur, eine ansehnliche Person, die unserem Autor um einer guten Tat willen zeitlebens im Gedächtnis blieb.

Tagsüber verkaufte sie in ihrem Milchlädchen im Haus gegenüber Butter, Eier, Käse; am Abend zog sie, fesch herausgeputzt, ins Café Leopold hinüber, um sich als Soubrette ein Zubrot zu verdienen; und noch später kam sie, einen Freier am Arm, heim in ihre Zweizimmer-Behausung, die sie mit einem pompösen Satinbett in

Rosa und mit Harlekinpuppen ausgestattet hatte. Diese Fleißige machte dem kleinen Michael – als er ihr wieder einmal gar zu verhärmt und verhungert aussah – ein großherziges Angebot: Der Bub dürfe sich täglich einen Liter Milch bei ihr im Laden gratis abholen. Was er auch mit Freuden tat.

Schwabinger Bohème: Ob Edgar und Lise, Etta, Inge und die Soubrette mit dem Milchladen wußten, wie viele große Künstler schon ringsum in ihrer Nachbarschaft gelebt, gearbeitet, gehungert und geliebt hatten?

Zum Beispiel das Atelier schräg gegenüber, in der Giselastraße 7: Kein Geringerer als Lovis Corinth hat dort die Nächte durchgesoffen und am Tag seine nackten Mädchen vital auf die Leinwand gepinselt. Und drüben, das Haus Friedrichstraße 1, gab einmal die Kulisse für eine sehr berühmte Malerliebe ab: Dort lebte der noch verheiratete Kandinsky mit Gabriele Münter, ehe er mit einem Aquarell das erste abstrakte Bild der Welt schuf. Paul Klee rannte oft aus seinem Atelier in der Feilitzschstraße 3 in Richtung Ainmillerstraße, in seine »nette kleine Wohnung auf Nr. 32 im Gartengebäude«, um beim geliebten Söhnlein Ersatzkindermädchen zu spielen, weil »uns ein Lausdirndl weggelaufen war«. Und weil Klees Frau Lily, die Pianistin, als Klavierlehrerin den Familienunterhalt verdienen mußte.

Franz Marc, der Maler der blauen, gelben, roten Pferde, hat stadteinwärts, im Hinterhaus der Schellingstraße 33, gehungert, gefroren und sich bis zum Wahnsinn um seine Kunst gemüht. (Auf einer Berliner Auktion des Jahres 1989 wurde ein Temperabild von Franz Marc *[Zwei Pferde]* für mehr als eine halbe Million D-Mark/West versteigert.) Nicht weit davon, Schellingstraße 23, staute sich zur gleichen Zeit das Volk vor dem Schaufenster vom »Tabackhaus: Zum Hausdichter«, in dem der verrückte Zigarrenhändler ein Skelett ausstellte. Der verrückte Zigarrenhändler – das war damals der große Humorist Joachim Ringelnatz. Und in der Akademiestraße, also auch nicht weit entfernt, besaß der Dichter Bertolt Brecht erst ein möbliertes Zimmer, dann eine kleine Wohnung – anfangs der zwanziger Jahre, als er seine erste Frau, Marianne Zoff, heiratete und das Töchterchen Hanne zur Welt kam.

Immer hatten die Künstler gern in Schwabing gewohnt, weil sie sich hier freier fühlten.

Vorbei. 1935 sah es in Deutschland anders aus. Auch in München. Auch in Schwabing.

4

6. September 1935: Die Kioske verkaufen für zehn Pfennige eine Extra-Ausgabe der *Münchner Illustrierten* zum Nürnberger Reichsparteitag. Schon rollen die ersten Sonderzüge mit Politischen Leitern, Hitlerjungen und Arbeitskommandos des Reichsarbeitsdienstes, die in Nürnberg die Massenkundgebungen vorbereiten sollen.

6. September 1935: Japanische Kunstturner führen in München ihr Können vor. Die Golfwoche ist durch das schlechte Wetter zum Reinfall geworden, obwohl der Golfclub seine Plätze an der Ungererstraße vorbildlich hergerichtet hatte. In der Kapellenstraße findet man die Schwestern Helene und Maria Gunkel, neunundfünfzig und zweiundsechzig Jahre alt, tot in ihren Betten; Kamillentee ist übergelaufen und hat die Flamme des Gasherds ausgelöscht, das tödliche Gas strömte in die Wohnung.

6. September 1935: Mitglieder der Deutschen Arbeitsfront können bei den »Kraft durch Freude«-Warten Eintrittskarten für die Ausstellung »Leben und Gesundheit« erwerben. Die Sonderdarbietungen beim kommenden Jubiläums-Oktoberfest stehen nun fest: Der Reichsbund für Leibesübungen steuert sportliche Werbevorführungen bei, Ballonfahrten sind geplant, außerdem Hitlerjungen-Rennen, Windhund-Rennen, Kavalleristen-Rennen, SS-Reiterkämpfe. In der Synagoge findet um 6.15 Uhr Abendgottesdienst statt, tags darauf wird der Sabbatausgang gefeiert.

6. September 1935: Bei Backdie kostet der Salzhering fünf Pfennige (dazu gibt es Rabattmarken). Tengelmann bietet das Pfund seines 3-Flaggen-Kaffees für 2,80 Mark an, Uhlfelder ein halbes Pfund Schinken ab 70 Pfennige. Bei Oberpollinger kann man preiswerte Damenhüte kaufen: den flotten Laufhut für 3,90 Mark, den vornehmen Damenhut »mit neuer Randstellung« für 7,50 Mark.

6. September 1935: Für 12 740 Mark – so wird bekanntgegeben – soll der neugestaltete Königsplatz achtzehn zweiarmige Kandelaber bekommen. Auf persönlichen Wunsch des Führers werden nur zwei statt vier Fahnenmasten aufgestellt.

6. September 1935: Um 20.30 Uhr findet im UFA-Palast an der Sonnenstraße die Münchner Uraufführung einer Oscar-Wilde-Verfilmung statt: *Ein idealer Gatte*; in »einer tragenden Rolle: Brigitte Helm«. Tags zuvor ist im Luitpold-Kino *Episode* angelaufen, mit der »blutvollen Darstellerin« Paula Wessely. Das UFA-Theater am Sendlinger Tor zeigt (»Der große Erfolg!«) einen Streifen mit Hansi Knoteck und Hans Stüwe: *Die Heilige und ihr Narr*. Und der Atlantik-Palast am Isartor bringt nochmals – mit Greta Garbo und Ramon Novarro in den Hauptrollen – *Mata Hari*, einen »Film, den das Leben selbst schrieb«.

In den Stellenanzeigen der Tageszeitungen taucht ein neuer Begriff auf: Wird zum Beispiel ein Vertreter gesucht, so muß der Bewerber nun manchmal neben der fachlichen Eignung auch seine arische Abstammung nachweisen.

5

Noch in Obermenzing – als die Endes sahen, daß die Armut wieder vor der Tür stand – hatte sich Lise auf das Studium von Heilgymnastik und Massage verlegt. Ein lebensgroßes Skelett mit allen Knochen, die der Mensch besitzt, wurde in der Wohnung aufgestellt. Wie die heißen, wie sie funktionieren, an welcher Stelle sie sich korrekterweise befinden – das alles büffelte Lise. Edgar fragte seine Frau ab, Knochen um Knochen, und Michael saß dabei und lernte mit. Und wenn ihm der Hartmut dann beim Raufen wieder einmal wehgetan hatte, diagnostizierte der Dreikäsehoch exakt: »Au, jetzt hast du mich an mein Schwertbein gestoßen!«

Nun, in Schwabing, nachdem die Prüfung bestanden ist, kann Lise ihre neue Arbeit aufnehmen. Gegen fünf Uhr morgens verläßt sie die Atelierwohnung, um ihre Patienten aufzusuchen und ihnen durch ihre Heilkunst zu helfen. Zum Frühstück ist sie wieder zurück, freudig begrüßt von Mann und Kind: Denn die Patienten zahlen bar, und Lise kommt mit Brötchen und leckeren Sachen für den Kaffeetisch nach Hause.

6

1935: Eine neue Zeit ist angebrochen. Das Saargebiet kommt wieder zu Deutschland, nachdem 90,8 Prozent der Saarländer ihre Stimme für den Anschluß abgegeben haben. Mussolinis »Expeditionskorps« mit 346 000 schwerbewaffneten Soldaten fällt in Abessinien, dem heutigen Äthiopien, ein, um Italien noch ein allerletztes Stück vom Kolonialkuchen einzuverleiben. England schickt eilig Schiffe und Flugzeuge mit Truppen und Kriegsmaterial nach Malta – man will die Insel nicht an die Italiener verlieren. Zwischen Roosevelts USA und Stalins UdSSR gibt es diplomatisches Gerangel – Amerika droht, »die Anerkennung der Sowjetunion zu widerrufen, wenn weiterhin kommunistische Agitation und Propaganda in den Vereinigten Staaten betrieben werde«.
1935: Das Dritte Reich steht in voller Blüte, seine Mächtigen sorgen für Arbeit, Brot und Wiederaufrüstung im Lande. Der Arbeitsdienst wird »für alle jungen Deutschen beiderlei Geschlechts« gesetzliche Pflicht, und Pflicht wird der Wehrdienst für die Männer – Jahrgang 1914 rückt ein. Die Hakenkreuzflagge ist jetzt die Fahne des Deutschen Reiches. Im Mai weiht Hitler die ersten dreiundzwanzig Autobahnkilometer ein (zwischen Frankfurt und Darmstadt).
1935: Auf dem Nürnberger »Reichsparteitag der Freiheit« wird das antisemitische »Blutschutzgesetz« verkündet, es macht, zusammen mit dem Reichsbürgergesetz, die jüdischen Bürger nun auch offiziell zu Menschen zweiter Klasse. In Schweden nimmt sich Kurt Tucholsky heimwehkrank das Leben.
1935: In Deutschland wird jetzt eine andere Sprache gesprochen. Als die Münchner Gauführerin Hilde Königsbauer anläßlich des »Werbestaatsjugendtags« für den »Bund deutscher Mädel« Propaganda macht, tut sie es mit diesen Worten: »Du Mädel, Du ahnst ja nicht, was Du entbehrst, wenn Du außerhalb dieser Kameradschaft

stehst, die Dich umsorgt in Freude und Leid, Du weißt nicht, welche Kräfte freiwerden in Dir ... Man kann nicht als Einzelmädel Nationalsozialistin sein, weil das Erleben im Mädelbund fehlt, weil erst das Unterstellen unter den Willen einer Führerin, das Anpassen an Kameradinnen, das Mädel reif werden und hineinwachsen lassen in die Volksgemeinschaft ... Adolf Hitler Sieg Heil!« (Der »Werbestaatsjugendtag« wurde dann verschoben – »im Hinblick der Gefahr einer gesundheitlichen Schädigung unserer Mädel durch die ungünstige Witterung«.)

7

Das war nicht die Welt des Edgar Ende. Ein Künstler, der um Visionen und Botschaften aus der geistigen Welt rang, paßte da nicht hinein. Und die Mächtigen des Dritten Reichs ließen es den Maler spüren.

Dabei hatte sich erst, in den Jahren in Obermenzing, alles so glücklich angelassen. Der ganz große, der internationale Erfolg schien nahe. Kritiker und Kunsthändler wurden auf Edgars Arbeiten aufmerksam. Wenn Ende ausstellte, machte er Sensation. Aus Frankreich, England, Amerika kamen Experten und boten Verträge an. Gewiß, Rückschläge blieben nicht aus: Als im Juni 1931 der Münchner Glaspalast in Flammen aufging, verbrannten auch drei Ölgemälde und sechs Zeichnungen Edgars, die dort gerade gezeigt wurden. Und von Ausstellungen in anderen Ländern kehrte manches Werk nicht zurück, es ging verloren oder wurde gestohlen – wer weiß.

Doch was machten dem Maler solche Rückschläge schon aus? Knapp über dreißig, stand er jetzt auf der Höhe seiner Meisterschaft. Tag für Tag arbeitete er an einem schier unglaublichen Œuvre: In manchem Jahr schuf Ende nicht weniger als fünfundvierzig Ölbilder. Damals entstanden *Die Barke*, *Die Zelte*, *Die Frau auf der Schildkröte* – um nur drei der wichtigen Werke zu nennen, denen heute kein ernstzunehmender Kunstexperte mehr seine Anerkennung verweigert.

Und wo gab es denn einen, der so malte wie er? Die nackten Schlafenden auf unendlicher Ebene, über denen ein trauernder Schwan in der Luft zu stehen scheint; der lorbeerbekränzte Dichter, der sich wegbeugt von aus der Wand ragenden, fordernden Torsen; die Regenschirmträger, die in einen Raum voller Statuen starren; und immer wieder diese schmerzhafte Leere, ein umbarmherziger Horizont, das magische Licht, das Unerklärliche, das Geheimnis, fast zum Greifen nahe: Wo gab es solche Bilder noch?

Gut, italienische, spanische Surrealisten hatten ähnliche Sphären entdeckt. Aber das hier war anders, spröde, kompromißlos, sehr asketisch mit seinen melancholischen graubraunen oder rötlichen Farben.

Merkwürdig: Der Mann, der so gar kein Held war, der aussehen konnte wie ein überdimensionales, verzagtes Kind, der sich ständig ohne Größe mit seinen Ehequerelen herumschlug, dieser behäbige, beleidigte, massige Kerl – er wurde vor der Staffelei zum Seher, war, wenn er nach seinen Bildmotiven suchte, ein Bruder der großen Mystiker. Nicht anders als sie ging er vor, wenn er nach neuen Visionen fischte. Denn was er malte, waren keine ausgedachten Chiffren, die das und das bedeuten sollten – es waren rätselhafte Mitbringsel aus nicht ungefährlichen Gratwanderungen zwischen Diesseits und Jenseits.

Da schloß er sich in seinem Atelier ein, verdunkelte den Raum, legte sich nieder. Er meditierte, suchte sein Inneres von jedem Gedanken zu entleeren und blieb doch bei vollem Bewußtsein; und wartete, bis das Zeichen aufleuchtete, das Bild sich offenbarte. Das hielt er dann mit dem Bleistift, der mit einer Taschenlampe gekoppelt war, kürzelartig auf einem kleinen Karton fest – um sich dem nächsten Fischzug zuzuwenden. Manchmal kam Edgar erst nach vierundzwanzig Stunden aus Einsamkeit und Dunkelheit zurück, und manchmal mit Hunderten vom kleinen Kartons in den Händen: dem Schatz seiner zukünftigen Produktion.

Arbeit, Hoffnungen, Erfolge. Dann ergriffen die Nationalsozialisten die Macht. Was sollten die mit dem Maler geistiger Welten anfangen?

Die offizielle Beurteilung stand im *Völkischen Beobachter* vom
10. Februar 1935 – in der führenden Zeitung der Machthaber also.
Anläßlich einer Ausstellung der Münchner Neuen Pinakothek heißt
es da: »Das ernste künstlerische Bemühen der Ausstellung wird
diskreditiert durch eine Reihe ziemlich fragwürdiger Erscheinungen,
deren Auswahl bei einer Qualitätsausstellung auf jeden Fall zu
Unrecht erfolgt ist. Wir meinen u. a. ... die kühlen, rätselvoll sich
gebärdenden Gedankenspielereien E n d e s , ... und wir könnten
noch eine ganze Reihe weiterer Entbehrlicher aufzählen.«
Fragwürdig, was Edgars Leben ausmachte – entbehrlich. Das war
der Schlag vor den Kopf. Aus und vorbei, Schimpf und Schande und
die Existenz bedroht: Wer von den Kritikern der Reichskulturkam-
mer für schlecht befunden wurde, war erledigt, fertig, verfemt. Also
keine Bildverkäufe mehr und neue Armut. Ende fiel in tiefe Depression, nur zwei Ölbilder hat er im ganzen Jahr 1935 gemalt. Aber es
war bloß der Anfang des Elends, es sollte noch viel schlimmer
kommen.
In Schwabing, in den Tagen der Beschimpfung, der finanziellen Not
und der niedergedrückten Stimmung, verschlechterte sich die Ehe
der Endes immer mehr.

9

Es lag an der falschen Partnerwahl. Zwei außerordentliche Menschen waren einander begegnet und zu ihrem Unglück aneinander
hängengeblieben. Lise hätte bei einem anderen Mann, Edgar bei
einer anderen Frau Frieden finden können. Aber Lise und Edgar,
Edgar und Lise – sie hätten nicht heiraten dürfen.
Vater Ende drückte das anders aus, oft genug hörte der Sohn ihn
bitter sagen:»Wir hätten kein Kind haben dürfen.« Unselige Worte
vor den Ohren eines knapp schulpflichtigen Jungen – schier uner-
träglich für ein Kind, zu wissen: Sie bleiben nur meinetwegen
zusammen, ich darf nicht versagen, sonst gehen sie auseinander.

Sobald er zu Verstand gekommen ist, hat Michael Ende um die Ehe seiner Eltern gekämpft, jahrzehntelang – bis diese Ehe zerbrach.

Nicht immer war Streit im Haus, es gab auch harmonische Stunden. Zum Beispiel im Atelier in Schwabing, wenn sie um den runden Tisch unter der Lampe saßen. Der Vater las mit Pathos Gedichte von Alfred Mombert vor, der Sohn lauschte, die Mutter nähte irgend etwas – es schien ein Abend wie in tausend anderen Familien, unter tausend anderen Dächern zu sein. Aber *ein* unbedachtes Wort, *eine* mißverstandene Bemerkung, und schon kippte die Stimmung um. Der Sturm brach an, die Ehepartner gingen mit bösen Worten aufeinander los, bis zu Tätlichkeiten konnte sich das steigern.

Zu Weihnachten war es am schlimmsten. Vielleicht, weil Lise und Edgar dann erschöpft waren. Denn bis in die Nächte hinein hatten sie gebastelt, Heere von Rauschgoldengeln zum Beispiel oder Kasperfiguren – Dinge, die sich in der Vorweihnachtszeit verkaufen ließen, damit ein wenig Geld ins Haus kam, fürs Essen, für ein paar Geschenke. Lise hatte das Zeug an den Mann gebracht, und im mageren Beutel klimperte es; man hatte eingekauft, Lise hatte geputzt, gebacken, gekocht. Dann, kurz vor der Bescherung, geschah es, immer im gleichen Ablauf: Schimpfen und Toben (und das Kind stand dabei), dann Abbruch des Dialogs, der Beziehungen, von beiden Seiten die Weigerung, das Fest zu feiern – wütend, schmollend lagen die Gegner auf ihren Betten. Das Kind rannte vom einen zum andern, begütigte, verteidigte, brachte Botschaften und konnte die Streitenden endlich versöhnen.

Dann, bei der Weihnachtsbescherung im Kerzenschein, sah Michael erschöpft aus. Stumm nahm er seine Geschenke entgegen, das neue Schaukelpferd oder den lustigen Clown; nickte und streichelte mit der Hand über das heißersehnte Spielzeug – »Michael kann Freude nicht zeigen«, sagten Lise und Edgar bedauernd.

Michael Ende ist immer ein schlechter Schüler gewesen. Das wußten damals alle Lehrer, heute wissen es die meisten seiner Anhänger. »Der Junge hat zuviel Phantasie, er lebt in einer anderen Welt«, erklärten es die Lehrer damals seufzend, und die Anhänger hören es heute mit Begeisterung.

Aber so einfach lagen die Dinge nicht. Gewiß, Michael besaß Phantasie, viel Phantasie, und Fanti hatte ihm ja das Land Phantásien auch deutlich gezeigt. Aber der Junge lebte nicht nur dort – er hätte ganz gern auch in der Welt der Realität gelebt, wäre nicht hier die Angst gewesen: die ewige Angst, sein Nest zu verlieren, die Sorge, die beiden Menschen, die er am meisten brauchte, könnten auseinandergehen. Nicht Phantasie ließ seine Gedanken im Unterricht abschweifen; die Angst war es, die seine Kraft aufzehrte, deshalb brütete er in der Schulbank vor sich hin. Wußte er denn, was zu Hause in diesem Augenblick geschah? Vielleicht tobte dort wieder der Teufel, vielleicht war, wenn Michael nachher an der Haustür klingelte, der Vater schon nicht mehr da. Oder die Mutter.

Nein, der kleine Michael ist kein versponnener Phantast gewesen. Nur ein Junge, der in brüchigen Familienverhältnissen lebte, im ständigen Wechselbad guter und böser Stimmungen; ein Junge mit dem festen Glauben, er müsse retten, was da in allen Fugen krachte. Das war die Überforderung: nur nicht versagen, nur nicht versagen, nicht schwierig sein, nicht die Schwierigkeiten vermehren – allein sein Wohlverhalten zählte: Ich bin ein liebes Kind, und ihr seid meine lieben Eltern.

Michael verstand über seine Jahre hinaus, daß es hier nicht um Schuld ging, sondern daß sich zwischen den Eltern Schicksal abspielte. Wie sollte er Partei ergreifen, für wen? Er liebte die Mutter, diese prächtige Frau, die immer noch einen Ausweg fand, auch wenn die Not aufs höchste stieg. Und er liebte den passiven, versponnenen Vater, der um die Dichter und das Geheimnis wußte und so wunderbare Bilder malte. Man durfte keinen der beiden verlieren. Man wäre verloren gewesen. Man hätte versagt.

Die ganze Kinderzeit über hat der Junge mit keinem Menschen über sein häusliches Unglück gesprochen – mit keinem Freund, keinem Lehrer. Das ging nicht, das durfte man nicht tun. Es wäre Verrat gewesen und hätte vielleicht das Ende herbeigezogen, das gefürchtete Ende. Was zu Hause geschah, trug man nicht vor die Wohnungstür. Der Druck, dieser unerträgliche Druck der Angst: Man mußte allein damit fertigwerden.

11

Nach Ostern 1936 kommt Michael in die Wilhelmschule, gleich neben der Feuerwache – gut zwanzig Minuten Fußmarsch von daheim entfernt. Im Schulhaus riecht es dumpf und muffig nach Bohnerwachs und dem Kunstleder der Schulranzen; und, wenn es geregnet oder geschneit hat, nach den feuchten Mänteln an den Kleiderhaken. Manchmal auch ein wenig nach Gas; denn damals gab es noch Gaslicht in der Wilhelmschule, im Winter muß der Lehrer vor dem Unterricht erst auf einen Stuhl steigen, um den Glühstrumpf anzuzünden. Dann sehen die Gesichter der Kinder käsig aus.

Vor der ersten Schulstunde am Morgen treten Buben und Mädchen aus ihren Schulbänken und leiern in strammer Haltung ein Gebet herunter. Den Text können alle schnell auswendig; aber er steht auch – in gotischen Lettern auf eine Tafel geschrieben – vorn am Lehrerpult. Ins Gebet ist auch der Führer Adolf Hitler eingeschlossen. Sein Bild hängt an der Wand.

Seinen ersten Lehrer, Herrn Riegel, hatte Michael gern: ein großer, dünner Mensch mit krausem Haar, rötlicher Gesichtsfarbe und schmalen Händen. Den Mann auf dem Bild an der Wand hat er wohl nicht gemocht; denn dem Herrn Riegel bedeutete Rudolf Steiners anthroposophische Weltanschauung viel, aber Rudolf Steiners anthroposophische Weltanschauung ist nicht mehr erwünscht, in den Schulen des Dritten Reichs wird anders erzogen. Trotzdem läßt sich Herr Riegel allerlei einfallen, um seinen ABC-Schützen den Unterricht spannend zu machen. Wer etwas weiß, bekommt eine Süßigkeit von ihm. Und gerecht ist er, der Eduard Riegel.

Was Gerechtigkeit wert ist, erkennen die Jungen und Mädchen erst bei ihrem nächsten Pädagogen, dem Herrn Hauptlehrer: ein Schulmeistertyp aus der Kaiserzeit, ein wenig Karikatur, ein wenig Professor Unrat. Er hat einen langen Bart und einen Kahlkopf und einen Rohrstock; die Weste hält seine Leibesfülle zusammen. Der ist streng, bei dem muß man kerzengerade in der Bank sitzen, die Hände flach auf die Pultfläche gelegt. Und ja nicht mucksen – sonst...

Es tut höllisch weh und hinterläßt rote Striemen, wenn der Herr Hauptlehrer einem Kind mit dem Stock auf den Handteller haut. Und Buben, die Pech haben, legt der Mann auch schon mal über. Kein Wunder, daß ihn alle fürchten. Mit dem Spürsinn der Kinder fühlen sie: Das ist kein Gerechter, der haut und regiert gern; und daß er Angst verbreitet, genießt er. Außerdem hat er eine ekelhafte Angewohnheit, der Kahlkopf: Wenn ihn Schnupfen plagt, kommt er mit zwei Taschentüchern ins Klassenzimmer; und sobald das eine naß ist vom Rotz, nimmt er das andere für die Nase – und das nasse, unappetitliche wird zum Trocknen im Schulzimmer aufgehängt.

12

Unheilträchtig klang es, wenn der Vater zu seinem kleinen Sohn sagte: »Warte nur, bis du erst in die Schule kommst!« Edgar, der selber dort nicht gern gelernt hatte, sagte es oft – und nicht ohne ein Gran Bosheit. Und noch an jenem Tag nach Ostern, an dem Michael zwischen den Eltern zum erstenmal die Wilhelmschule betrat, orakelte sein Erzeuger genüßlich: »Jetzt beginnt der Ernst des Lebens!« – Worte, die einem Buben die schönste Zuckertüte vergällen können.

Es war nicht sehr gescheit von Vater Ende, so zu reden. Es erzeugte Widerwillen im Sohn, und so stand schon sein Start in die Bildungsanstalten unter keinem guten Stern. Vielleicht hat Herrn Riegels pädagogischer Eros noch einiges geraderücken können. Aber nicht für lange. Es folgten der kahlköpfige Hauptlehrer und nach ihm manch anderer vom gleichen Geiste. Sie bläuten dem Autor den Abscheu ein, der noch in der *Unendlichen Geschichte* unüberhörbar ist: Abscheu vor dem Buchstabenwissen, dem öden, mechanischen Lernen, dem Anhäufen blutleerer Schattenbruchstücke dieser Welt, irgendwo im Großhirn. Grauen vor der Schule also, wie Ende sie damals in München erlebte – ein Grauen, das ihn nie wieder verlassen hat.

Die Schule verhalf ihm nicht zur Bildung. Seine Bildung hat er sich später allein angeeignet, im Selbststudium.

13

Zu Hause Prellbock, in der Schule ein Versager: Was tut ein Junge, der sich unglücklich fühlt? Michaels Welt war größer geworden, er suchte sich Freunde.

Einer der ersten war Willi, der Sohn des Zigarrenhändlers in der Kaulbachstraße. Mit Willi gründete Michael einen Geheimbund nach dem andern. Sie spielten »Rächer der Höfe« und jagten unsichtbare Feinde durch die Schluchten Schwabings und des Balkans. Eine Phantasiefahne, die Lise ihnen genäht hatte, wehte über den beiden Rächern, wenn sie Scharen von Schurken zur Strecke brachten.

Mit acht Jahren starb Willi an Lungenentzündung. Er wurde auf dem Nordfriedhof beigesetzt. Noch nie hatte Michael den Tod so nahe erlebt. Nun stand der Bub am offenen Grab des Freundes und weinte bittere Tränen.

Willi war ein kleiner, dicker Junge mit dunkelbraunen Haaren gewesen, ein unsportliches Kerlchen. Er wußte nicht, wie man sich wehrt. Deshalb schubsten die anderen den Dicken gern herum und schrien Spottverse hinter ihm her: »Wambo! Wambo! Sitzt auf dem Potschambo!«

»Nicht sehr witzig«, meint an dieser Stelle Herr Koreander.

Koreander – Herr Koreander, der Antiquar aus der *Unendlichen Geschichte*? Richtig, der. Lesen Sie's nach! Denn Willi, der dicke, braunhaarige Junge aus dem Zigarrenladen in der Kaulbachstraße,

und Bastian, der dicke, braunhaarige Junge aus Endes erfolgreich-
stem Buch, sind identisch.
Hier hat der Autor seinen toten Kindheitsfreund porträtiert.

14

Kindheitsfreunde: Warum wählen wir sie? Weil sie gleich nebenan
wohnen, weil sie mit uns in derselben Schulbank sitzen? Oder weil
wir im Umgang mit ihnen eine ganz bestimmte Seite unseres Wesens
ausbilden?
Wichtig war für Michael Ende die Freundschaft mit Peter Horn.
Den gleichaltrigen Jungen faszinierte alles Lebendige – Natur,
Landschaft, Tier. Er wollte die Regeln und Gesetze wissen, nach
denen Lebendiges sich entfaltet.
Aber erst einmal lernte der kleine Ende Peter Horns Vater kennen.
Michael hatte eine eitrige Mittelohrentzündung und litt unter
furchtbaren Schmerzen. Sein Kopf müsse aufgemeißelt werden,
lautete die letzte Weisheit des Hausarztes. Bevor es dazu kam,
schickte die Bildhauerin Praetorius, eine Bekannte der Endes, den
Doktor Horn vorbei. Vielleicht, daß der noch helfen könne.
Doktor Horn sah aus wie Paracelsus. Und wie den Magierarzt, so
umgab auch den Vorstadtdoktor eine mächtige Aura. Mit der muß
einer nur das Krankenzimmer betreten, schon wird dem Patienten
wohler. Auch Michaels Schmerzen schrumpften, als der Doktor den
Kopf des Jungen untersuchte. »Tränensalzlösung«, murmelte Horn.
Und dann erklärte er Lise, wieviel Salz, wieviel Wasser dafür nötig
sei; und wie man das Zeug mit einem Klistierbällchen erst ins eine,
dann ins andere Nasenloch spritzen müsse – immer abwechselnd,
sehr vorsichtig, eine ganze Stunde lang.
Lise in ihrer Herzensnot beeilte sich auszuführen, was der Arzt
angeordnet hatte. Und da zeigte sich Doktor Horns Charisma. Es
dauerte keine Stunde, und der Eiter rann aus der Bubennase, die
Schmerzen verabschiedeten sich, und vom Kopfaufmeißeln war nie
mehr die Rede. Doktor Horn und sein Sohn Peter aber traten in den
Lebenskreis der Endes.

Peter züchtete Fische. Oft wanderten er und Michael nach der
Schule zum Hohenzollernplatz, um sich die Nase am Schaufenster
einer Zoohandlung plattzudrücken: Dort, in den Becken, schwam-
men majestätisch die herrlichsten Novitäten. Doch Michaels Versuch, sich ebenfalls Fische zu halten, geriet zum Flop.

Anfangs ging alles gut. Was für eine atemberaubende Freude, als er
sie endlich zu Hause hatte – in einem schönen, sechseckigen Aquarium mit Metallboden, das auf dem Jahrmarkt in der Au gekauft
worden war. Aber es herrschte grimmiger Winter, und Michael
wußte, daß es nachts im Atelier sehr kalt sein würde. Was tun, damit
die wunderbaren Flossentiere am nächsten Morgen nicht – statt
munter im Wasser zu schwimmen – im Eise feststeckten? Der Junge
suchte in der Wohnung herum, kehrte schließlich mit einem Spiri-
tuskocher zum Aquarium zurück und stellte ihn angezündet darunter.

Das hätte er besser nicht tun sollen. Am Morgen waren die Fische
gekocht.

16

Michaels erstes eigenes Tier hieß Peterchen und war ein kleiner,
rotweißgefleckter Kater. Zwischen Herr und Tier bestand eine
innige Liebesbeziehung. Morgens wurde der Herr vom Kater ge-
weckt, der ihm mit der Zunge zart übers Gesicht leckte; und mittags,
wenn der Herr aus der Schule kam, erwartete ihn das Tier schon im
Treppenhaus zum Spielen.

Einmal ist Michaels Kater aus dem Fenster gefallen, vier Stock-
werke tief ist er hinuntergestürzt; und der Junge jagte, das Schreck-
lichste befürchtend, angstbleich die Treppen nach unten. Dann die
freudige Überraschung: Kein toter Kater, nur Beschimpfungen
erwarteten ihn, als er im Biergarten hinter dem Haus ankam; denn
ein Kastanienbaum mit breiten Blättern hatte Peterchens Sturz
abgefangen, heil fiel der Unglückselige vor die Füße der Zechenden.

Tierfreunde stellten ihn wieder auf die Pfoten und stießen kräftige bayerische Flüche gegen den unachtsamen Katzenbesitzer aus.

Vertrautheit mit Tieren endet meistens tragisch. So auch hier: Als Peter erwachsen wurde und zu streunen und zu duften anfing, verlangten die Eltern, das Tier müsse weg. Frau Buchner erklärte sich bereit, den Kater in Obermenzing aufzunehmen. Tränenreiche Stunde, als es galt, vom rotweiß Gefleckten Abschied zu nehmen; um so bitterer, als er (wie Ende versichert) aus den Maschen des Einkaufsnetzes, in dem ihn Frau Buchner davontrug, ein letztes, trauriges Mal mit der Pfote winkte.

17

Michael Ende hat fast zu allen Zeiten seines Lebens Tiere um sich gehabt – Hunde, Katzen, Schildkröten. Aber das bunteste Kreaturengemisch besaß er doch damals in der Kaulbachstraße, in der Zeit seiner Freundschaft mit Peter Horn – allerlei Kleinvieh, wie Jungen es mögen: Wellensittiche, Prachtfinken, Eidechsen, Schildkröten, Mäuse.

Die Vögel flogen unter dem Glasdach des Atelierraums frei herum, bis Michael sich erinnerte, daß Mutters Geschirrschrank mit höchst praktischem Fliegengitter ausgestattet war. Lise mußte die Teller herausräumen, und die Finken hatten endlich ihren gemütlichen Schlafplatz.

Und das Terrarium! Alles, was da kreucht, tummelte sich darin. Die Eidechsen legten ihre Eier ab, und die Mäuse fraßen den Schildkröten die Mehlwürmer weg. Diese Mäuse! Michael und Peter kauften sie in der Zoohandlung am Hohenzollernplatz, und freilich waren es ganz gewöhnliche Kleinnager, rehbraune oder auch graue. Aber wie sich jeder Mauscharakter vom anderen unterschied! Da gab es die übereifrige junge Mutter, die ihre Kleinen mit richtigen Ohrfeigen erzog; da lebten zwei alte Junggesellen, die alles achtlos herumliegen ließen – Kerle von unvorstellbarer Schlampigkeit. Die Buben lagen stundenlang vor dem Terrarium auf dem Bauch und machten ihre Beobachtungen.

Die Sache uferte aus. Die vergessene, zur Mumie vertrocknete Eidechse unterm Kanapee ließ Lise noch hingehen. Doch als der Sohn eines Tages mit einer lebendigen Ringelnatter anrückte, streikte die Mutter. Schluß mit neuen Tieren – bis hierher und nicht weiter. Die Natter kam nicht ins Haus.

18

Um den Ärmsten der Armen zu helfen, zog Doktor Horn mit den Seinen ins Westend um. Dort reihten sich damals elende Mietskasernen aneinander, und in den Reparaturwerkstätten der Hinterhöfe schufteten abgearbeitete Hungerleider. Hier, fand der Arzt mit Charisma, sei sein Platz. Da konnten sich Michael und Peter nun nicht mehr täglich sehen. Doch sie blieben Freunde, oft nahm Michael die Straßenbahn zum Westend.

Viermal haben sie die Sommerferien zusammen verbracht, in einem Einödhof der Rosenheimer Gegend, nahe einem voralpinen Moor. Der Doktor fuhr sie in seinem alten, knatternden Opel hin, und dann begannen für die Stadtjungen Wochen des ungewohnten Lebens auf dem Lande.

Die zwei kamen da nicht nur in eine andere Umgebung – sie gerieten auch in ein anderes Jahrhundert. Denn das runde Dutzend Menschen, das auf dem einsamen oberbayerischen Hof wohnte und arbeitete, stand noch in der alten, strengen Bauernordnung, wie wir sie aus Roseggers Werken und altbayerischen Romanen herauslesen – immer ein wenig mißtrauisch, ob uns die Dichter tatsächlich Historisch-Authentisches schildern.

Doch bei den Wiesholzers nahe dem Samerberg war das auch in den dreißiger Jahren unseres Jahrhunderts noch so: Der Bauer herrschte über Wohl und Wehe der Seinen, und nach ihm hatte – in absteigender Rangfolge – einer dem andern zu befehlen: die Bäuerin dem Gesinde, der Großknecht dem Kleinknecht und den Mägden und so fort, bis herunter zum Hütebuben. Der durfte einzig dem Hofhund einen Tritt versetzen, wenn er sich wieder mal eine Watschen eingefangen hatte.

Bei den Wiesholzers wurde noch, ehe man sich an die gemeinsame Mahlzeit machte, das Tischgebet gesprochen, auch das Ave Maria; es gab einen Herrgottswinkel in Küche und Stube, und wenn draußen ein Gewitter tobte, wurde eine schwarze Kerze aufgestellt, die war vom Herrn Pfarrer geweiht; alle sprachen dann, auf den Knien liegend, in die Blitze hinein Gebete. Und neben der Tür hing ein kleines Porzellangefäß mit Weihwasser; man tauchte einen Finger hinein, wenn man eintrat, um sich dann fromm zu bekreuzigen.

Dem kleinen Michael, der in der Schule am nüchternen evangelischen Religionsunterricht teilnahm, mögen diese katholischen Bräuche exotisch erschienen sein. Doch auf dem Einödhof der Wiesholzers war ja ohnedies alles anders, sogar die Kleidung am Sonntag: Wenn sie sich zum Kirchgang aufmachten, trugen sie alpenländische Tracht und auf den Köpfen Topfhüte. Die Männer hatten Lodenjoppen an und kurze, schwarze Lederhosen, die mit moosgrünen Eichenlaubverzierungen bestickt waren; und überm Bauch trugen sie den ebenfalls bestickten, ledernen Gurt, den »Ranzen«. Und die Frauen waren prächtig anzusehen in ihren langen, weiten Wollröcken mit den vielen Unterröcken und den Miedern aus Silbergeschnür und mit den schimmernden Seidentüchern über den Schultern; und am Busen leuchtete ein kunstvolles Gesteck aus Blumen.

Die Bräuche, die Kleidung, der Dialekt: Wie sollte der kleine Michael ahnen, daß er hier Studien trieb? Beinahe ein halbes Jahrhundert später wurden die Eindrücke vom Bauernhof nahe dem Hochmoor wieder lebendig: als aus dem Buben Michael ein Autor geworden war, als der Theaterdichter daranging, die bairische Mär vom *Goggolori* zu schreiben.

19

Ferien auf dem Einödhof: Das waren Wochen der Freiheit und des wilden Lebens mit neuen Abenteuern an jedem Tag. Zum Beispiel die Heuernte: Die Jungen stampften oben auf dem Erntewagen das trockene Gras zusammen, ehe die Pferde anzogen, um das Winterfutter in die Scheune zu fahren. Michael und Peter durften Kühe hüten, beim Melken zusehen, dabeisein, als ein Kalb geboren wurde; da vergaßen sie voller Andacht den scharfen Geruch im Stall. Sie staunten den Almabtrieb an, wenn nach einem langen Sommer Scharen gesunden Viehs – schön geschmückt – von den Bergen in die Dörfer herunter und nach Hause trotteten. Nie zuvor hatte Michael dieses Untier mit den grünglühenden Augen erblickt, das wie der Leibhaftige aussieht, einen Ziegenbock also; und nie zuvor hatte er solche Angst ausgestanden wie in den Augenblicken, als der Stier das Gatter aus den Angeln wuchtete und schnaubend auf den Buben losraste.

Wenn der kleine Ende je mit Tieren sentimental umgegangen sein sollte – bei den Einödbauern lernte er die nüchterne Einstellung zur Kreatur, die er dann für immer behielt: Tiere nicht wie Menschen zu behandeln, sondern hinzufühlen, hinzuhören, welcher Art sie sind; und sie dann sein zu lassen, wie sie geschaffen wurden. Ein wenig Erziehung, gewiß, auch Forderungen an den Hausgenossen in Fell und Federn und natürlich Zuwendung; aber kein Umbiegen ins Halbmenschliche. So seine Ansicht.

Ferien auf dem Einödhof: der offene Himmel, die Berge, das Hochmoor mit Murmeltieren, Füchsen, Raubvögeln, mit Sträuchern und raren Pflanzen – alles durften sie Tag für Tag beobachten, durchstreifen, riechen, schmecken, erleben. Und abends – oder wenn es regnete – lasen Michael und Peter Bücher: Acht Bände von Hugh Loftings *Doktor Dolittle* haben sie in ihren oberbayerischen Ferien Seite um Seite durchbuchstabiert.

20

Michaels literarische Bildung war in diesen frühen Jahren bescheiden. Der Vater trug oft mit erhobener Stimme seine geliebten Mombert-Gedichte vor, manchmal auch die hymnischen Reime des wortgewaltigen Theodor Däubler. Und die Mutter rezitierte, wenn sie das Atelier putzte, die großen Balladen Schillers und Goethes (die kannte sie auswendig). Auch Texte der Bibel wurden im Hause Ende gelesen. Lag Michael krank im Bett, durfte er die alte, große Doré-Bibel begucken, mit der sich freilich in den Kissen nur müh-

sam hantieren ließ. Und so vertraut war der Bub mit Luthers Übersetzung, daß er empört nach Hause kam, als der Religionslehrer
die Schöpfungsgeschichte in einer für Kinder eingerichteten Text-
ausgabe durchnahm: »Aber«, protestierte Michael bei der Mutter,
»es heißt doch richtig: ›Am Anfang schuf Gott Himmel und Erde‹ –
nicht wahr, Mama?«
Im übrigen beschränkten sich seine literarischen Genüsse auf
Bücher wie *Pu, der Bär.* Später kamen Karl Mays Werke hinzu,
doch mit dieser Lektüre nahm es ein jähes Ende: Als Michael
nämlich eines Abends vom letzten Winnetou-Band nicht lassen
wollte – »Nur noch dieses Kapitel, Mama!« – und weiter und weiter las, statt ins Bett zu gehen; und als die Mama endlich dahin-
terkam, daß er sich heimlich immer neue Kapitel vornahm – da
wurde Lise vom heiligen Mutterzorn ergriffen, und sie steckte
das Buch in den Kanonenofen (wo es verbrannte). Jämmerliches
Geschrei beim verhinderten Leser, und Schluchzen die halbe
Nacht, bis die rabiate Mutter Reue packte. Sie versprach Ersatz
für das Exemplar im Ofen. Doch tags darauf gab es in den Buchhandlungen ganz Münchens den letzten Winnetou-Band nicht,
und Michael sollte die näheren Umstände des Indianertods nie
erfahren.
Als er schon berühmt war, brachte ihm eines Tages ein Verehrer,
der von dieser Geschichte gehört hatte, das Buch als Geschenk ins
Haus. Ende hat es ungelesen beiseite gelegt – zu spät, für ihn lebt
Winnetou heute noch.

21

Mit Peter Horn durchstreifte Michael das Land, mit ihm entdeckte
er die freie Natur. Viel aufregendere Unterhaltung bot dem Jungen
die Muschi, ein frisches, rotbackiges Münchner Kind aus der Nachbarschaft in der Kaulbachstraße.
Man kennt diesen Mädchentyp: Was bei anderen durch pickelige
Lüsternheit getrübt wird, entwaffnet hier durch Natürlichkeit.
Selbst ältere Fräulein sahen der Kleinen gerührt nach: Nein, diese

Muschi! Vielleicht schon ein bißchen zu bewußt, aber man muß sie mögen, sie hat so was Frisches.

Was der frischen Muschi schon alles bewußt war, hätte die älteren Fräulein freilich veranlaßt, schamrot zu werden, hätten sie auch nur eine Ahnung davon gehabt. Muschi war es, die Michael Ende in die Mysterien der irdischen Liebe einweihte. Dafür stand ihr ein erstaunlicher Fonds handfesten Wissens zur Verfügung, weit über ihr Alter hinaus.

Wir wollen hier mit Takt vorgehen und dieser frühen sexuellen Beziehung des *Momo*-Autors nicht bis in die letzten Einzelheiten nachspüren, das bleibe unaufgedeckt zwischen Muschi und Michael. Fest steht, daß sich Verblüffendes abspielte und daß es nicht beim »Zeigst du mir deins, zeig ich dir meins« geblieben ist. Wo immer es sich machen ließ – auf der Kellertreppe, im schummrigen Schuppen, unterm Wohnzimmertisch mit der Fransendecke – war Michael mit dem frischen Nachbarskind zugange, hochrot, aufgeregt und natürlich stets darauf bedacht, nicht erwischt zu werden.

Sie wurden« nicht erwischt. Man hätte ihnen »so was« auch gar nicht zugetraut, in einer Zeit, in der Kinder als geschlechtslose Wesen galten und, wenn sie es offenkundig nicht waren, als verworfene. Frühreif nannte man das damals. Frühreife waren schwarze Schafe in der Familie und immer ein bißchen verachtet.

Weil er das wußte, wurde Michael oft vom schlechten Gewissen geplagt. Andererseits waren die Spiele mit Muschi viel zu schön, um von ihnen zu lassen. Und sie brachten Entspannung vom Druck der Schule, vom Druck des ewig gefährdeten Elternhauses; sie boten dem kleinen Jungen Ersatz für die Zärtlichkeit, die ihm die Eltern nicht geben konnten, wenn sie wieder in ihre Konflikte verstrickt waren.

So muß man es der kleinen Muschi mit den schwarzen Locken zugute halten, daß Ende in einem prüden Zeitalter zu unverklemmter, gesunder Sexualität hingefunden hat.

Die unverklemmte, gesunde Sexualität sollte bald einer problematischen Belastungsprobe ausgesetzt werden.

In der Welt der Kaulbachstraße, die damals alles bot – Liebe, Lust
und Bitterkeit –, gab es auch einen Tennisplatz. Hier spielten die
reichen Leute manches Match, und die armen Buben verdienten sich
als Balljungen manchen Groschen.

Auch Michael tat das. Dabei fiel er einem eleganten Menschen im
weißen Dreß auf. Der hatte einen Schnurrbart wie der damals
berühmte Filmschauspieler Adolphe Menjou und war Tennislehrer
und Platzwart. Immer wieder wanderten seine Blicke zu dem Knaben hin, und als sich der kleine Balljunge nach Hause trollen wollte,
flüsterte ihm der elegante Mensch zu: »He du – warte mal!« Michael
blieb nichtsahnend, bis sich der Tennisplatz geleert hatte; da nahm
der Mann den Jungen mit in die Kabine, redete ununterbrochen auf
ihn ein und wurde dabei immer aufgeregter, er war ein Kinderver-
führer.

Eine betrübliche Geschichte. Der unselige Mensch hat den kleinen
Ende zwar nicht angerührt; aber was der zu sehen bekam, ehe der
Mann immer mal wieder hinter einem Vorhang verschwand, konnte
ein Kind wohl ängstigen und verstören – mehr: Es hätte ihm einen
Schock fürs Leben versetzen können. Wenn Michael nichts dergleichen geschah, und wenn er das Erlebnis ohne Seelenschaden über-
standen hat, mag das auf glückliche Vitalität schließen lassen.
Außerdem waren ihm Nacktheit und Sexualität ja nichts Unbe-
kanntes mehr – das eine durchs allwöchentliche Endesche Familien-
bad im Atelier, das andere durch Muschis emsige Aufklärungsar-
beit.

Vielleicht hat ihn das vor dem Entsetzen bewahrt.

Entsetzen packte freilich die Eltern, als sie von der Tennisplatz-
Affäre erfuhren. Ihr Kind in den Fängen eines solchen Menschen?
Lises Temperament kochte über: Augenblicklich wollte sie den
Mann zur Rede stellen, augenblicklich zur Polizei laufen. Edgar riß
sie zurück. Nein, die Frau eines verfemten Künstlers, dem man
mittlerweile das Malen verboten hatte, ließ sich im Dritten Reich

besser nicht auf der Polizeiwache blicken – egal, in welcher Angelegenheit. Politisch Unzuverlässige durften kein Aufsehen machen; nur so konnten sie hoffen, ungeschoren durch diese Zeiten zu kommen.

23

Politisch unzuverlässig: So nannte man damals die, welche sich den Machthabern nicht willfährig zeigten, welche nicht mitmachen, mitlaufen, mitmarschieren mochten. Politisch Unzuverlässige lebten gefährlich, immer ging es um Freiheit und Tod; und nur im schmalen Zwischenraum der Widersprüche, wie sie Diktaturen eigen sind, konnten sie existieren.

Solche Widersprüche haben auch Michaels Eltern am Leben erhalten: Aus den Museen und Galerien hat man zwar Ende-Bilder entfernt und beschlagnahmt, ein Gesetz machte es möglich. (Gesetz über die Einziehung von Erzeugnissen entarteter Kunst vom 31. 5. 1938: »§ 1 – Die Erzeugnisse entarteter Kunst, die vor dem Inkrafttreten dieses Gesetzes in Museen oder der Öffentlichkeit zugänglichen Sammlungen sichergestellt und von einer vom Führer und Reichskanzler bestimmten Stelle als Erzeugnisse entarteter Kunst festgestellt sind, können ohne Entschädigung zu Gunsten des Reiches eingezogen werden . . .«)

Aber ein paar Wehrmachtskasernen ließ man Edgar, der seine Familie nicht verhungern lassen wollte, mit Wandgemälden verzieren. Zwar durfte er keinen Pinsel in die Hand nehmen für die Werke, die ihm am Herzen lagen, die Farben dafür mußte er sich heimlich besorgen; aber ein Funktionär kaufte sich ein Ende-Gemälde, und ein anderer Nationalsozialist versuchte 1937, wenn auch vergeblich, mit einem Essay Endes Kunst in die »Kunst« des Dritten Reiches zu integrieren. Zwar war es verboten, Edgars Werke öffentlich zu zeigen; doch der Kunsthändler Günther Franke schmuggelte noch 1939 in eine Gruppenausstellung mutig ein paar Ende-Bilder – und wurde nicht verhaftet.

Die Widersprüche in der Diktatur: Sie geisterten nicht nur zwischen

Vorschriften, Organisationen und in der Bürokratie herum, sie steckten auch im einzelnen Menschen dieser Zeit. Der SA-Mann im Braunhemd zum Beispiel, als Ortsgruppenleiter zuständig für das Wohnhaus Kaulbachstraße 90, zeigte sich anders als erwartet: Mit zutunlichen Worten beschwor er Lise und Edgar, an Nationalfeiertagen auch eine Hakenkreuzfahne aus dem Fenster zu hängen – »Wann S'scho dagegen sind, dann tun Sie's halt mir zuliebe!« Eine Megäre im gleichen Haus aber, die nicht der Partei angehörte, wurde von allen als Erzdenunziantin gefürchtet.

Oder der Generaldirektor der Bayerischen Staatsgemäldesammlungen. Der konnte hocherhobenen Hauptes durch die Straßen laufen und brauchte sich um seinen Posten nicht zu sorgen – wer hätte ihm nachsagen können, er stünde nicht auf der richtigen Seite, arbeite nicht im Sinne der Machthaber? Doch er wußte auch, was für ein bedeutender Künstler Edgar Ende war, und gab ihm Aufträge, Cranach- und Altdorfer-Kopien anzufertigen. Und später hat er mit seinen staatlichen Gemäldeschätzen auch viele verbotene Ende-Bilder aus München auslagern lassen und so vor den Bomben gerettet.

Doch täusche sich keiner: Trotz aller Hilfe und allen glücklichen Zufällen schwebten Endes ständig in Gefahr. Wenn es damals bei politisch Unzuverlässigen an der Wohnungstür läutete, konnten draußen immer Männer in Ledermänteln stehen, die sie abholen wollten: in die Keller der Geheimen Staatspolizei oder ins Konzentrationslager.

24

Wer so tief in finanzieller und seelischer Not steckt, braucht zum Überleben gleichgesinnte Freunde. Für Edgar und Lise waren das zum Beispiel die Rauhuts. Dr. Franz Rauhut, Privatdozent und Regimegegner, hat den Maler aus tiefer Depression herausgerissen: Er kam zu ihm und kaufte ein Bild. Und seine Frau brachte eine Freundin mit, die ebenfalls ein Ende-Gemälde erstand. Das war für Edgar weit mehr wert als die 600 oder 700 Mark, die ihm ein solches

Werk damals einbrachte. Es bedeutete Anerkennung und Bestätigung in einer Zeit, in der er tief unter der öffentlichen Mißachtung litt. In seiner Freude nahm er das Geld und veranstaltete sofort für Rauhuts ein Fest. Und er begann, wieder zu malen.

Geholfen hat auch Hilde Praetorius, die Bildhauerin – jemand mußte schließlich die Miete bezahlen, wenn bei Endes wieder einmal kein Geld im Haus war. Frau Praetorius sprang ein, sie konnte das: Sie stammte aus einer wohlhabenden Familie. Michael liebte die ältere Dame mit den kurzen weißen Haaren, und sie hatte ihn auch in ihr Herz geschlossen. Hin und wieder verschaffte die Künstlerin dem Jungen ein kleines Taschengeld, indem sie ihm seine ersten Bilder abkaufte. Erst bewunderte sie umständlich, was er gemalt hatte; dann erwarb sie das Werk des Juniors für zwanzig Pfennige in bar.

Oft kam Friedhelm Kemp ins Haus, der bei Dr. Rauhut Romanistik studierte. Er war dreizehn Jahre jünger als Edgar und doch der ideale Gesprächspartner für den einsamen Maler. Die zwei saßen im Atelier, tranken Kaffee und manchmal einen Obstschnaps, Ende rauchte seine Pfeife; und sie redeten über Bildhauerei, Architektur und Literatur, über Psychoanalyse, Esoterik und Magie, redeten über Jakob Böhme und Kafka, Homer und Rilke, über Giorgione, Grünewald, Dürer. Ihre Kunstdiskussionen dehnten sich bis tief in die Nacht hinein; und nicht selten fiel die Wohnungstür erst dann hinter Kemp ins Schloß, wenn über dem Glasdach der Morgen graute.

Auch er, der jüngere Freund und Vertraute, der zuhören, mitreden konnte, war wichtig für Edgars Überleben in der Zeit der Dürre – zumal Friedhelm Kemp jugendliches Feuer, Elan und Begeisterung mitbrachte. So konnte es vorkommen, daß es mitten in der Nacht bei Endes klingelte: »Ich habe ein Gedicht gefunden, das *muß* ich euch vorlesen!« Schon saßen Edgar, Lise und Michael in ihren Schlafrökken mit Kemp am Tisch im Atelier; und der junge Romanist las vor, übersetzte dann den Text und sah den Freund mit großen, erwartungsvollen Augen an. Und wieder entzündeten sich stundenlange, glühende Diskussionen; und die Welt draußen, diese ganz andere, kunstfeindliche Welt, war vergessen.

25

Doch sie ließ sich nicht wegdiskutieren, die Welt der braunen Machthaber. Sie war immer gegenwärtig und engte Leben und Arbeit mehr und mehr ein. Was konnte man tun?

Rauhuts machten in ihrer Wohnung im Norden Schwabings Edgar, Lise und eine Handvoll Gleichgesinnter mit einem schwedischen Schriftsteller bekannt. Er reiste durch Deutschland, um für eine Zeitung seiner Heimat die Verhältnisse unter Hitler zu beschreiben. Bereitwillig und listig hatten die Machthaber ihn herumgeführt und ihm Potemkinsche Dörfer gezeigt. Nun wurde er von Rauhuts, Endes und den anderen heimlich aufgeklärt, wie es wirklich im Lande aussah. Sie nahmen kein Blatt vor den Mund und riskierten viel. Der kritische Schwede zeigte sich beeindruckt; und als man ihn kurz darauf offiziell das Konzentrationslager Dachau besuchen ließ, konnten die SS-Schergen ihn nicht mit der Fassade blenden, die sie dort für ihn aufgebaut hatten. Der Mann kehrte nach Skandinavien zurück und wußte Bescheid; und hat in den Ländern, in denen die Freiheit des Denkens und der Rede noch etwas galt, von dem berichtet, was er erfahren hatte.

26

Schlimme Nachrichten sickerten aus Garmisch durch, entsetzliches Schicksal hatte die Staackmanns getroffen. Onkel Fritz, 1929 Trauzeuge bei Endes, und seine Frau Hedy waren all die Zeit über in dem oberbayerischen Ort geblieben – bis zu ihrer Tragödie.

Wer hatte je daran gedacht, daß Hedy Staackmann Jüdin war? Die Endes nicht, aber Hitlers Henkersknechte schon. Eines Tages holten sie Frau Staackmann ab. Was sie ihr antaten, hat Michael Ende später in einer grimmig-bitteren Ballade so geschildert:

»Die Leute lachten und kamen gerannt:
In einem Käfig stand sie zur Schau.
Daran hing ein Schild, und darauf stand:
›Ich bin eine Judensau!‹«

Unvorstellbares ist damals geschehen: Hedy Staackmann, die jahrelang unauffällig in der Stadt gelebt hatte, Bürgerin unter Bürgern, wurde jetzt wie ein Vieh behandelt, weil sie Jüdin war. Man hat sie auf dem Garmischer Bahnhofsplatz in einen Käfig gesperrt, begafft, verhöhnt, gedemütigt; und kein Protest wurde laut, keine Hand hat sich für sie gerührt.

Nur Fritz Staackmann, der durchaus nicht die beste Ehe mit Hedy geführt hatte, zögerte nicht. Er besann sich darauf, daß er im Ersten Weltkrieg Offizier gewesen, vor Verdun verwundet und hoch dekoriert worden war. Nun zog er seine Uniform an, heftete seine Orden an die Brust und stellte sich vor seiner geächteten Frau auf, stand Stunde um Stunde vor dem schauerlichen Käfig – in strammer Haltung, mit erhobenem Säbel, mit Augen, die keinen sahen: Ehrenwache für eine Unglückliche.

Vielleicht, daß den Schergen bei diesem Anblick doch ein wenig Entsetzen über den Rücken kroch und daß ihnen eine Ahnung zuteil wurde von menschlicher Größe und menschlichem Leid. Begriffen haben sie nichts. Staackmann wurde mit einer Eisenstange erschlagen, seine Frau abtransportiert:

»Es heißt, daß sie nichts mehr verstanden hat,
denn sie war da schon geistig verstört.
Ich hörte, sie kam nach Theresienstadt.
Sonst hab ich nichts mehr gehört.«

(Die beiden Verse sind entnommen aus: Michael Ende, *Trödelmarkt der Träume/Mitternachtslieder und leise Balladen* [*vom Heldentod eines deutschen Offiziers*]; Edition Weitbrecht.)

27

Michael wurde als Kind selbst Augenzeuge solcher Gewalttätigkeiten: als jüdische Greisinnen aus ihrem Altersheim in der Kaulbachstraße 65 an den Haaren zum Lastwagen gezerrt, verladen und weggefahren wurden. Der Junge begriff durchaus, was da geschah; seine Eltern sprachen offen mit ihm über die Nationalsozialisten und ihre Schreckensherrschaft und verheimlichten ihm ihren Abscheu nicht. Das war das andere, worüber Michael außerhalb der Wohnung mit keinem Menschen reden konnte.

Zweimal erblickte der Autor, der das Land Phantásien beschrieben hat, den obersten Herrn des Reiches, in dem Phantasie ein Staatsverbrechen war; zweimal sah Ende Hitler. Das erste Mal im Juli 1937, als der Diktator in München mit Pomp und Stolz die »Große Deutsche Kunstausstellung« in seinem »Haus der Deutschen Kunst« eröffnete; das andere Mal im September 1938, als er in seine »Hauptstadt der Bewegung« kam, um die Engländer, die Franzosen und die Italiener zur Viermächtekonferenz zu treffen.

Er fuhr in der offenen Limousine durch die Stadt, und eine unübersehbare, jubelnde Menschenmenge stand an seinem Weg. Schreie wurden laut, Sprechchöre – »Adolf Hitler Sieg Heil!« und das immer wieder skandierte »Wir dan-ken uns-rem Füh-rer!« Uniformierte bildeten eine Kette und stemmten sich gegen die begeistert Vorwärtsdrängenden, um sie davon abzuhalten, auf die Fahrbahn, zum Wagen zu rennen.

Inmitten dieses Hexenkessels stand einer, der nach dem Untergang des Dritten Reiches Chef in Hitlers liebstem Kunstmuseum werden sollte: der verfemte Maler Edgar Ende. Er besah sich den Diktator und hielt dabei seinen kleinen Sohn an der Hand. Für den hatte er eigens eine Spiegelkonstruktion gebastelt, damit das Kind über die Köpfe der Menge hinweg den Politiker mit dem Schnurrbart betrachten konnte.

Seltsam zu denken, daß den Mann in der schwarzen Limousine und den Jungen mit den blitzenden Spiegeln wenige Meter voneinander trennten – diese beiden, die sich wie Fluch und Segen voneinander unterschieden: der eine, der die Menschen in die Vernichtung ihres Landes führte, und der andere, der sie später, nach dem Unheil, auf das Land des Geistes verweisen sollte.

Er habe wie eine Wachspuppe ausgesehen, sagte Michael von Hitler und blieb unbeeindruckt. Doch der schwarzen Magie nationalsozialistischer Kulthandlungen konnte auch er sich nicht entziehen. Er war dabei, als eine solche gewaltige Messe auf dem Münchner Königsplatz zelebriert wurde. Diesen Platz hat der Bayernkönig

Ludwig I. (1786–1868) in der ersten Hälfte des 19. Jahrhunderts errichten lassen, mit Glyptothek und anderen klassizistischen Bauten, mit Säulen und antikem Schmuckwerk. Die Machthaber des Dritten Reiches erkannten schnell, wie gut sich die heroische Kulisse und das weite Gelände zwischen den Museen für Massenaufmärsche eigneten; sie legten Granitplatten, wo bisher Rasen gewesen war, sorgten für Kandelaber und Fahnenstangen und fügten den alten neue Gebäude hinzu.

Gegenüber Ludwigs Propyläen, einer dorischen Säulenhalle nach Athener Vorbild, stellten sie zwei andere Säulenhallen hin, die sie Ehrentempel nannten: zum Gedächtnis der sechzehn erschossenen NS-Putschisten vom 9. November 1923, die sie Blutzeugen der Bewegung nannten. Die wurden hier in sechzehn bronzenen Sarkophagen beigesetzt.

Diese Beisetzung wurde am 9. November 1935 ganz groß inszeniert, eine Kulthandlung im Dunkeln, mit dumpfen Trommelwirbeln, flackernden Opferschalen und Fackeln, einem Wald von Standarten und wehenden Fahnen, die das Hakenkreuz trugen. Menschenmassen marschierten wie im Rausch, Kommandos tönten über den Platz, endlich standen alle braun und schwarz Uniformierten in Formationen und Kohorten unter dem düsteren Himmel und nahmen Haltung an. Reden wurden gehalten, die Toten mit Namen aufgerufen, einer nach dem anderen; und für jeden meldete sich stellvertretend ein SA-Mann mit brüllendem »Hier!« Und während die Verführten ihre rituellen Lieder sangen – »Deutschland über alles« und »Die Fahne hoch« –, weihten die Priester der nationalsozialistischen Heilslehre ihre neuen Tempel ein und sprachen ihre sechzehn Märtyrer heilig.

Damals, sagt Michael Ende, habe er gespürt, was schwarze Magie vermag; seitdem sei ihm das Heroische verdächtig.

VIERTES KAPITEL

Wie er zu dichten anfing

(München, Garmisch, Solln, 1939–1945)

Ärger im Religionsunterricht – Durchgefallen – Bodo verliert die Fassung – Pimpf Ende – Nachtwache im Stall – Hitlers Krieg – Lebensmittelkarten und Volksschädlinge – Bomben auf München – Operation Gomorrha – Liebe und Rohrnudeln – Stern von Rio – Cebion-Tabletten, die sterbenden Genien und der Sinn des Lebens – Schlimme Nachricht von Mama – Apokalyptisches Gebet – Wasserschlacht im Hinterhaus – Die besiegte Lise – Verbannung ins Roseneck – Gudrun – Einladung zur Waffen-SS – Kurier der Freiheitsaktion – Der Untergang des Dritten Reiches

1

AM 1. SEPTEMBER 1939 brach der Zweite Weltkrieg aus. Zu
Ostern 1940 kam Michael aufs Maximilians-Gymnasium, zu Weih-
nachten wußte Edgar, daß er zur Wehrmacht eingezogen würde.
Das Leben der Endes änderte sich.

Michael trat also ins »Max« ein, dieses ehrwürdige, humanistische,
bayerische Bildungsinstitut von feinstem Ruf. Auch wenn man dort
leider Schulgeld verlangte – der Sohn sollte, meinten die Eltern,
einen günstigen Start in einen guten Beruf haben, in einen soliden
Beruf. Künstler? Um Himmels willen, bloß nicht. Man erlebte ja am
eigenen Leib, wohin das führte.

Wie durch ein Wunder bestand der Junge die Aufnahmeprüfung.
Damit war der Weg frei in das sandfarbene Prachtgebäude, das
behäbig an der Siegfriedstraße lag, von einem wuchtigen achteckigen Turm überragt. (1939, als der Zweite Weltkrieg begann, war
das Maximilians-Gymnasium aus seinem eigenen Gebäudeflügel
[Karl-Theodor-Str. 9] in den Westflügel [Siegfriedstr. 22] verlegt
worden, der bis dahin ausschließlich das »Alte Realgymnasium«
beherbergt hatte. Beide Schulen mußten sich nun in die Räume
dieses Gebäudes teilen, es gab Schichtunterricht.) Hier galt – wenn
es auch nicht über dem Portal mit den zwei Säulen stand – der

Wahlspruch: Non scholae, sed vitae, und der Lateiner weiß, was damit gemeint ist: Nicht für die Schule, sondern für das Leben lernen wir.

Wie sich bald herausstellte, ging es dann aber doch erst einmal darum, für die Schule zu lernen. So begann eine jahrelange Plackerei.

Zunächst beim Studienassessor Dr. Anton Fingerle, einem etwas rundlichen, sehr gebildeten Herrn, einem guten Katholiken, dessen Hände immer aussahen, als habe der Herr Assessor sie eben sorgfältig geschrubbt. Dr. Anton Fingerle – damals achtundzwanzigjährig – stand der 1 A als Klassenleiter vor und gab den Lateinunterricht.

Dieses Latein! Agricola laborat. Amo, amas, amat. Puella saltat. Patria vos vocat. Festina lente! Entsetzlich! Dann: das Rechnen, das sich bald zur Mathematik steigerte und in Algebra und Geometrie ausartete. Fürchterlich! Etwas später kam das Allerschlimmste dazu: Altgriechisch. Nicht zu sagen, wie öde. Aber auch die anderen Unterrichtsfächer wirkten nicht sichtbar belebend auf den Schüler Ende. Nur das Zeichnen machte ihm Freude, im Zeichnen gehörte er immer zu den Besten.

Wie angenehm, wenn sich an manchem Morgen der Beginn des Unterrichts verzögerte, weil der Herr Klassenleiter das Schulgeld einsammeln mußte. Die Knaben zahlten, der Pädagoge quittierte in einem Büchlein, das man ihm entgegenstreckte. Es dauerte, bis zwanzig, dreißig Schüler ihren Obolus entrichtet hatten. Für Michael war es eine Galgenfrist. Danach mußte er dann aber doch zugeben, daß er die Hausaufgaben wieder nicht gemacht hatte.

2

Münchens Bevölkerung war zu dieser Zeit überwiegend katholisch, die Protestanten bildeten eine Minderheit. Auch in der Schule, auch im »Max«. Darum wurde den evangelischen Knaben der Parallelklasssen 1 A und 1 B der »konfessionelle Religionsunterricht« gemeinsam erteilt: Für das protestantische Häuflein einer Klasse allein hätte es sich nicht gelohnt, den alten Pfarrer aus der Kreuz-kirche drüben zu bemühen.

So kamen die von der 1 A und die von der 1 B der Bibel und Luthers wegen in einem Schulzimmer zusammen, so lernte der Ende den Nicolai kennen. Matthias Nicolai aus der 1 B, Sohn eines Verlagsbuchhändlers. Er hatte eine bräunliche Gesichts-farbe und Augen von auffälligem Blau. Nicolai liebte die lateini-sche Sprache und lernte mit Eifer Algebra und Geometrie. Man sagt, manchmal hätten in seinem Zeugnis acht Einser gleichzeitig gestanden.

Acht? Michael hatte nicht einmal in Religion eine Eins.

»Ende«, sagte der alte, gütige Pfarrer aus der Kreuzkirche beküm-mert, als sich das Schuljahr neigte, »wenn du dieses Verslein hier bitte auswendiglernen würdest, könnte ich deine miserable Note im Zeugnis noch aufbessern. Du wirst den Vers doch bis zur näch-sten Stunde lernen – nicht wahr, mein Junge?«

Der bekümmerte Pfarrer wußte, daß Ende den Vers nicht lernen würde. Auch die andern wußten das – Michael, Matthias. Den einen wurmte es, der andere mißbilligte es. Wenn sich ihre Blicke begegneten, stand nichts Gutes darin.

Sie mochten sich nicht, der Ende und der Nicolai. Sie konnten sich nicht ausstehen.

3

Unterricht auf dem Gymnasium, Anfang der vierziger Jahre dieses Jahrhunderts: unvorstellbar für die Nachgeborenen. Ein tiefer, unüberbrückbarer Graben trennte Lehrer und Schüler – Unpersön-lichkeit herrschte wie zu Kaisers Zeiten an der Kadettenanstalt. Ob Herr Professor (so die Anrede für Gymnasiallehrer in Bayern) oder gar Herr Oberstudiendirektor eine Gattin besaß oder nur einen kleinen Hund, in Bogenhausen oder im Lehel wohnte und gern Bratkartoffeln aß: Derartige Fragen auch nur zu denken, wäre keinem ordentlichen Schüler in den Sinn gekommen. Und wenn doch, hätte er über seine Vermessenheit den Kopf geschüttelt.

Lediglich schwarze Schafe dachten so Unverfrorenes, solche, die ohnedies bald der Schule verwiesen wurden.

Gymnasiallehrer waren Götter im Gehrock. Man sah sie täglich und kannte sie doch nicht. Sie thronten, durch mindestens eine Stufe erhöht, hinter ihrem Pult auf dem Katheder, an der Stirnseite des Klassenzimmers, neben der schwarzen Tafel. Man trat mit ihnen in Verbindung, indem man bittend den Zeigefinger hob und wartete, bis man mit Namen gerufen wurde; um dann – neben seiner Schulbank stehend – herunterzustottern, was man zu sagen hatte. Aufbegehren, Widerspruch? Lachhaft. Wer kämpft schon gegen Götter? Selbst wenn ein Herr Professor den eigenen Sohn in der Schulklasse unterrichtete, war der nichts als ein Schüler und mußte seinen Vater mit Sie anreden; und stotterte genauso, wenn er es gewagt hatte, den Zeigefinger zu heben.

Gymnasiallehrer stellten schwierige Fragen in schwierigem Deutsch, forderten unentwegt irgendwas, befahlen, tadelten; und manchmal lobten sie sogar beseligenderweise. Sie waren Herren über Wohlergehen und Untergang. Nichts konnte Schüler so tief ins Elend stürzen wie das mißbilligende Stirnrunzeln eines Gymnasiallehrers. Es bedeutete Schlimmes: eine miserable Note. Und viele miserable Noten bedeuteten gnadenlos das Ende.

4

Übers Jahr, am Tränentag der Schulzeugnisse, wurde wahr, was Michael in dunklen Nachtstunden immer wieder vor sich gesehen hatte. Sein Zeugnis enthielt den häßlichen Vermerk: »Die Erlaubnis zum Vorrücken in die nächsthöhere Klasse hat er *nicht* erhalten« – er war durchgefallen. (Das war im Sommer 1941. Denn bis 1939/40 hatte ein Schuljahr von Ostern bis Ostern gedauert. Das änderte sich mit dem Schuljahr 1940/41, es dauerte von Ostern 1940 bis zu den Sommerferien 1941. Danach galt die neue Berechnung des Schuljahrs, nämlich von den Sommerferien bis zu den nächsten Sommerferien.) Da tat er, was Schüler in solcher Situation zu allen Zeiten getan haben: Er beschloß, aus dem Leben zu scheiden.

Der Junge zog hinaus zum Stauwehr und blickte traurig ins Wasser, nahm auch hin und wieder einen Anlauf, seinen finsteren Entschluß in die Tat umzusetzen, zögerte noch, gab sich ein paar letzte Minuten, dachte an Lise und Edgar, wie sie erschüttert an seinem Grab stehen würden, und erinnerte sich an alles, was so gewesen war und ihn erfreut hatte.

Darüber verging der Nachmittag, und Michael lebte immer noch. Und gegen Abend, als es kühler wurde, kam dem Jungen die Erkenntnis, daß doch wohl auch noch Schönes im Leben vor ihm liegen könnte (was sich später als richtig erwies); und er trat sorgenvoll den Heimweg an.

Zu Hause wurde es nicht allzu schlimm. Lise schimpfte herzhaft, rückte dann aber die Dinge zurecht: Es gebe Schlimmeres auf der Welt, als daß ein Kind mal eine Schulklasse wiederholen müsse. Und als Vater Edgar, der inzwischen als Obergefreiter beim Flakscheinwerfer-Bataillon 408 in Köln diente, über das Unglück informiert wurde, verhielt er sich wie sonst auch bei Schicksalsschlägen, die Michaels Zukunft betrafen: Er jammerte und sagte mit etwas nöliger Stimme Düsteres voraus.

5

Das Sitzenbleiben hatte auch sein Gutes: Bodo trat ins Max-Gymnasium ein und kam in Michaels Klasse, die beiden saßen sogar in derselben Bank.

Welches Glück! Bodo war in diesen Jahren Michaels bester Freund, etwas jünger, doch sehr drahtig, straff und von hoher Selbstdisziplin, ein rundköpfiger Knabe, der viel von Mutproben hielt und ständig darauf aus war, sich abzuhärten. Bodo begriff das Dasein als Aufgabe, die es zu bezwingen galt; man mußte dem Schicksal in den Rachen greifen. Michael, weit davon entfernt, dem Schicksal in den Rachen zu greifen, war beeindruckt und gab sich alle Mühe, dem Willensstarken nachzueifern.

Der mutige Bodo konnte zwar fuchsteufelswild werden, aber es sind kaum Fälle bekannt, in denen er auch einmal die Fassung verlor. Dieser allerdings schon:

Wie ehedem mit Peter Horn, fuhr Michael jetzt mit diesem anderen Freund in den Ferien aufs Land, zu Bekannten oder Verwandten von Bodos Mutter. Irgendwann – in der Nähe eines Hochmoors – kamen die Jungen dann auf den unglückseligen Einfall, mit großen, flachen Steinen Diskuswerfen zu probieren, das ging jedoch schief.

Michael bekam Bodos großen, flachen Stein an den Schädel, der Stein zerbrach, der Schädel zum Glück nicht; aber der Hingemähte hatte ein respektables Loch im Kopf. Als er aus seiner Ohnmacht erwachte, fand er sich blutüberströmt auf der Wiese liegen; und der Freund, über ihn gebeugt, schrie verzweifelt in originalem Bayerisch: »Michel, bist scho hi?« Was, um es Nichtbayern zu verdeutlichen, soviel hieß wie: ob Michael sich noch am Leben befinde.

Nein, er war noch nicht hin und kam ins Krankenhaus, wo man seine Wunde ohne viel Federlesens ganz ohne Narkose nähte – richtiger gesagt: einfach mit Fäden zusammenzog. Die Kunst des unbekümmerten Arztes bescherte Michael lebenslang eine Narbe am Kopf; wer den inzwischen Ergrauten genauer ins Auge faßt, wird sie heute noch deutlich erkennen.

Inzwischen holte Bodo die eiligst herbeitelefonierte Lise vom Bahnhof ab, beichtete, entschuldigte sich und erwartete sein Urteil, immer noch schlotternd vor Angst, Michael könne ernsthaften Schaden genommen haben. Wie staunte der Junge aber, als er einer ganz heiteren, ganz gefaßten Lise ins Gesicht sah! Nein, meinte die Mutter und tröstete den Freund, da bleibe nichts nach, Bodo könne da völlig beruhigt sein – sie, Lise, wisse das. Eine Zigeunerin (wir hörten bereits im zweiten Kapitel von der weisen Frau) habe alles vorausgesagt: Stein und Unfall und Heilung.

Da hat man den straffen Bodo weinen sehen.

6

Michael war – wie es das nationalsozialistische Gesetz vom 1. 12. 1936 befahl – bei der Hitler-Jugend. Pimpf Ende mußte zu Heimatabenden in den Luitpoldpark wandern; dort, in einem spartanisch eingerichteten Barackenraum, hörten er und seine Altersgenossen

Geschichten aus Hitlers Leben und von Horst Wessels Sterben, sie lernten markige Lieder wie *Ein junges Volk steht auf* und *Es zittern die morschen Knochen*; sie erfuhren vom Schandvertrag von Versailles, vom Volk ohne Raum und gegen welche Weltverschwörung die SA und ihre Führer angetreten waren. Und schon bald konnten die Pimpfe die Dienstgrade von SA, SS und HJ auswendig herunterschnurren. Oft traten sie nachmittags zur Leibesertüchtigung an (so hieß Sport damals); oder sie übten unter Wimpeln und Hakenkreuzfahnen zackig Marschieren in Kolonne und Exerzieren in Reih und Glied. Und am Wochenende zog das ganze HJ-Fähnlein manchmal aufs Land und in den Wald hinaus, mit Rucksäcken, Brotbeuteln, Feldflaschen und natürlich diesen Wimpeln; zum Anschleichen, Spurenlesen, Kompaßlesen, zu Geländespielen, zum Zelten, zum Suppenkochen am Lagerfeuer; da wurde dann jenes markige Liedgut gesungen und viel von Adolf Hitler geschwärmt.

Keine Frage, daß Endes dieses Treiben wenig gefiel und daß Edgar und Lise besorgt auf ihren kleinen Sohn im Braunhemd sahen – bis sie einen Ausweg fanden. Wie man hörte, sollte es in der nahen Königinstraße eine Reitschule der SA geben. Hitlerjungen, die dort ihren Dienst ableisteten, brauchten keine Schulungsabende und keine Geländemärsche mitzumachen, auch nicht unter Hakenkreuzwimpeln *Die Fahne hoch* zu singen und vor dem Zelt, am Lagerfeuer, von Adolf Hitler zu schwärmen – sie lernten dort, in der Königinstraße, reiten.

Richtig reiten, hoch oben auf einem lebendigen Pferd? Bodo und Michael spitzten die Ohren. Das war ja viel mehr als eine Mutprobe, es war die immerwährende Mutprobe, eine Herausforderung des Schicksals. Der Gedanke gefiel ihnen mächtig.

7

Sie fanden das Gebäude an der Königinstraße mit der Reitbahn und den Ställen. In den Ställen standen tatsächlich lebende Pferde, an die vierzig; und viele Jungen machten sich lärmend und sachkundig um sie herum zu schaffen. Begeistert genossen die beiden Neulinge

Pferde- und Stallgeruch, sie rannten in die Boxen und sahen sich alles an: Ein Traum war das, der Landsknechtstraum vom Leben zu Roß – unbedingt wollten Michael und Bodo da mitmachen und reiten und Pferde pflegen und so.

Sie wurden an den SA-Mann gewiesen, der das Kommando führte, einen alten Haudegen mit zerknittertem Gesicht. Der lief hier nicht in seiner braunen Uniform herum, sondern in Räuberzivil, auf dem Kopf eine Schlägermütze und an den Säbelbeinen natürlich Schaftstiefel. Ein kalter Zigarrenstummel hing aus seinem Mund.

Die beiden hatten erwartet, sie müßten Formulare ausfüllen, Papiere vorzeigen, vielleicht eine Prüfung ablegen, um dann erst einmal wieder nach Hause geschickt zu werden. Doch als sich der Säbelbeinige, am Zigarrenstummel kauend, ihr Sprüchlein angehört hatte, befahl er bloß barsch: »In den Stall, los – Pferde putzen!« So erfreulich die etwas strenge Einladung klang – aber Pferde putzen, bitte, wie macht man das? Die Freunde guckten es den anderen Jungen ab, wie Striegel und Kartätsche zu handhaben sind, will man heftig um sich schlagenden Gäulen das Salz aus dem Fell bürsten. So wurde die erste Hürde zum frohen Reiterleben mit Anstand genommen.

Auf einmal brüllte der Haudegen durch den Stall: »Satteln!« Pferde lieben Sättel nicht, sie blasen da abwehrend die Bäuche auf; der Gurt muß schon mit Kraft angezogen werden, soll er später nicht rutschen. Und die Pferde hier waren hochneurotische Gäule von der Front, die in der Königinstraße das Gnadenbrot fraßen. Als die merkten, daß sie arbeiten sollten, schluckten sie besonders routiniert Luft, schlugen aus und bissen verärgert um sich. Bis die Sättel endlich strammsaßen, waren die beiden Grünlinge schweißbedeckt. Sie ahnten nicht, daß das Schlimmste erst noch kommen sollte.

Michael und Bodo wurden mit den andern Jungen und den unwilligen Gäulen auf den Reitplatz befohlen, dort mußten sie auf die Pferde hinauf (wie groß so ein Gaul auf einmal ist, wenn man ihn besteigen möchte!). Und nie werden die Freunde das fürchterliche Ende des Abenteuers vergessen. Nämlich, wie sie eine halbe Stunde lang in gnadenlosem Trab durchgeschüttelt wurden und was sie danach fühlten – in ihren armen Gedärmen, an den wunden Schenkeln, vor allem aber rückwärts unter den dünnen, kurzen Sommerhosen, die sie unvorsichtigerweise zum ersten Besuch in der Königinstraße angezogen hatten.

Nach der Leidenszeit im Sattel, die ihnen endlos erschien, fanden sich die Geschundenen in archaischer Stellung wieder: ohne Hosen, in die Zweige der Bäume gekrallt, die sich über den Eisbach wölbten, das nackte Sitzfleisch im kühlenden Wasser des Parkflüßleins. Aber sie hatten es geschafft und waren über alle Hürden hinweg. Das frohe Reiterleben konnte beginnen.

8

Freilich mußte noch vieles gelernt werden. Zum Beispiel, daß immer (was auch geschieht) der Reiter schuld ist, nie das Pferd.

Als Michael beim ersten Galopp seines Lebens plötzlich in hohem Bogen durch die Luft flog und in den Sägespänen landete, hat er vielleicht doch auf ein väterlich tröstendes Wort des Säbelbeinigen gehofft. Aber niemand stand dem Jungen bei, als er sich schmerzlich hochrappelte; statt dessen zischten die anderen ihm zu: »Ende, he – du mußt dich entschuldigen!« Er mußte es wirklich, lief zum Haudegen und tat es und biß die Zähne zusammen, so sehr es ihn auch in den Gliedern riß und die Wut auf den Gaul in ihm kochte; und bekam von dem alten SA-Mann mit einem einzigen Wort Absolution: »Aufsitzen!« brüllte der Kerl.

Die Leiden des Anfängers. Doch je mehr man dazulernte, desto froher das Reiterleben, der Landsknechtstraum wurde wahr: reiten, reiten, reiten und Pferde pflegen; Stallgeruch nach Schweiß, Urin und Leder, männlicher Umgangston, rauhe Befehle und das Gefühl, erwachsen zu sein.

Dann: die Nachtwachen. Es war Krieg und oft kreisten englische Flugzeuge über der Stadt, um Bomben abzuwerfen. Nacht für Nacht mußten zwei Reiterbuben Stallwache halten, auch Michael und Bodo kamen an die Reihe; wenn die Sirenen Alarm verkündeten, waren an die vierzig Pferde ins Freie zu führen.

Man zog sich aus und nahm eine Decke um; dann legte man sich zum

Schlafen in eine Box, unter die Krippe eines Gauls. Notlicht, Schnauben, Nacht – und hin und wieder kam eine Pferdeschnauze im Dunkeln ganz nahe, blies und schnaufte. Da waren die Bestien, die manchen Reiterknaben ins Krankenhaus gebracht hatten, auf einmal beinahe zärtlich. Wenn sie aber lauter wurden, unruhig wieherten und mit den Hufen stampften, durften die Jungen sicher sein: Gleich heulen die Sirenen, die Bomber sind schon nahe – die Tiere wissen es und wollen jetzt ins Freie.

Auch daran werden sich die beiden Freunde immer erinnern: an den nachtdunklen Stall, die warmen Pferdeschnauzen und die Gefahr, die über allem lag.

9

Längst hatte der Krieg begonnen, der zweite Weltkrieg, Hitlers Krieg, der die Menschen gnadenlos in den Tod trieb, Länder und Städte ins Grauen stürzte und wie niemals zuvor verwüstete. Was die Schwarzen Messen vom Münchner Königsplatz, dem Nürnberger Reichsparteitag-Gelände, dem Berliner Sportpalast an infernalischen Gedanken in die Wolken gejagt hatte, lag jetzt als todbringendes Gewitter über der Welt, vom Nordkap bis zur Sahara, von Europa bis Afrika, ja bis in den Fernen Osten.

Erst hastete der Diktator von Sieg zu Sieg. 1939 unterjochte er Polen, 1940 Dänemark, Holland, Belgien, Norwegen und Frankreich, 1941 den Balkan, Griechenland; und Generalleutnant Rommel, der umjubelte Volksheld, zog mit dem deutschen Afrikakorps nach Libyen, um dort im Krieg der italienischen Bundesgenossen gegen die Engländer mal eben Ordnung zu schaffen. Dann, am 22. Juni 1941, die Hybris: Hitler läßt Rußland angreifen – Rußland! Ahnung breitet sich aus: Das ist das Ende. Zur Gewißheit wird die Ahnung Anfang 1943, als in Stalingrad die 6. deutsche Armee mit 220 000, manche sagen: 250 000 Soldaten untergeht. Eine Kapitulation in Eis und Schnee, Dreck, Trümmern, Wahnsinn und Hekatomben von Blut: 34 000 werden noch ausgeflogen aus der Umzingelung der Russen, über 90 000 halberfrorene, halbverhungerte Männer wandern in eine ungewisse Gefangenschaft, die anderen sind verdorben und gestorben – oder, wie man damals sagte: für Führer, Volk und Vaterland gefallen. Aber der Krieg, Hitlers Krieg, ist immer noch nicht zu Ende.

Als die Euphorie der Siege verebbte, wurde Deutschland mehr und mehr zu einem grauen Land. Immer drückender empfanden die Menschen die Unfreiheit der Gedanken; immer deutlicher wurde, daß nicht allein die andern, die jenseits der Grenzen, dem Wahnsinn der Hitler-Clique geopfert wurden: Es starben die eigenen Männer, die eigenen Söhne irgendwo da draußen, an Orten mit fremden Namen. Es starben die daheim im Bombenhagel. Doch niemand durfte seine Verzweiflung hinausschreien, es war lebensgefährlich, nicht weiterzujubeln. Eisern hatte dieses Regime die Menschen im Griff und machte sie zu Duldern. Oder zu Fanatikern, wie am unseligen 18. Februar 1943: NS-Propaganda-Chef Goebbels ruft im Berliner Sportpalast den totalen Krieg bis zum Untergang aus, und eine verblendete Menge spendet ihm tosenden Beifall.

Längst hatten die deutschen Juden ihren Leidensweg in die Vernichtung angetreten. Wer noch nicht verschleppt, erschlagen, vergast war oder den Freitod gewählt hatte, fristete ein unwürdiges Leben in immerwährender Todesangst – entrechtet, verachtet, zur Zwangsarbeit herangezogen, den Davidstern auf gelbem Kunststoffetzen an Mantel, Jacke und Kleid. Alles hatte man ihm genommen, er war hinausgeworfen aus der Wohnung, dem Haus, die einmal ihm gehört hatten, und war doch in diesem Land gefangen: Seit dem 23. Oktober 1941 ist jegliche Auswanderung verboten.

10

Es wird gehungert. Von Kriegsbeginn an hat es Reichslebensmittelkarten gegeben. Wer Fleisch, Brot, Butter und so weiter einkaufen will, muß im Laden einen bestimmten Abschnitt von seiner blauen, roten, gelben Lebensmittelkarte heruntertrennen lassen und bekommt dafür das aufgedruckte Quantum oder – für andere Abschnitte – das, was gerade »aufgerufen« worden ist. Wenn es Sonderzuteilungen gibt, ist jeder beglückt. Wie in München zu Weihnachten 1942, als von den Behörden für jeden Erwachsenen diese Kostbarkeiten genehmigt werden: 500 Gramm Weizenmehl, 200 Gramm Fleisch, 125 Gramm Butter, 62,5 Gramm Käse, 250 Gramm Zucker, 125 Gramm Hülsenfrüchte, 125 Gramm Zuckerwaren, 50 Gramm Bohnenkaffee und eine halbe Flasche Schnaps.

Wer irgend kann, versucht, auf dem Land Lebensmittel zu »organisieren« oder beim Bauern gegen Nützliches einzutauschen. Wer es zu toll treibt oder gar beim Schwarzhandel erwischt wird, muß mit strenger Strafe rechnen, er gilt als Volksschädling. Als Verbrecher gilt, wer Radiosender des Auslands hört, ihm drohen viele Jahre im Zuchthaus. Hinter Gitter kommt auch, wer Flüsterpropaganda gegen den Hitlerstaat verbreitet (ein politischer Witz genügt da oft) und wer an Soldaten draußen die Wahrheit über die zerbombten deutschen Städte schreibt.

Überall kleben Plakate, hängen Transparente mit Parolen wie »Achtung, Feind hört mit« und »Räder müssen rollen für den Sieg«. Auch »Kohlenklau«-Plakate sind darunter, sie warnen davor, sorglos zu heizen. Aber wer tut denn das? Die Winter sind hart in den Kriegsjahren, auch die Kohlen werden der Bevölkerung zugeteilt (und das immer knapper). Wofür braucht man eigentlich von den Ämtern *nicht* Stempel und Unterschrift, irgendwelche Bezugsscheine, irgendwelche gedruckten Genehmigungen? Auch für Seife und Waschpulver, auch für Kleidung und Wäsche, auch für Schuhe, für Fahrräder. Aber so ein Bezugsschein ist noch keine Garantie, daß man dafür auch tatsächlich kaufen kann, was da genehmigt wurde. Und vieles bekommt der Normalverbraucher sowieso nicht mehr, zum Beispiel Benzin. Das bleibt für die Wehrmacht reserviert, für die Partei und die kriegswichtigen Fahrzeuge.

Und der Staat hält ständig die Hand auf, immer wird gesammelt, immer von den Volksgenossen irgendwas erbettelt, eingefordert: Bei der »Metallspende des deutschen Volkes« alles, was aus Bronze, Eisen, Kupfer, Messing gefertigt ist, von der Kaiserbüste bis zu Großmutters altem Herdkessel; bei der »Reichsspinnstoffsammlung« Wäsche, Textilien, Kleider; Flaschen für die Wehrmacht, Grammophone, Schallplatten, Bücher für die Wehrmacht, Pelze und warmes Zeug für die Ostfront, Ski und Skistiefel für die Ostfront. Und immer wieder – in kleiner Münze – Geld: Man hat es in die Büchsen der Hitlerjungen und BDM-Mädel zu stecken, der Frauenschaftsfrauen und sonstigen Uniformierten, die für das »Winterhilfswerk« sammeln, und bekommt als Gegengabe eine künstliche Blume, eine Plakette oder etwas anderes zum Anstecken ausgehändigt. Da kommen hübsche Summen zusammen: Allein in München sind es Anfang Februar 1940 – bei der »4. Reichsstraßensammlung für das WHW« – 275 000 Mark.

Nicht geändert hat sich das Ritual der Machthaber: Die Massenaufmärsche sind geblieben, die Großkundgebungen, die Reden und Parolen. Jetzt mahnen Hitlers Statthalter in beschwörenden Worten zum Durchhalten.

Auch bei den Trauerfeiern für die Toten des Bombenkrieges tun sie das.

11

Denn längst begonnen hatten auch in München die Luftangriffe mit ihren Schrecken, die kein Überlebender je wieder vergaß: Das »Kuckucks«-Signal im Radio, das die Gefahr ankündigte, bald darauf das Warngeheul der Sirenen, oft fast gleichzeitig mit dem Motorengeräusch der herannahenden englischen Flugzeuggeschwader; das Hasten mit Kindern, Kisten und Koffern von der Wohnung in den Luftschutzkeller hinunter; und dort das nervöse Hinhören auf die Einschläge der Bomben, das stundenlange, untätige Warten, die Angst, verschüttet, getötet zu werden.

Fliegeralarm gehörte nun zum Alltag, und jeder kannte die gleißenden Scheinwerfer in der Nacht, die den Himmel nach feindlichen Maschinen absuchten; jeder kannte das unheimliche Bellen der Fliegerabwehrkanonen. Was nutzten alle Vorsichtsmaßnahmen? Was nutzte der Stadt die Verdunkelung, was nutzten an den Wohnungsfenstern die schwarzen Papierrollos, die den Lichtschein nicht nach außen dringen ließen; was die blaugetönten Scheiben der Straßenbahnen, die schmalen Schlitze an den Scheinwerfern der

Autos, die mühsam durch das Dunkel gesteuert wurden? Die erste Welle der Royal-Air-Force-Maschinen warf Leuchtkugeln, Leuchtbomben, die sogenannten Christbäume ab, und unter ihrem fahlen Schein lag die Stadt dann für die Bombenflugzeuge wie ein Opferlamm parat.

Schon bis zur Jahreswende 1943/44 waren viele hundert Sprengbomben, Hunderttausende von Brandbomben auf München niedergegangen. Bomben hatten den Hauptbahnhof und die Oper getroffen, die Staatsbibliothek und den Frauendom, Krankenhäuser und Kirchen. Und Wohnhäuser; Tausende von Menschen waren obdachlos geworden. Schon bis zur Jahreswende 1943/44 hatte es Hunderte von Toten gegeben.

Nun kannten die Münchner das Elend des Bombenkriegs: Schutt, Flammen und beißende Rauchschwaden, brennende Dachstühle, einstürzende Fassaden, Trümmerfelder, die einmal Straßen gewesen waren; die Schreie der Verletzten, die Klopfzeichen der Verschütteten, die verzweifelte Suche nach Vater, Mutter, Kindern; dann das Wühlen nach letzten Habseligkeiten und Eßwaren in den schwelenden Trümmern; die zersplitterten Fensterscheiben, die Gassperre, den Stromausfall, die Trinkwasserknappheit; und die ewige Furcht, daß alles noch schlimmer kommen würde.

Auch Lise kannte das nun, und Michael wird es sein Leben lang nicht vergessen, wie er nach einem Großangriff an flackernden Häusern vorbei die Straße hinunterstürmte, mit lauter Stimme singend und heulend. Vielleicht war's die plötzliche, übermäßige Sauerstoffzufuhr nach den Stunden im Luftschutzkeller, die ihn so taumeln ließ; vielleicht war's der Jubel, noch einmal davongekommen zu sein, oder die Euphorie des Weltuntergangs.

Er hat auch Tote gesehen, Unglückselige, die im Phosphorregen verschmort und verbrannt waren. Doch das grauenvollste Inferno sollte er nicht in München erleben, sondern anderswo: Er geriet in die »Operation Gomorrha«.

12

In der Hansestadt Hamburg, im eleganten Elbvorort Groß-Flottbek,
lebte Edgars jüngerer Bruder Helmuth. Der war ein großer Mann,
nicht allein von Statur: Helmuth Ende stand als einer von drei Direk-
toren dem Hamburger Hafen vor. Wenn der Herr Direktor gelegentlich – ein leuchtender, flüchtiger Komet – nach München gereist
kam, nahm er natürlich nicht in der Bohème-Wohnung seines Hun-
gerleider-Bruders Edgar Aufenthalt; er pflegte im feinen Hotel Vier
Jahreszeiten abzusteigen, und Michael riß schon in der Empfangs-
halle die Augen auf, wenn er den Onkel besuchen durfte: Zum erstem-
mal sah der Junge Kronleuchter und Orientteppiche und Meißener
Figuren, zum erstenmal Glanz und Luxus der großen Welt.

Das Schicksal wollte es, daß der wohlhabende Onkel Helmuth seinen Neffen im Jahr des Übels 1943 einlud, in die Märchenstadt Hamburg zu kommen: Michael sollte bei ihm und den Großeltern in der
Corneliusstaße die Sommerferien verbringen.

Und Michael fuhr nach Hamburg.

Erst ließ sich alles so an, wie erträumt: Der Junge wurde von der
Großmutter Auguste Sophie verwöhnt, der man immer noch ansah,
wie schön sie gewesen war. Er machte Spaziergänge mit dem Großvater Carl Gustav Reinhold Ende, einem schweigsamen alten Herrn.
Er staunte im Hafen die Riesenschiffe an, in der City die hochgebau-
ten Kontorhäuser aus roten Klinkersteinen, an der Elbchaussee die
prächtigen Parks und die fabelhaften Kaufmannsvillen mit den Säu-
lenfassaden.

Dann aber kam der Feuersturm der feindlichen Bomber über die
Stadt: Vom 24. bis zum 30. Juli dauerten die Angriffswellen, die unter
dem namen »Operation Gomorrha« in die Kriegsgeschichte eingegangen sind. Es war der Untergang einer blühenden Metropole:
Mehr als 30 000 Tote, rauchende Trümmer, Elend, Leid und Wahnsinn blieben zurück.

(DER SPIEGEL, Nr. 35/1989 [*So wahr ich der liebe Gott bin* von Hans
Christopp Blumenberg] nennt andere Zahlen: Unternehmen Gomor-
rah, zehn Tage und zehn Nächte, 24. Juli bis 3. August 1943; über
50 000 Tote.)

An irgendeinem dieser Schreckenstage machten sich Onkel und Neffe auf den Weg. Sie fuhren vom Haus in der Corneliusstraße (das noch stand) durch die Wüstenei der Zerstörung, immer und immer wieder an Leichen vorbei. Rauch machte den Tag zur Nacht, und wie Schemen aus der Unterwelt tauchten in den Schwaden Menschen auf, zogen hierhin und dorthin, sinnlos, wie es schien; einige schleppten Tische, einer trug eine Standuhr auf dem Rücken – als ob es noch Zeit gäbe, wo Tausende keinen Sarg bekamen, als ob man sich je wieder zusammensetzen könne, wo Hunderttausende keine Wohnung mehr besaßen.

Wirklich kommen Helmuth und Michael unversehrt über die Elbe nach Harburg, wirklich finden sie einen Eisenbahnzug, der in Richtung Süden fährt. Vierundzwanzig Stunden ist Michael nach München unterwegs, eingekeilt zwischen verstörten, halb wahnsinnigen Frauen, Kindern, Männern; er hält sich mühselig auf einem Bein aufrecht, wird mit anderen Passagieren immer wieder in die enge, übelriechende Klosett-Kabine hineingedrängt – Szenen wie im Tollhaus spielen sich ab.

Lise schließt ihn in die Arme: daß du noch lebst, Junge, daß du noch am Leben bist.

Aber er hat das Grauen gesehen.

13

Das Grauen lauert auch über München, mit jedem Kriegstag mehr, und so kommt im Herbst 1943 der Befehl von oben: Schulkinder evakuieren! Man »verschickt« sie mit ihren Lehrern und Lehrerinnen aufs Land, bringt sie in beschlagnahmten Häusern unter wie im Internat. Sie sollen unbehelligt von den Bombenangriffen weiterlernen, so gut es eben geht.

Die Schüler des Maximilians-Gymnasiums – unter ihnen Michael und Bodo – werden ins Haus Kramerhof in Garmisch eingewiesen. Heraus aus der Trümmerstadt, aus dem Hexenkessel der ständig heulenden Sirenen, in ein ungefährdetes Land, das Alpenland unter der Zugspitze, nahe dem Kreuzeck, nahe dem Eibsee: Das bedeutet aufatmen, wieder Jugendträume spinnen, nachts wieder ungestört schlafen. Es sei denn, in den Schlaf hinein quält sich die Sorge: Was geschieht in diesem Augenblick neunzig Kilometer entfernt – brennt München wieder? Leben die Eltern noch? Doch wenn das Gefürchtete dann wirklich geschieht, erkennt man es in Garmisch sofort: Dann färbt sich der Nachthimmel im Norden blutrot.

So kehrte Michael Ende in seinem vierzehnten Lebensjahr an seinen Geburtsort zurück.

14

Der Kramerhof war nicht zu vergleichen mit Onkel Helmuths Nobelquartier, den »Vier Jahreszeiten«. Das kleine Hotel, durch das nun die Schüler des Max-Gymnasiums tobten, muß man sich im oberbayerischen Stil gebaut denken – grüne Fensterläden, rings um die Vorderfront Holzbalkone (daran mochten in Friedenszeiten Blumenkästen mit leuchtend roten Geranien gehangen haben). Wer hätte damals gedacht, daß sich in dieser einfachen Herberge etwas zutragen würde, das heute eine Gedenktafel neben der Eingangstür wert wäre?

Michael und seine Kumpane wohnten im Hinterhaus – vier Burschen in einem Zimmer. Stockbetten standen darin, je zwei Betten übereinander. Freund Bodo zählte natürlich zu Michaels Zimmergenossen, dann der kleine Lachenmaier, der immer Trompete übte; und ein sehniger, rothaariger Bursche namens Dieter, ebenfalls ein Liebhaber von Wald, Feld und Tieren. Heftig damit beschäftigt, vom Kind zum Mann zu reifen, verkehrten sie in rauher Sprache miteinander, verlangten sie kompromißlos wie Michael Kohlhaas Gerechtigkeit, schwelgten sie beim Abendrot in uferlosen Sehnsüchten; und die Träume der Nacht verschwiegen sie besser.

Am Tag gab es Unterricht wie in München, bei den Lehrern, die mit nach Garmisch gezogen waren. Da wurden die Halbgötter nun heruntergeholt von ihren Kathedern: Im Kramerhof saßen Michael und seine Mitschüler zum Unterricht nicht mehr in Bänken, sondern – beinahe gemütlich – mit ihrem Professor an einem Tisch. Und die vorher im olympischen Nebel gewohnt hatten, die Lehrer, nahmen von Tag zu Tag menschlichere Züge an.

Jetzt zeigte sich auch, wer von ihnen mit dem Regime sympathisierte und wer dagegen war. Nicht, daß sie politische Bekenntnisse abgelegt hätten, auch Durchhaltereden gaben sie nicht von sich. Aber selbst die Schulbuben konnten erkennen, welcher Professor schneidig und welcher widerwillig die Hand zum Hitlergruß hob, wenn man ihm im Haus begegnete.

Der Kramerhof: kein Musterlager im Sinne des Führers. Gewiß, Michael und die andern mußten – wie alle evakuierten Jungen und Mädchen – in Reih und Glied antreten und manchmal auch marschieren, das wurde als Zoll an die Diktatur von ihnen verlangt. Aber nicht mehr; ihre Mannschaftsführer (die man doch fürs Lagerleben politisch geschult hatte) spielten nicht die Bluthunde. Diese jungen Männer genossen lieber die Zeit unter dem Himmel von Garmisch, ehe man sie als Soldaten in den Krieg schickte.

Not und Tod herrschten in Europa, in Asien; in seiner Wolfsschanze holte der Herr der Welt zum letzten Vernichtungsschlag aus. Unterdessen hauste in dem kleinen Hotel unterm Kramerberg eine unruhige, hungrige Schar Knaben, die ihr Recht forderten: das Recht, ihre Jugend zu leben.

Sie haben sich dieses Recht genommen, gegen Hitler und die ganze Welt.

15

Wer auf die Fünfzehn zugeht, betrachtet die Frauen mit anderen Augen – zum Beispiel die Sekretärin des Kramerhofs, eine kleinwüchsige Person mit langen, dunklen Haaren. Von dieser Tina ging die Sage, sie habe in Friedenszeiten, als es noch Bars und so was gab, öffentlich getanzt: zu schwüler Musik, in verruchtem Scheinwerferlicht und mit nichts bekleidet als mit Fächern aus Federn. Immer, wenn einer der Burschen Tina vorübergehen sah, mußte er an die Fächer denken; und das Gesicht manches wohlerzogenen Knaben überzog sich dabei mit dunkler Röte. Es ist aber nie geklärt worden, ob Tina nun wirklich getanzt hat oder zu Unrecht so verklärt worden ist.

Weniger romantisch waren die Begegnungen mit dem Küchenpersonal, handfesten, gutmütigen Mädchen aus dem Rheinland oder Ruhrgebiet. Hier mischten sich Erotik und Hungerphantasien; denn die Maiden hüteten nahrhafte Schätze. In ihren Kammern unterm Dach wäre mancher der Freunde Michaels von der inspizierenden Kontrollperson erwischt worden, hätte er sich nicht rechtzeitig im Kleiderschrank oder unter einem Bett versteckt. Trotzdem dürfen wir sicher sein, daß in den besagten Mädchenkammern nichts weiter als frivole Worte und wunderbar flockige Rohrnudeln ausgetauscht wurden. Selbst den Draufgängern unter den Jünglingen des Jahres 1943 wären die sexuellen Selbstverständlichkeiten späterer Generationen denn doch zu locker erschienen.

Überschüssige Kraft wurde durch Touren auf Berge und Almen abgeleitet, durch Tageswanderungen nach Mittenwald und zurück, durch rasante Skiabfahrten vom Kreuzeck, durch stundenlanges Schlittschuhlaufen im Olympiastadion. Ihre überschüssige Phantasie setzten die Burschen vom Hinterhaus für Kreatives ein, zum Beispiel für die Konstruktion einer Mondrakete: Lange wurde hinter verschlossenen Türen heimlich an dem Ding gebastelt, und ein paar Mutige stahlen irgendwo den notwendigen Treibstoff. Dann warteten alle auf die Winterkälte, um eine Startbahn aus Eis zu bauen. Endlich war es so weit, die Rakete sollte in den Himmel geschossen werden. Aber sie hat den Mond nie erreicht, nicht einmal übers Haus ist sie geflogen: Kaum daß sie vom Boden loskam, versank sie auch schon unter dem enttäuschten Geschrei ihrer Konstrukteure im Schnee.

Es muß an einem Berechnungsfehler gelegen haben.

Erfolgreicher waren die Hinterhausjungen mit ihren Abendprogrammen. Man spielte da unter anderem Sketche: Zwei junge Talente hatten Szenen geschrieben, in denen ein Roboter auftrat, wie man sich Roboter damals vorstellte – menschenähnlich, aber eckig und aus Blech, mit vielen Nägelköpfen überall und knarrenden Bewegungen der Arme und Beine. Ein anderer Schüler, Sohn eines Offiziers, parodierte, in Schleier gehüllt, den Bauchtanz der La Jana und schmetterte mit Knabensopran ihr berühmtestes Chanson: *Stern von Rio, du könntest mein Schicksal sein.* Höher im Niveau angesiedelt waren die Verballhornungen altgriechischer Texte, etwa von Homer, mit denen die vortragenden Buben die anwesenden Herren Professoren verulkten. Und auf dem derzeit so geliebten Akkordeon oder Schifferklavier wurden der Soldatenschlager *Rosamunde* gedudelt, *Es geht alles vorüber* und manchmal auch Schumanns *Träumerei*; bis endlich Mitwirkende und Auditorium die Stimmen zum Refrain eines merkwürdigen Songs vereinigten, den ebenfalls jeder kannte und hochschätzte: »Kalitschkakaukatschulima«.

Den Regisseur machte Michael, von dem seine Lehrer sagten: »Als Schüler taugt der Ende nichts, aber in seine ›Bunten Abende‹ kommen wir alle gern.«

Der Ende durfte sogar eine seiner Inszenierungen vor großem Publikum in einem Garmischer Kino wiederholen, so gut hatte sie gefallen: Schattentheater hinter großen Leintüchern. Rhythmisch untermalt von Kastagnettenklängen gegeneinanderklappernder Eßlöffel, wurden Lieder szenisch dargestellt: *In einer Bar in Mexiko* und *Heiß brennt die Äquatorsonne.* Diese Anfangszeilen weisen schon auf das dramatische Geschehen hin, das dann Schwarz auf Weiß hinter den Bettüchern abrollte.

16

Die Bunten Abende und Michaels täglicher Schulunterricht fanden im Speisesaal des Kramerhofs statt. In diesem großen Raum zwischen Vorder- und Hinterhaus trafen sich alle Buben des Max-Gymnasiums zu den Mahlzeiten – er war sozusagen das Niemandsland zwischen den Fronten. Denn die im Vorderhaus und die im Hinterhaus unterschieden sich so grundlegend voneinander, daß zwischen ihnen Feindschaft herrschte; sie bespöttelten und verachteten sich wie Griechen und Trojaner. Immer wieder kam es zu Rangeleien zwischen ihnen, und sicherlich hätten sie sich auch öfter mal geprügelt, wenn die Vorderhausbuben nicht hochnäsige Zurückhaltung auf ihre Fahnen geschrieben hätten (was freilich die Wut der Hinterhäusler noch mehr zum Kochen brachte).

Im Vorderhaus lebten Matthias Nicolai und seine Klassenkameraden. Matthias Nicolai: Das war der blauäugige Einserschüler, den Michael schon Jahre zuvor im Religionsunterricht nicht hatte leiden können. Auch Matthias bewohnte mit drei anderen Jungen ein Zimmer, und auch darin standen zweimal zwei Betten übereinander. Doch sonst war bei ihnen vieles anders.

Nicolai und seine Freunde wären nie darauf verfallen, Raketen abzuschießen. Beethovens *Pastorale,* Schuberts *Unvollendete,* die Weisheit des Novalis, Hölderlins *Hyperion*: Das war es, was diese Jungen bewegte. Vor allem aber und immer wieder: Friedrich Schiller. Sie hatten den ganzen Lebensweg des klassischen Dichters freiwillig auswendig gelernt und kannten vor allem seine Jünglingsjahre (hatte er doch ebenfalls in einem Internat, in der Karlsschule, geschmachtet); und glühend liebten sie seine Theaterstücke.

Wenn einer vom Hinterhaus nachts durch ein Parterrefenster aus dem Kramerhof entwich, tat er es, um heimlich mit einem Küchenmädchen spazierenzugehen. Matthias und seine Freunde nahmen den Weg durchs Parterrefenster zu ganz anderem Zweck: Sie stiegen hinauf aufs Kramerplateau, um unterm Sternenzelt mit verteilten Rollen Schillers *Räuber* zu rezitieren.

Die vom Hinterhaus tippten sich an die Stirn und nannten die vom Vorderhaus »die Überspannten«. Umgekehrt hatten auch die vom Vorderhaus einen Spottnamen für ihre Feinde parat: »Solche Stenze«, sagten sie und blickten verächtlich über die Schulter auf das rückwärtige Gebäude.

Zwischen beiden Lebenshaltungen klaffte ein tiefer Graben.

Der Stenz genießt die Freuden des Lebens hier und jetzt; der Überspannte sucht in höheren Sphären und in der Zukunft den Sinn des Daseins. Der Stenz trägt ein rotes Halstüchlein und guckt den Küchenmädchen, wenn möglich, auf den Busen; der Überspannte liebt Schillerkragen und entdeckt in jedem schönen Kind gerührt Luise Millerin. Stenze machen Kabarett und lesen die technischen Zukunftsromane von Hans Dominik; Überspannte komponieren Heroisches auf dem Akkordeon, schreiben über Achill und Kassandra ihre ersten Theaterstücke und schlagen sich mit Nietzsches Widersprüchlichkeiten herum. Zwischen Stenzen und Überspannten gibt es keine Brücke. Sollte man meinen.

17

Eines Tages stand Matthias in der Tür zu Michaels Zimmer. Dem Einserschüler war ein Ehrenamt übertragen worden: Er hatte Cebion-Tabletten an alle Knaben im Kramerhof zu verteilen, jeder Schüler bekam eine dieser süßen Zitronentabletten gegen körperliche Mangelerscheinungen.

So geriet Matthias Nicolai ins Hinterhaus.

Er blickte sich im Zimmer um, das Michael und seine Freunde malerisch eingerichtet hatten: Schränke waren quer in den Raum gestellt und bunte Wolldecken dazwischengespannt; sie teilten den Lebensraum für die einzelnen Burschen ab. Es sah nach Künstler-Bohème, nach Indianer-Wigwam aus – exotisches Durcheinander auf Tischen und Stühlen, den Schränken und dem Fußboden: mexikanische Strohhüte, bizarr geformte Steine, vertrocknete Kriechtiere und Insekten und bunte Herbstblätter lagen zwischen den Tintengläsern und den Schulheften, den zerfledderten Lehrbüchern für Mathematik, Latein und Altgriechisch herum. Aber das war es nicht, was den Jungen aus dem Vorderhaus faszinierte; sondern sein Blick blieb an einer Fotografie hängen, die Michael auf seinem Nachttisch aufgestellt hatte.

Was das sei? fragte Matthias, und Michael zuckte die Achseln: ein Gemälde seines Vaters.

Matthias: Wie das Bild heiße?

Die sterbenden Genien, gab Michael zurück und lutschte an seiner Cebion-Tablette.

Das Bild – genauer gesagt: die Schwarzweißfotografie des Ende-Gemäldes – zeigte links einen Hügel aus vergehenden Engelsgestalten und daneben, bis zum Horizont, eine leere, unendlich weite Ebene. Und über die Ebene stampften unter dräuendem Himmel Elefanten auf den Betrachter zu. Edgar, nun im fernen Köln beim

Militärdienst, gab also – ohne es zu wissen – das Seine dazu, als sein Sohn Freundschaft mit Matthias Nicolai schloß.

Denn so unsympathisch fand Michael den Überspannten gar nicht mehr. Während Matthias auf einmal entdeckte, daß auch Stenze ihre Daseinsberechtigung haben mögen.

Vielleicht war es an diesem Abend, vielleicht an einem der folgenden, als Nicolai wieder mit seinen Tabletten anrückte: Die beiden gerieten in ein tiefgründiges Gespräch, das nicht enden wollte. Über das Bild, über Engel und den Sinn des Lebens. Aber schließlich meuterten die Hinterhausschüler, weil der sonst so pflichtbewußte Matthias vergaß, weiter seine Cebion-Lutscher auszuteilen.

Nicht lange, da steckten die beiden Jungen zum Ärger ihrer Freunde auch außerhalb der Abendstunde ständig beisammen und redeten und redeten; und suchten zu ergründen, wie der andere war und wie seine Welt aussah. Oft genug wurde von ihnen heiteren Sinnes das Niemandsland des Speisesaals durchschritten, und einer kam zum anderen; das gefiel den beiden, nicht aber ihren Kumpanen im Vorder- wie im Hinterhaus. Die sprachen von Verrat. Das konnte die neuen Freunde freilich nur noch fester aneinanderschmieden, sie hatten nun mal Gefallen aneinander gefunden.

18

Michael lieh Matthias seine Lieblingsbücher: Märchen und Tiergeschichten von Manfred Kyber. Und vom Esoteriker Waldemar von Uxkull ein geheimnisvolles Werk mit dem Titel *Die Einweihung im alten Ägypten nach dem Buch Toth*. Und Michael brachte Matthias zu Lise, als sie wieder einmal im Kramerhof nach dem Rechten sah. Sie schloß den neuen Freund des Sohnes schnell ins Herz (zumal dieser damals unter einer bösen Stiefmutter zu leiden hatte) und setzte sich dann wieder – es war Sonntagabend – in den Zug, der sie in ihre Katastrophenstadt zurückfuhr.

Bitter für einen Halbwüchsigen, die Mutter ständig in Gefahr zu wissen. Schwer, nach jedem neuen Fliegerangriff auf Nachricht zu warten: Lebt sie? Ist die Wohnung noch heil? Und dann, als der

Nachthimmel in Garmischs Norden sich wieder einmal blutrot gefärbt hatte und die Bombenerschütterungen bis ins Werdenfelser Land hinein zu spüren gewesen waren, kam die Schreckensbotschaft: eine amtliche Postkarte, rot umrandet, die auf der einen Seite den Aufdruck »Eilnachricht« trug, auf der anderen den Aufdruck »Lebenszeichen von ...«

Lise hatte nur fünfzig Prozent der zugelassenen »10 Worte Klartext« gebraucht: »Atelier abgebrannt. Bin gesund. Mamma«, stand da in ihrer entschiedenen Handschrift.

Daß sie lebte, dachte Michael, daß Mamma noch am Leben war! Und dann: Aber die Wanzen hat's endlich erwischt ...

Die Schwabinger Wohnung der Endes existierte nur noch zum Teil. Dort, wo der Abgrund klaffte, hatte eine alte Truhe gestanden. Ihre eine Hälfte, die es noch gab, zeigte die aufgemalten Worte: »Komm mir zu Hilfe, Jesu Christ ...« Die andere Hälfte, die dahin war, hatte den Schluß des frommen Satzes getragen: »... die Welt mir gar zu seltsam ist.«

Ja, Lise lebte noch in dieser seltsamen Welt, ließ sich in der Nachbarschaft unterbringen und kümmerte sich täglich um den Rest ihrer Habe in der zerstörten Wohnung. Das war auch nötig, ein bißchen wurde sogar hier geplündert: Vor der Denunziantin der Kaulbachstraße 90 mußte man sich in acht nehmen, die mauste jetzt.

Doch lange brauchte Lise sich nicht mehr mit ihrem und Edgars Hausrat herumzuplagen, im Sommer 1944 war es damit endgültig vorbei. Nach den sieben furchtbaren Juli-Angriffen, in denen 28 000 Sprengbomben, 84 000 Phosphor- und Flüssigbrandbomben sowie anderthalb Millionen Stabbrandbomben auf die Stadt niedergingen, war es auch um die Ende-Wohnung geschehen. Etwa 290 Ölgemälde, 520 Gouachen und vieles andere von Edgars Hand sind den Bomben zum Opfer gefallen, auch die geliebte Kupferdruckpresse des Malers – von den Möbeln ganz zu schweigen.

Lise blieb nun nicht mehr in Schwabing, sie zog hinaus nach Solln. Aber vor diesem bitteren Ende in München hatte es in Garmisch ohne großes Aufsehen einen zukunftsträchtigen Anfang gegeben – 1943, im Kramerhof.

Da beschloß Michael Ende nämlich – noch nicht ein Dichter zu werden, noch blieb er bei seinem Entschluß, später als Afrikaforscher sein Brot zu verdienen. Doch wenn heute eine Messing-Gedenktafel neben dem Eingang zum Kramerhof angebracht würde, so müßte daraufstehen: Hier hat der Autor von *Momo* und der *Unendlichen Geschichte* seine allerersten Gedichte geschrieben. So um die zehn müssen es gewesen sein.

19

Matthias Nicolai hatte eine Novelle gedichtet und diktierte sie Tina – Tina! – in die Schreibmaschine. *Der Sinn des Lebens* hieß dieses Erstlingswerk im Stil Adalbert Stifters, und der Autor bastelte für seine Manuskriptseiten im DIN A 5-Format eigenhändig einen Umschlag aus Pergament-Imitat.

Und in ein rosafarbenes Heft schrieb Nicolai mit grüner Tinte einen Gedichtzyklus – Titel: *Tagebuch eines Wahnsinnigen*. Damit nicht genug, gab es auch noch ein im Kramerhof hochgeschätztes Werk desselben jugendlichen Autors, den *Hymnus an Ägypten*. Er ist leider verschollen; das kleine Kontobuch, in dem Matthias seine rauschhaften Jamben festgehalten hatte, ging ihm auf einer nächtlichen Bahnfahrt zwischen München und Garmisch verloren.

Michael war beeindruckt von Nicolais reicher literarischer Tätigkeit, meinte aber bald, daß er so was auch zustande brächte. Er machte sich daran, das zu beweisen – und siehe da, es ging. Freilich zeigte der Junge seine Produkte zunächst nur engsten Vertrauten; und oben auf der Manuskriptseite stand vorsichtshalber der Vermerk: »Bitte nicht lesen!«

Genau läßt es sich nicht mehr sagen, ob das nachfolgende, bisher unveröffentlichte Gedicht das erste aus Michaels Feder gewesen ist. Mit Gewißheit zählt es aber zu seinen frühesten Versuchen; und deutlich klingen die Ratlosigkeit und das Entsetzen aus der Operation Gomorrha in Hamburg nach.

APOKALYPTISCHES GEBET

Wenn auf Dein Gebot, O HERR,
unendliches Elend die Menschen bedrückt,

Wenn auf Dein Gebot, O HERR,
der Haß sein Geißel-Szepter schwingt,
vor ihm herschreitend die Not,
zu bereiten dem Herrscher den Thron
in rauchenden Trümmern,

Wenn auf Dein Gebot, O HERR,
die Verzweiflung die Menschen würgt,
das Grauen ihnen die Kraft aus den Herzen saugt,

Wenn auf Dein Gebot, O HERR,
die vier teuflischen Engel
die Himmel durchfahren,
erzittern machen die Welten,
wenn sie gleich rasenden Sternen
die Bahnen ziehen, zu säen die Saat,
die Du ihnen befahlst –

Dann vergieb mir, O HERR,
wenn ich klein werde
und wenn ich frage:
Mein Gott, warum?

Denn groß sind Deine Werke, gewaltig,
und ich bin, ach, so gering.
Du aber bist Treue, O HERR,
und nicht verlässest Du Deine Schöpfung,
wenngleich es mir schiene,
als habest Dein Antlitz Du von ihr gewandt,
sie überlassend den Dämonen.

Doch alles geschieht nach Deinem Gebote,
denn Du
hast keinen Gegner,
auch im Bösen
bist Du.

20

Die im Hinterhaus trieben es zu bunt. Gut, Jugend will sich austoben, und das soll sie ja auch, fanden die Herren Professoren – doch manches geht einfach zu weit. Zum Beispiel die heimlichen chemischen Versuche des Schülers Vornfischer: Ganz abgesehen von den gelegentlichen Explosionen in seinem Zimmer – oft stank das ganze Haus wie die Hölle nach Schwefel. Und dann: dieses ständige Treiben und Huschen unterm Dach, in den Kammern der Küchenmädchen – also, geheuer war das nicht. Angenommen, eines der unmündigen Dinger würde nach ein paar Monaten... nicht auszudenken, der gute Ruf des Gymnasiums stand auf dem Spiel.
Überhaupt war in den Fluren und Zimmern nachts viel zuviel los. Wer als Lehrer im Hinterhaus die Aufsicht führen mußte, stand vor nervenzerrüttenden Stunden. Wenn einem unbeliebten Schüler von andern in der Nacht der nackte Hintern mit Schuhwichse eingeschmiert wurde, konnte man sich als Aufsichtsperson ja noch taub stellen, obwohl der Gemarterte seine Empörung wild hinausschrie. Aber wie sollte man sich zum Beispiel verhalten, wenn so ein Lausebengel irgendwo Leuchtfarbe erwischt hatte: Da gellten die halbe Nacht die Schreie erschrockener Knaben durchs Haus, weil sich überall grünlich leuchtende Gespenster herumtrieben.
Den Ausschlag gab schließlich die Wasseraffäre.
Weil auch Studienräte sich gelegentlich vom Alltag erholen müssen, kehrte einer der Lehrer eines Abends erst spät in den Kramerhof zurück – nehmen wir an: in froher Stimmung. Aber dann wollte er seinen Augen nicht trauen – in Strömen lief ihm das Wasser über die Treppe entgegen. Oben war eine gräßliche Wasserschlacht im Gange, Eimer klapperten, und Buben brüllten; und das alles, weil sich dort Jugend wieder einmal gehörig austobte.

Katastrophensitzung des Lehrkörpers am nächsten Vormittag –
Beschluß: Die Zimmerordnung im Hinterhaus sei aufzulösen, die
unruhigen Knaben auf beide Häuser zu verteilen.

So kam Michael ins Vorderhaus. Und dort ins Viererzimmer seines
Freundes.

Man sollte meinen, das sei das reine Glück gewesen. War es aber
nicht. Gut, Michael und Matthias konnten nun noch enger zusam-
menrücken und viel öfter, ja täglich ihre Gespräche führen. Aber da
waren die andern, Nicolais Freunde. In ihrer Gesellschaft fühlte sich
der Ende nicht wohl. Ihr Denken war ihm zu abstrakt und zu
intellektuell, während dem Sohn Edgars das Künstlerische im Blut
lag. Farbe, nicht Theorie, Erleben, nicht Bildung, Küchenmädchen,
nicht Luise Millerin: So begriff er die Welt. Und oft genug verzweifelte er – nun mitten in der Pubertät – an sich und seinem Wert,
wenn er die gescheiten Reden der andern hörte.

Aber natürlich war Michael nicht immer verzweifelt, und nicht alles
mißfiel ihm, was der Nicolai-Freundeskreis tat, dachte und redete.

Eines beeindruckte ihn sogar besonders: Abends, wenn nach der
Hausordnung das Licht gelöscht werden mußte und jeder Junge in
seinem Bett lag, fing einer an, im Dunkeln eine Geschichte zu
erzählen, die irgendwo abgebrochen wurde. Dort hatte ein anderer
den Faden am nächsten Abend aufzunehmen und weiterzuspinnen,
und tags darauf der dritte und so fort – eine unendliche Geschichte
also, die nie ganz erzählt worden ist.

Michael gefiel das sehr.

21

Eines Tages kam Matthias zum Freund und vertraute ihm an, nun
wisse er, was das Leben sei. Und als Michael ihn gespannt ansah,
sprach er nur ein einziges Wort: »Kampf!«

Daß das Leben Kampf ist, wußte Lise längst, und sie hat ihn nie
gescheut. Obwohl sie noch mehr wußte: daß man den Kampf auch
verlieren kann. Ihren Strauß mit der Hausdame des Kramerhofs zum
Beispiel hat sie mit Pauken und Trompeten verloren. Das kam so:

Überall in Deutschland wurde in diesen Kriegszeiten gehungert, aber – meinten die Schüler des Max-Gymnasiums – im Kramerhof ganz besonders. Daran hatte auch der Hungeraufstand nichts geändert, den die Jungen einmal mit klappernden Löffeln und viel Geschrei im Speisesaal veranstalteten.

Die Hausdame, hieß es hinter der vorgehaltenen Hand, verzehre mit ihrer Familie im Hinterzimmer märchenhafte Buttercreme-Torten, während die, in deren Namen die Butter angeliefert wurde, mit schmalen Gesichtern vor ihren spartanischen Tellern saßen. Und die Äpfel! Die bringe die Dame, statt auf den Tisch der Buben, korbweise zu einem Parteibonzen, um sich gute Beziehungen nach oben zu sichern.

Das erfahren und zur Tat schreiten, war für Lise eins. Sie reiste an; ging es doch um die Gerechtigkeit im allgemeinen und um die Rechte ihres Sohnes im besonderen. Aber es wurde ein ungleiches Treffen: Die Hausdame war groß und korpulent, Lise – wie wir wissen – ziemlich klein. Und da die Hausdame nicht weniger kampfgeübt war als Michaels Mutter, blieb es beim Austausch böser Worte.

Das wollte Lise nicht hinnehmen, sie verlor die Übersicht. Und Edgar, der sie ohne Zweifel auch diesmal zurückgerissen hätte, weilte leider im fernen Köln. Jetzt, dachte Lise unvorsichtigerweise, war sie nicht mehr die Frau des verfemten Malers, jetzt war sie die Gattin des Obergefreiten und Fliegerabwehrsoldaten – und sie wandte sich mit ihrer Beschwerde an höhere Stellen.

Das hätte sie nicht tun sollen. Der Schuß ging nach hinten los: Michael wurde strafversetzt, er mußte den Kramerhof verlassen und nach Partenkirchen ziehen – ins Haus Roseneck.

22

Manches im Leben, was uns betrübt, erweist sich später als ein rechter Glückstreffer. So auch hier. Daß Michael ins Haus Roseneck zu den »Kleinen«, nämlich den jüngeren Schülern, verbannt wurde, sollte ihn demütigen, verschaffte ihm aber das angenehme Patriarchendasein des Riesen, dem die Zwerge dienen, er genoß reizvollen weiblichen Umgang – und vor allem: Die Mahlzeiten waren reichlicher als im Kramerhof.

Bald hatte es der junge Ende geschafft, in der hübschen Partenkirchener Villa – sie stammte aus der Gründerzeit – ein Einzelzimmer zu bekommen. Hier konnte er in Ruhe die Bücher studieren, die ihm am Herzen lagen: Lao-tses *Tao-te-king* und von Nietzsche den *Zarathustra*, den Matthias dem Freund so heiß empfohlen hatte; und wenn nicht alles täuscht, begeisterte der Jüngling sich damals auch schon an Dostojewskijs Riesenschinken *Die Brüder Karamasoff*. Bei all der schwierigen Lektüre ließ er aber keineswegs das volle Leben an sich vorüberrauschen, und das volle Leben hieß in diesem Falle: Mädchen.

Da war die Kochelberg-Musch (die nicht im Haus Roseneck lebte), ein Mädchen der sportlichen Art: Man sagte von ihr, sie schaffe die Kreuzeck-Skiabfahrt so rasant wie keine andere. Die Kochelberg-Musch sollte es sein, sie erschien dem Verbannten vom Roseneck geeignet als Liebe seines Lebens.

Und so machte er sich auf, die Schöne zu erobern.

Er überlegte hin und überlegte her – aber es gab keine andere Möglichkeit: Er mußte Musch ansprechen, so richtig auf der Straße wie Doktor Faust das Gretchen.

Und die Kochelberg-Musch hörte sich an, wie Michael die Worte setzte. Dann aber, bei einem kleinen Gespräch, stellte sich zu beider Entsetzen das heraus, was diese Liebe beendete, ehe sie noch begonnen hatte: Musch war schon ein Jahr älter als der Freier.

Ein Jahr jünger als Michael war Gudrun, die Tochter der Besitzer vom Roseneck. Die Familie wohnte jetzt im obersten Stockwerk ihrer Villa. Und weil der Realschülerin Gudrun das Latein nicht leicht in den Kopf gehen wollte, machte man ausgerechnet Michael zu ihrem Nachhilfelehrer.

Es klingt unglaubwürdig, aber es war so: Er hat ihr tatsächlich Nachhilfeunterricht gegeben. Agricola laborat. Puella saltat. Patria vos vocat. Festina lente! Amo, amas, amat – was heißt das? Also: Amo – ich liebe. Amas – du liebst. Amat – ach, Gudrun, Gruschenka! Aschblond, ein liebes, rundes Gesichtchen, die Gestalt in Bleylestoff gehüllt, und so viel Hunger auf Leben! Gudrun war neugierig auf die Liebe, und ihren Nachhilfelehrer entzückte sogar ihr sächsischer Akzent.

Mit Gudrun allein im Nachhilfezimmer der Villa, mit Gudrun auf Spaziergängen zum Kramerplateau: Nach jedem Kuß schnitt Michael sich eine Kerbe in seinen Gürtel. Warum sein Gürtel so viele Kerben habe? wurde er gefragt.

23

Der Krieg war verloren, und in alle Jugendträume hinein donnerten die Kanonen der näher kommenden Front. Das letzte Aufgebot wurde einberufen, Michael sollte auch darunter sein. Ein schneidiger SS-Offizier hielt eine Ansprache über die Waffen-SS als die Elite der Nation. Wer sich freiwillig melden wolle?

Jeder mußte aus der Reihe vortreten und die Frage, ob er in die Elite der Nation einrücken wolle, mit Ja oder Nein beantworten. Michael stand auch da in Reih und Glied, die neben ihm wurden vorgerufen, einer nach dem anderen. Jetzt, jetzt kam die Reihe an ihn – Ende, vortreten!

Ob er zur Waffen-SS wolle?

Noch als er »Nein« sagte, wußte er nicht, wie er dieses Nein begründen sollte. Der schneidige SS-Offizier blickte befremdet hoch: Nein? Warum nicht? Da kam die Eingebung von oben: Weil er das mit seinem späteren Beruf nicht vereinbaren könne, antwortete Michael.

Was er denn werden wolle?

Pfarrer, sagte Michael Ende.

Der SS-Offizier wedelte ihn mit angewidertem Gesicht zurück ins Glied.

Wer vom Jahrgang 1929 die Einladung zur Waffen-SS ausschlug, mußte zur Wehrmacht. Und außerdem gab's noch das allerletzte Aufgebot, den Volkssturm, für die ganz Jungen und die ganz Alten – Himmelfahrtskommando mit der Panzerfaust.

Eile tat also not, Michael mußte fort aus Partenkirchen, jeden Tag konnte sein Einberufungsbefehl im Briefkasten stecken. Der Junge wartete zu lange, eines Morgens steckte der Brief im Kasten – aber Michael ging nicht hin. Er packte die nötigsten Habseligkeiten zusammen, vergaß auch seinen Laotse nicht und stellte sich im Menschengewühl des Kriegsendes an die Landstraße; sprang auf Lastwagen und ließ sich von Personenautos mitnehmen und kam irgendwie, irgendwann nach München – genauer: nach Solln, wo die Mutter in zwei Notzimmern hauste.

Wieder einmal schloß Lise den beinahe verlorenen Sohn in die Arme. Und als auch in Solln sein Einberufungsbefehl zum Militär anlangte, steckte sie das Papier kurzerhand in den Ofen.

Schluß jetzt mit dem Krieg – jetzt wird gelebt.

24

Aber ganz soweit war es noch nicht. Noch heulten ständig die Sirenen, noch fielen Bomben auf die Stadt, noch tönten die Durchhalteparolen der angstschlotternden Parteifunktionäre aus dem Radio; und die amerikanischen Truppen schickten sich gerade erst an, Bayern von Norden her zu erobern. Und weil man auch in Krisenzeiten nicht ständig untätig wartend herumsitzen kann, nahm Michael seine Studien für die Schule wieder auf.

Im Bekanntenkreis hatte Lise den Frater Schade vom Pullacher Jesuitenstift kennengelernt. Mit seiner Hilfe suchte Michael tiefer in die Geheimnisse der altgriechischen Sprache einzudringen, die beiden lasen und übersetzten zusammen den Beginn des Johannes-Evangeliums: »᾽Εν ἀρχῇ ἦν ὁ λόγος, καὶ ὁ λόγος ἦν πρὸς τὸν θεὸν, καὶ θεὸς ἦν ὁ λόγος – Im Anfang war das Wort, und das Wort war bei Gott, und Gott war das Wort.« Ein Text, an den man sich halten kann, wenn die Welt untergeht.

Doch der fromme Frater war nicht nur ein guter Humanist, er war auch ein guter Demokrat: Heimlich stand er mit Hauptmann Gerngroß und seiner Freiheitsaktion in Verbindung.

Dr. Rupprecht Gerngroß: bayerischer Held und Widerstandskämpfer, dessen Name ruhmreich in die Stadtgeschichte Münchens eingegangen ist. Hat er doch – wenn auch glücklos – mit Soldaten,

Bürgern und Arbeitern zusammen Unmögliches versucht: in letzter Minute die nationalsozialistischen Machthaber Bayerns zum Teufel zu jagen und das, was von der Stadt München übriggeblieben war, den anrückenden Amerikanern kampflos zu übergeben, um noch mehr sinnlose Menschenopfer, noch mehr sinnlose Zerstörung zu verhindern.

Frater Schade fragte Michael, ob er sich getraue, der »Freiheitsaktion Bayern« als Kurier zu dienen. Da fuhr der Junge mit dem Fahrrad los, von Solln in eine Villa im fernen Bogenhausen, und richtete dort einem Major und seinem Stab verschlüsselte Botschaften aus wie diese: »Großmutter sitzt im Englischen Garten und weint.«

Was das bedeutete, wußte der Junge nicht; aber den Offizieren sagte es viel.

Michael hat diese Radtouren mehrmals gemacht, und sie waren kein Spaß. Denn nun befand sich in Deutschland alles in Auflösung – keiner wußte mehr, wer wem zu gehorchen, wer wen zu töten hatte. Michael fuhr durch Ruinen, durch das Heer zurückflutender Soldaten. Er sah graue, ausgemergelte, abgerissene Gestalten, sah tote Männer, an Bäumen aufgehängt, mit Pappschildern, auf denen stand: »Ich bin ein Deserteur!« Er geriet in einen Tieffliegerangriff, mußte sich vor den Salven der Bord-Maschinengewehre zu Boden werfen; und einmal, als er entsetzliche Schreie hörte und sich umwandte, lag da einer mit abgerissenem Bein auf dem Boden eines Straßenbahnhäuschens und verblutete.

Am Montag, dem 30. April 1945, hatten die Münchner Machthaber des Hitlerregimes die Freiheitsaktion des Hauptmanns Gerngroß niedergeschlagen und ein letztes Mal ihren Blutzoll gefordert. Am gleichen Tag zogen die ersten amerikanischen Einheiten in die Stadt.

25

Es war ein trockener, warmer Frühlingstag. Überall hingen weiße Fahnen. An der Brücke in Solln standen Kinder und staunten. Erst war lange das Geräusch herannahender Panzerfahrzeuge zu hören gewesen, nun kamen die erdfarbenen Ungetüme über die Brücke

gehoppelt. Oben sahen gutgenährte junge Männer heraus, amerikanische Soldaten, von weißer und von schwarzer Hautfarbe. Sie
warfen den Kindern lachend Geschenke zu – Schokolade, Kau-
gummi – und fuhren weiter, stadteinwärts.

Einer, der dabeistand, war Michael. Der Krieg war zu Ende.

FÜNFTES KAPITEL

Wie er seine große Liebe fand und wieder verlor

(München/Solln und Schwabing, 1945–1947)

Nachkriegschaos – An die Wand gestellt – Gottesdienst bei Frau Captuller – Wer ist Doktor Steiner? – Seltsame Schicksalsfäden – Ein Wunder: Sie ziehen um – Hofnarr bei Stefan George – Ein trauriger Brief aus Neuseeland – Die Zeit der schönen Gefühle – Der Mystiker der Zwölftonmusik – Ein Pfarrer, der gern Theater spielt – Adam erwacht – Eine Badewanne voll Liebe – Unschuldig hinter Gittern – Der Tod von Solln – Erschütterungen – Wiltruds Mutter schenkt Michael eine Vase

1

DER KRIEG WAR ZU ENDE, Hitler und Goebbels hatten sich umgebracht, Berlin war gefallen – mit Getöse sank das Dritte Reich in Schutt und Asche. Erben waren die zwölf Millionen deutscher Soldaten, in Gefangenschaft bei allen möglichen Nationen; Erben waren die neuneinhalb Millionen Zivilisten auf der panischen Flucht aus dem Osten; Erben waren die Kriegsversehrten, die Ausgebombten, die Frauen, die ihre Männer, die Kinder, die ihre Väter verloren hatten; Erben waren die aus Konzentrationslagern, Ausländer-Arbeitslagern, Gestapogefängnissen befreiten Menschen. Durch die Trümmerwüsten der Städte, über die verbrannte Erde des Gebiets, das von Großdeutschland übriggeblieben war, zieht ruhelos eine Völkerwanderung in alle Himmelsrichtungen; hungernd und frierend fahren Männer, Frauen und Kinder mit ihren Habseligkeiten auf Güterzügen, Kohlenwagen, holperigen Holzvergaser-Lkws ungewissen Zielen entgegen.

Über Hiroshima und Nagasaki standen die apokalyptischen Atompilze, 110 000 Tote und das Leid von 110 000 Siechen zwangen auch die Japaner zur Unterwerfung: Auf dem US-Schlachtschiff Missouri unterzeichnen sie die Kapitulation. In Moskau wird Prokofieffs *Ode auf das Ende des Krieges* uraufgeführt; in Berlin

erscheint in 35000 Exemplaren Eugen Kogons Dokumentation
»*Der SS-Staat/Das System der deutschen Konzentrationslager*«.
Auf den Konferenzen von Jalta und Potsdam haben Amerikaner,
Engländer und Russen Mitteleuropa zwischen den Siegern aufge-
teilt. In Nürnberg werden die Helfershelfer des Führers vor Gericht
gestellt, verurteilt, aufgehängt. Die Jagd nach den KZ-Henkern, den
Judenmördern hat begonnen. Wer den braunen Machthabern
diente, soll seine Strafe bekommen, heißt es. Deshalb wird auch das
ganze Volk schon bald systematisch überprüft und durchleuchtet:
Jeder Deutsche, der im Jahr 1939 zwanzig und mehr Jahre zählte,
muß die 131 Fragen seines Entnazifizierungs-Fragebogens beantworten, jeder sucht fieberhaft nach Zeugen, die der Spruchkammer
seine Unschuld am Nationalsozialismus beweisen sollen.
Die Sieger gehen daran, die Besiegten umzuerziehen: in der sowjetisch besetzten Zone Deutschlands zum Kommunismus, in der
amerikanisch besetzten Zone zur Demokratie und zum amerikanischen Lebensstil.
Unklar zeichnet sich zwischen Trümmern und Wirrwarr eine neue
Welt ab.

2

Zuletzt hatte der Krieg auch Michaels Vater weit weggeführt von
München und Köln und in fremdes Land verschlagen. Auf der
Flucht vor der russischen Armee schwimmt der Obergefreite Ende
schließlich durch die österreichische Enns. Und als die Amerikaner
ihn fangen und auch für Edgar der heißersehnte Friede anbricht – da
sieht der Maler nicht viel anders aus als eine der mageren Männerge-
stalten auf so vielen seiner Bilder: ausgemergelt und halbnackt, nur
mit einer Badehose bekleidet.
Er übersteht die Gefangenschaft. Im Sommer dann – Lise und
Michael stockt das Herz vor Glück – hält an der Straßenecke bei der
Sollner Villa ein Lastwagen; einer springt herunter, Edgar kehrt
heim. Und wie alle Deutschen warteten auch die drei in Solln nun auf
das, was kommen sollte über das besiegte, befreite, besetzte Land.

Was kam, war die Zeit des Hungers und der Not, die Zeit der noch einmal Davongekommenen, der Lebensgier, der Geschlechtskrankheiten, des großen Tedeums, der Ratten, Schieber, Karriere- und Geschäftemacher, der naiven Idealisten; eine Zeit der Theaterkunst, eine Zeit der engagierten Presse; die Zeit der jungen Männer in der Literatur und der alten Männer in der Politik.

Es war die Mitternacht zwischen dem Untergang einer Epoche und dem Beginn einer neuen.

3

Zeit des Hungers: Immer knurrte der Magen. Die Lebensmittelkarten waren geblieben, aber die Zuteilungen noch schmaler geworden. Bei Kriegsende hatte ein »Normalverbraucher« wenigstens täglich seine mageren 2000 Kalorien bekommen, jetzt schrumpfte die Tagesration: In München gab es pro Kopf zeitweise weniger als 1200 Kalorien, und in der britischen und der französischen Besatzungszone wurde häufig noch ärger gehungert.

Woher sollten auch Lebensmittel kommen? Die Kornkammern des Ostens waren verloren, und den einheimischen Bauern fehlte es an Arbeitskräften, an Saatgut, an Dünger. Wenn doch einmal etwas Eßbares zu transportieren war, scheiterte das oft an den katastrophalen Verhältnissen der zerbombten Reichsbahn.

Fett und Fleisch, Gemüse und Kartoffeln: alles Mangelware. Wer stundenlang in der Menschenschlange vor dem Bäckerladen stand, wußte nicht, ob der Vorrat an Brot auch noch für ihn reichen würde. Statt Milch wurde die bläuliche Magermilch getrunken, statt Bohnenkaffee weiter wie im Krieg Ersatzkaffee aus Gerste. Und Sacharin, Trockenei, Rübensirup galten als begehrenswerte Güter. Wen wundert es, daß immer wieder in Lebensmittelgeschäfte eingebrochen wurde? Im Herbst 1946 wogen die erwachsenen Männer 61 Kilo und weniger, die erwachsenen Frauen um 52 Kilo.

Da mußte es Endes als reines Glück erscheinen, daß ein Schäfer nahe ihrem Sollner Quartier aufgab: Weil Diebe Nacht für Nacht seine Herde verkleinerten, wollte er die letzten Schafe gegen Geld hergeben. Begeistert stürmte eine Menschenmenge die Wiese, und Edgar und sein Sohn rannten mit. Tatsächlich konnten die beiden einen Hammel erwerben, sie führten ihn froh am Strick nach Hause. Ein Metzger wurde gefunden, er schlachtete das Tier im Keller – Michael entsetzte sich, wieviel Blut aus so einem Schaf herausläuft. Als sich Vater, Mutter und Sohn am ersten Hammelgericht sattgegessen hatten, ging Lise ans Werk: Sie kochte das Fleisch ein. Und von diesem Tag an gab es bei Endes Hammel, Hammel, Hammel – bis die Verdauung streikte und keiner der drei je wieder Hammelfleisch sehen konnte.

4

Zeit des Wirrwarrs: Menschen kamen zusammen, die sich ohne Not nie begegnet wären. Städter verhandelten mit Bauern, brave Bürger mit finsteren Gesellen, die Schwarzhandel trieben.

Die Münchner fuhren auf Hamsterfahrt ins bayerische Land und »organisierten« Lebensmittel; sie boten ihre letzte ungeflickte Bettwäsche, das über den Krieg gerettete silberne Familienbesteck zum Tausch an. Auf der Rückfahrt durfte sich keiner mit dickem Rucksack oder schwerer Handtasche erwischen lassen; Hamsterfahrten waren verboten, im Zug und auf dem Bahngelände wurde kontrolliert: Das mühsam Erworbene konnte beschlagnahmt werden.

Einfacher, wenn auch noch gefährlicher, war für den, der es sich leisten konnte, der Einkauf auf dem schwarzen Markt. Genauer gesagt: auf einem der Schwarzmärkte Münchens. Die blühten an allen Ecken, zum Beispiel beim Hauptbahnhof, beim Deutschen Museum, in der Möhlstraße. Immer flanierten und flüsterten hier Männer, deren Manteltaschen sich ausbeulten von illegalen Waren. Plötzlich hasteten wieder alle davon und versteckten sich in den Trümmern der Häuser: Razzia. Wer erwischt wurde – als Händler oder Käufer –, kam vors Schnellgericht.

Wie heute an der Börse, so gab es damals auf dem schwarzen Markt Tageskurse, und jeder kannte sie. Ob die Packung Ami-Zigaretten um 80 oder 100 Mark zu haben war, das Pfund Butter 120 oder 350

Mark kostete, ein Paar Damenschuhe 400 oder 800 Mark, ein Paar Nylonstrümpfe 150 Mark oder mehr – es sprach sich schnell herum. Und Hitlers Buch *Mein Kampf* kostete auf dem schwarzen Markt 2000 Mark. (Zum Vergleich: Auf einer Münchner Auktion der Herbst/Winter-Saison 1989 erzielte das gleiche Buch [allerdings in der zweibändigen Vorzugsausgabe, vom Autor signiert] 28 000 Mark.)

Die Schwarzmarktpreise waren für viele unerschwinglich. Und manchem blieb nur das (ebenfalls illegale, ebenfalls strafbare) Tauschgeschäft: Wer etwas aus seinem Betrieb, seinem Haushalt abzweigen konnte, kam auch damit auf dem schwarzen Markt zu Schätzen. Ein Meter Stoff konnte zwei Pfund Bohnenkaffee einbringen, ein Mantel einen dicken Sack Kartoffeln.

Endes, wie eh und je knapp an Bargeld, dachten an ein solches Tauschgeschäft und träumten von üppigen Eßwaren. In einem Auffanglager für Ausländer (Displaced persons wurden mit Lebensmitteln weit besser versorgt als die Einheimischen) sollte Wertvolles gegen Nahrhaftes einzutauschen sein, wurde gesagt. Das lockte.

Unbegreiflich, warum sich nicht die praktische Lise ins Ausländerlager aufgemacht hat, bei Lise wäre die Sache sicher nicht schiefgegangen. Aber nein, es mußte der verträumte Edgar sein, der die schöne Armbanduhr aus der Schublade holte und, Michael an seiner Seite, den Gang zum Ausländerlager antrat.

Was für ein Mißverständnis zugrunde gelegen hat, ist nie aufgeklärt worden, Sprachschwierigkeiten deckten alles zu. Doch kaum im Lager angekommen, fanden sich die erschrockenen Amateur-Tauschhändler an die Wand gestellt, und die Mündung eines Revolvers zielte drohend auf sie. Vater Edgar wurde ärgerlich, er fand es äußerst ungehörig, daß man ihn vor den Augen seines Sohnes einer dermaßen peinlichen Situation aussetzte: mit erhobenen Händen, aus rauher Kehle dumm angeredet und unzweifelhaft mit groben Schimpfwörtern bedacht. Lebensgefahr hin, Lebensgefahr her – das ging einfach nicht, hier stand das Renommee eines Vaters auf dem Spiel.

So rätselhaft, wie sich der Schrecken zusammengebraut hatte, verflog er auch wieder. Vater und Sohn wurden fortgejagt und zogen heim nach Solln – gänzlich heil, aber ohne die schöne Armbanduhr. Wie sollten sie das nur Lise beibringen?

5

Zeit des Mangels: Was war eigentlich nicht kostbar in diesen Tagen? Lise, die ein gutes Gedächtnis für erlittenes Unrecht besaß, fuhr mit der Straßenbahn von Solln nach München und suchte und fand die Ex-Denunziantin aus der Kaulbachstraße 90. Trat bei ihr ein und sagte:»So, nun geben Sie mir mal mein Waffeleisen zurück, das Sie gestohlen haben, als ich ausgebombt wurde!« Stillschweigend gehorchte die Dame.

Zeit der Gewalt: Ganz alltägliche Situationen konnten damals unversehens lebensgefährlich werden. Auch Michael bekam das zu spüren, wenn er abends mit der letzten Straßenbahn aus München kam und das Wäldchen durchquerte, das zwischen der Endstation und der Sollner Villa lag. Hier ließen sich's oft amerikanische Soldaten mit ihren Fräuleins gut sein, im Gras unter den Bäumen, bei Whisky und Liebe. Entdeckten sie den einsamen Fußgänger und waren sie bei Laune, veranstalteten die GIs gerne mal ein Zielschießen auf Michael. Die Schüsse knallten, der Junge rannte um sein Leben, im Zickzack zwischen den Bäumen hin, in notvoller Hast. Je schneller er rannte, desto mehr stachelte das den Jagdtrieb der betrunkenen Soldaten an – die Mädchen kreischten, immer öfter drückten die Cowboys am Abzug ihrer Pistolen. Für sie war es ein herrlicher Spaß.

6

Zeit der Wohnungsnot: München war fast zur Hälfte zerstört, die Innenstadt sogar zu drei Vierteln. Aber wenn auch von den 830 000 Einwohnern des Jahres 1939 bei Kriegsende fast nur noch die Hälfte übrig war, im Winter 1946/47 drängte sich in der Trümmerstadt schon wieder weit über eine dreiviertel Million Menschen. Und alle brauchten ein Dach über dem Kopf: nicht nur die Ausgebombten, die Münchner, die aus der Evakuierung kamen, die Flüchtlinge, die Heimkehrer; auch die aus den Konzentrations- und Arbeitslagern Befreiten und die Besatzer. Die amerikanischen Soldaten – und wer kann es den Siegern verdenken? – beanspruchten und beschlagnahmten die besten Häuser der Stadt, zum Beispiel im noblen Villenvorort Harlaching. Alles andere wurde vom Wohnungsamt kontrolliert.

Drangvolle Enge in den Trümmern, in den schwer angeschlagenen Häusern. Die Ärmsten der Armen hausen in Ruinen, Baracken, Bretterhäuschen, acht Menschen nicht selten in einem Raum. Vergebens kämpfen die Behörden gegen den Ansturm der Nachdrängenden, sie machen es ihnen so schwer wie möglich, Fuß zu fassen: Es gibt Zuzugssperren, es gibt kaum zu erfüllende Auflagen. Da muß, wer in München eine noch so kleine Bleibe hat, froh und dankbar sein; von einer größeren kann er nur träumen.

Edgar Ende träumt von einer größeren. Michael, ja, der braucht nur einen Tisch und Bleistift und Papier, um seine Gedichte zu schreiben. Aber ein Kunstmaler muß ein Atelier haben, mit übermannshohem Fenster und unbestechlichem Nordlicht; er braucht Platz um seine Staffelei herum. In der Sollner Mansarde bringt Edgar nichts Rechtes zustande, er zeichnet, kritzelt – mehr nicht. Und das wird auch so bleiben, wenn sich an der verdammten Wohnungssituation nichts ändert.

Aber es ändert sich etwas. Endes lernen neue Freunde kennen, und bei ihnen findet Edgar das Maleratelier, von dem er träumt. Für Michael erfüllt sich bei ihnen ein anderer Traum: Er findet das Mädchen, das er liebt.

7

Matthias Nicolai, der jetzt in Stuttgart lebt, kommt zum erstenmal nach dem Krieg zu Besuch nach München. Er hat eine abenteuerliche Reise hinter sich: Weil der Eisenbahnzug heillos gestürmt wird, fährt man auf den Waggondächern mit, steht im eiskalten Fahrt-wind auf den Trittbrettern, klammert sich an den Puffern fest, um irgendwann, irgendwie ans Ziel seiner Reise zu kommen.

Aber nun ist der Freund da, und Endes nehmen ihn am Sonntagvor-mittag mit in die Stadt. Genauer gesagt: mit nach Schwabing, in eine große Wohnung in der Kaulbachstraße. Sie gehört einer Frau Cap-tuller, die Möbel und Wohnrecht über den Krieg hinübergerettet hat.

Edgar, Lise und die Jungen betreten zwei ineinandergehende, bür-gerlich ausgestattete Zimmer: Perserteppiche, dunkle Möbel, Kron-leuchter, Portieren an den Fenstern und über den Türen. Stühle stehen in Reihen aufgestellt, Menschen strömen herein, junge und ältere. Bald ist jeder Platz besetzt, abgemagerte Gestalten in zer-schlissener Kleidung füllen die beiden Räume ganz. Sie haben gute Gesichter, die Menschen hier.

Begrüßungen, gedämpfter Wortwechsel, Flüstern, Erwartung. Dann verstummt das Gemurmel. Eine Tür öffnet sich: Herein kommt eine junge Frau, sie trägt ein Ministrantengewand und hält ein brennendes Licht in der Hand. Geht zum großen Büfett an der Wand, das mit Tüchern und Leuchtern zum Altar hergerichtet ist. Entzündet die Kerzen. Dann wendet sie sich und geht wieder hinaus. Tiefe Stille. Einen Augenblick später geht die Tür wieder auf. Die beiden, die jetzt eintreten, sind ganz offensichtlich Priester. Sie haben Meßgewänder an wie katholische Geistliche. Von den beiden Ministrantinnen hinter ihnen trägt eine an langen Ketten ein Weih-rauchgefäß.

Alle erheben sich von ihren Stühlen. Der jüngere Priester bleibt zurück, der andere, ein Greis, geht mit den Ministrantinnen zum Altar und sieht zum Christusbild über den brennenden Kerzen auf. Dann dreht er sich zur Gemeinde um und beginnt, den Gottesdienst zu zelebrieren.

Es ist der Gottesdienst der Christengemeinschaft und der ihn zele-briert, der alte Pfarrer August Pauli.

Eine andere Welt. Michael und Matthias haben noch nie so viel Weihrauch gesehen, noch nie so viele seltsame, neue Wortbildun-gen gehört.

8

Es war also ein religiöser Kreis, zu dem die Endes gefunden hatten: der religiöse Kreis, der sich auf Rudolf Steiner beruft.

Dr. Rudolf Steiner, Esoteriker, Theosoph, dann Begründer der anthroposophischen Weltanschauung, Vortragsredner, Buchautor: Wer seinen Namen nicht kennt, kennt doch irgendein Stück seines Lebenswerks, hat von den anthroposophischen Kliniken gehört oder von den Weleda- und Wala-Medikamenten; von der anthroposophischen Heilpädagogik, den Behindertendörfern, den Waldorfschulen; oder von der biologisch-dynamischen Landwirtschaft und den Demeter-Früchten, -Gemüsesorten, -Lebensmitteln, die im Kampf gegen Chemie- und Konservierungs-Industrie hergestellt werden.

Nach der Jahrhundertwende, nach dem Ersten Weltkrieg zog Steiner durch Deutschland und Europa, um Vorträge zu halten, rund 6000 sind es im Laufe seines Lebens gewesen. Er gab Anregungen und sorgte für Initiativen, wo er darum gebeten wurde; wichtige Leute riefen ihn als entscheidende Instanz an; er reiste, redete, schrieb, kämpfte, verlor und begann von neuem; und mußte sich mit den Anfeindungen seiner Gegner und den Querelen seiner Anhänger herumschlagen, wo es ihm doch nur um eines ging: in dieser materialistischen Welt von der anderen, der geistigen Welt zu zeugen, die für ihn unerschütterliche Realität war – keine Glaubenssache, sondern eine Sache der Wissenschaft mit anderen wissenschaftlichen Mitteln.

Die Anthroposophie keine Religion, die anthroposophische Gesellschaft keine Religionsgemeinschaft – gut. Was aber, fragten junge Theologen und Anthroposophen, wenn Menschen, die zu Steiners Geisteswissenschaft Ja sagen, nach Religion suchen, ihren Kultus suchen, ihre Messe, ihren Gottesdienst, ihr Abendmahl? Wo können sie das finden? Wo können sie *erleben*, was sie durch anthroposophische Vorträge und Schriften *erkennen*?

Als sie das von ihm wissen wollten, war der Doktor, nun über sechzig Jahre alt, längst in der Schweiz zu Hause: unweit von Basel, auf dem Dornacher Hügel, wo sein Goetheanum stand, ein seltsamer Doppelkuppelbau aus Holz – Hochschule, Theatergebäude, Mittelpunkt der anthroposophischen Welt. 1921, vier Jahre vor seinem Tod, hat Steiner begonnen, jenen Suchenden zu sagen, was sie tun sollen. Dann, im September 1922, wurde im Weißen Saal des Goetheaneums die Urgemeinde der Christengemeinschaft gegründet; und in einem tagelangen kultischen Fest ließen sich fünfundvierzig meist jüngere Menschen zu Priestern weihen – Pfarrer, Theologiestudenten, Pädagogen, Naturwissenschaftler, Künstler, Aktive der Jugendbewegung.

Zu den Männern der ersten Stunde zählte auch der ehemalige evangelische Pfarrer August Pauli. Und ein Pastorensohn aus Mannheim, Gerhard Klein, war Ministrant bei der ersten Menschenweihehandlung der Welt. Diese beiden – der dreiundfünfzigjährige Pauli und deer neunzehnjährige Klein – haben dann die Münchner Christengemeinschaft aufgebaut. Und fast zwei Jahrzehnte hatte ein Grüpplein Menschen in dieser neuen Art des Christentums gelebt, als am 11. Juni 1941 die Gestapo in den ersten Stock der Rumfordstraße 34 eindrang, Material beschlagnahmte, die Türen plombierte, Mitarbeiter fortschleppte und verhörte: Die Christengemeinschaft war von nun an in der bayerischen Hauptstadt verboten. 1945, nach dem Untergang des Dritten Reiches, fanden sich die verstreuten Schafe wieder zusammen, andere Suchende kamen hinzu; und wieder war es Pfarrer August Pauli, nun sechsundsiebzig Jahre alt, der für sie die Menschenweihehandlung zelebrierte.

Wie an diesem Sonntagmorgen in der Kaulbachstraße.

Für die Endes knüpften sich hier seltsame Schicksalsfäden zusammen: Schon als Edgar sechzehn Jahre alt war, hatte er neben religiöser, okkulter und magischer Literatur auch Schriften Rudolf Steiners gelesen und mit seinen Freunden darüber heiß diskutiert. Edgars jüngerer Bruder Helmuth, der spätere Hamburger Hafendirektor, unternahm als Zwanzigjähriger eine Reise nach Dornach, um an Steiners nachmals hochberühmtem nationalökonomischem Kurs teilzunehmen – im selben Jahr, im selben Goetheaneum, in dem die Christengemeinschaft von hier ihren Ausgang nahm. Lise verband mit Pfarrer Pauli eine gemeinsame Sympathie: In jüngeren Jahren hatte der Priester einige Sommer lang Johannes Müller als

Sekretär gedient; und das war derselbe Johannes Müller, den das Fräulein Bartholomä später auf Schloß Elmau kennen- und schätzenlernte. Und Michaels allererster Volksschullehrer, der große, dünne Eduard Riegel, Anhänger der Christengemeinschaft auch er, hatte sich 1941 mutig für seine Weltanschauung eingesetzt: Er zählte zu einer Gruppe von Offizieren, die sich bei der Stuttgarter Gestapo für die Freilassung verhafteter Christengemeinschafts-Pfarrer verwendeten – allerdings vergeblich: Man schickte die Priester trotzdem ins Konzentrationslager Welzheim.

9

Der Schrecken war vorüber, die Christengemeinschaft wieder erstanden, und um die Menschenweihehandlung bei Frau Captuller herum sammelten sich alte und neue Freunde. Ein wenig vom Urchristentum der Katakomben – fand Michael – haftete diesem Gottesdienst in der Privatwohnung an: als ob diese Zusammenkünfte heimlich geschähen, in einer feindlichen Welt, nur besucht von denen, die es wirklich nach Wort und Kelch verlangte. Und noch eine andere Praxis der Urchristen wurde von den Menschen hier geübt: Sie halfen einander in diesen schlimmen Zeiten, einer kümmerte sich um das Wohl des anderen.

So trat eines Tages der Kunstmaler Richard Ferdinand Schmitz an Edgar heran: Ob Endes zum Ehepaar Schmitz nach Schwabing ziehen wollten – in den vierten Stock der Leopoldstraße 135 a? Dort, in der großen, unzerstörten Wohnung, gebe es Platz für eine zweite Familie, im Atelier Raum auch für einen zweiten Maler.

Das war ein Wunder in dieser Zeit bedrückender Wohnungsnot, ein wahrhaftes Wunder: Edgar sollte sein Atelier mit dem übermannshohen Fenster und dem unbestechlichen Nordlicht bekommen – mehr: Die Familie konnte die Sollner Mansardenzimmer wieder mit einer richtigen Schwabinger Malerwohnung vertauschen, in der es reichlich Platz zum Leben gab.

Trutzig und behäbig, ein Haus Altschwabinger Gepräges, ohne Lift, mit geölten, knarrenden Treppenstufen – das war das mächtige Gebäude und Mietshaus, in das die Familie noch 1945 einzog. Man bog von der Leopoldstraße in einen schmalen Privatweg ein, um zur Haustür zu kommen; und dann geriet man immer ein wenig außer Atem, wenn man die vielen Stiegen hinauflief bis zur hohen, geräumigen Atelierwohnung, die sich Schmitzens und Endes nun teilten. Lises und Edgars Zimmer befand sich gleich links neben der Eingangstür. Sie stellten die Möbel hinein, die sie aus dem Brand in der Kaulbachstraße gerettet hatten – auch den bunten Schrank, den Edgar mit Szenen und Motiven des Berliner Rokokokünstlers Daniel Chodowiecki bemalt und Michael zum zehnten Geburtstag geschenkt hatte; ein schönes Möbelstück, der Sohn hat es in Ehren gehalten und durch alle seine Wohnungen und Häuser geschleppt, auch nach Italien.

Der Eingangstür gegenüber, am Ende des langen, dunklen Korridors, befand sich das Allerheiligste von Richard Ferdinand Schmitz und seiner Frau Johanna; davor, auf der rechten Seite, die große Küche, in der die beiden Frauen nun gemeinsam wirken sollten. Ebenfalls rechts lag das Bad und – gleich neben der Toilette – ein winziger Raum, in dem zu herrschaftlichen Zeiten wohl das Dienstmädchen gewohnt hatte; jetzt wurde er Michael zugesprochen. In der bescheidenen Kemenate mit dem Steinfußboden und einem schmalen Fenster zum Hof hat er nachts geschlafen und tagsüber für die Schule gearbeitet; denn gegen Ende des Jahres 1945 begann auch das Max-Gymnasium wieder mit dem Unterricht.

Aber die beiden restlichen Räume! Der eine, anschließend an den der Endes, also auf der linken Seite: das Damenzimmer der Frau Johanna. Darin stand ein Klavier, und dieses Instrument wird in unseren Aufzeichnungen noch eine besondere Rolle spielen. Und die nächste Tür führte ins schönste Gelaß der Wohnung – in eine Traumwelt, die es heute so nicht mehr gibt.

Es war das Atelier, angefüllt mit verschlissenem Pomp, der verstaubten Pracht einer vergangenen Zeit, einem Rest vom überladenen Stil Makarts. Auf dem Parkett lagen abgewetzte Teppiche, darauf standen alte Möbel: Fauteuils, Tische, Etageren und ein riesiger, weitausladender Barockschrank, der die halbe, gewiß nicht schmale Wand bedeckte; ferner ein gewaltiges, venezianisches Bett, mit Edelholzintarsien verziert, das am Tag als Sitzgelegenheit für Besucher diente und nachts als Schlafstätte für Gäste. Darüber war ein ehemals sehr kostbarer, nun aber ramponierter Orientteppich gespannt; über diesem – und an allen anderen Wänden auch – hingen bis hoch hinauf Ölgemälde, Bild an Bild. Die meisten stammten aus Schmitzens Produktion und zeigten Landschaften und bäuerliche Motive.

Vor dem hohen Atelierfenster aber soll man früher bei schönem Wetter weit im Norden die Türme von Freising gesehen haben – damals, in den fernen, großen Tagen Schwabings, als das Haus Leopoldstraße 135a noch das letzte Gebäude des Millionendorfs war und sich Wiesen und Felder, Gehöfte und die Landstraße davor erstreckten.

Hier, im Atelier, durfte Edgar seine Staffelei aufstellen und in Blickweite des alten Schmitz wieder Ölbilder malen (und schon 1946 entstanden Meisterwerke wie *Die Dürstenden, Die Mittagsstunde* und das geheimnisvolle Selbstporträt mit den zwei Pferden). Es ging gut mit den zwei Künstlern, sie arbeiteten, jeder seine Pfeife im Mund, stundenlang nebeneinander. Kam Michael herein, rezitierte Richard Ferdinand Schmitz beim Malen gern lange Schiller- und Goethe-Gedichte, die er alle auswendig kannte; er sprach sie mit gewaltigem Pathos und komisch-altmodischem Schauspieler-Tremolo. Gewöhnlich aber herrschte schöpferisches Schweigen im Atelier; die Kollegen mischten still die Farben, tupften und spachtelten sie auf ihre Leinwand und störten und stritten sich nie.

Obgleich ihre Kunstwelten sehr weit auseinanderlagen: War Ende der Maler der Metaphysik, so Schmitz der Maler des bäuerlichen Lebens und der Landschaften.

Aber Richard Ferdinand Schmitz, von seinen Freunden kurz Ori genannt, zählte nicht zu den gewöhnlichen Sterblichen. Der Mann, der da fleißig Bilder im Stil der Münchner Schule produzierte und sie manchmal schockweise an ein Krankenhaus verkaufte, das Stück für 200 oder 300 Mark – dieser Mann, von kleinauf ein Außenseiter, kam aus einer großen Vergangenheit.

Das Gesicht, das er seinem Gegenüber zuwandte, flößte Furcht und Schrecken ein; es hat Kinder, die dem Maler zufällig in der Straßenbahn begegneten, bis in den Traum hinein verfolgt. Denn von Geburt an war Ori gezeichnet: Ein feuriges, blaurotes Muttermal bedeckte die ganze linke Hälfte seines Gesichts, und der verdickte Mundwinkel hing lahm nach unten.

Ori besaß das Aussehen, nicht den Charakter eines Monsters. Zwar konnte manchmal Sarkasmus in seinem Wesen aufflammen – gewöhnlich aber zeigte sich dieser Glöckner von Notre Dame als der liebenswürdigste und bescheidenste Mensch der Welt, ein humoriges Dickerchen, das gerne aß.

Was freilich nicht immer so gewesen war.

Da gab es zum Beispiel eine mondäne Zeit im Leben dieses Sohnes aus reichem Hause: Mit seiner ersten Frau, einer vielgerühmten Schönheit, war er in jungen Jahren an der Riviera groß aufgetreten. Geld spielte keine Rolle; Luxus, Nobelhotels und teure Roben gehörten zum Alltag; viel mag hinter dem ungleichen Paar – la belle et la bête – hergeraunt worden sein.

Und es gab eine Zeit im Leben des Richard Ferdinand Schmitz, zu der er wie selbstverständlich bei den berühmtesten Literaten aus und ein ging: beim Dichterfürsten Stefan George (1868–1933) und seinen extravaganten Freunden, beim genialischen jüdischen Schriftsteller und Denker Karl Wolfskehl (1869–1948), in dessen Münchner Wohnung in der Römerstraße 16 sich vor und nach dem Ersten Weltkrieg traf, was in Kunst und Wissenschaft einen Namen besaß.

Keine Literaturgeschichte berichtet davon, aber es stimmt: Der »bunte Schmitz« hat so etwas wie einen Hoffotografen bei Stefan

George gespielt. Oris Bruder, der Autor und George-Jünger Oscar A. H. Schmitz, mag den Mann mit dem feurigen Muttermal in den elitären Freundeskreis eingeführt haben; und der exzentrische George, der sonst nur ansehnliche Menschen, vor allem schöne Männer und Jünglinge, in seiner Umgebung duldete – Stefan George hat sich den Ori gehalten wie ein König einen verkrüppelten Narren, dessen Bresthaftigkeit die Pracht am Hofe noch mehr zur Geltung bringt.

Anfang der fünfziger Jahre, als Schmitz starb, fanden sich in seinem Barockschrank im Atelier wahre Schätze: Gedichtbände Georges und seiner Jünger, kostbare Erst- und Privatausgaben, in weißes und rotes Saffianleder gebunden, vom legendären Buchgestalter Melchior Lechter wunderbar im Jugendstil ausgestattet; Original-briefe von und an George, unersetzliche Korrespondenzen, auch mit Hugo von Hofmannsthal. Und aus dem Keller der Leopoldstraße 135a kamen Fotografien und vergilbte Fotoplatten in großen Mengen ans Licht: Sie zeigen Mitglieder des George-Kreises bei ihren Festen und Zusammenkünften; auch bei dem berühmten Zug, in dem der Dichterfürst im Kostüm Dantes, Karl Wolfskehl im Kostüm Homers aufgetreten sind.

Gegen Ende seines Lebens fotografierte Schmitz immer noch – nun aber Hühner- und Bauernhöfe, nämlich die Motive, nach denen er seine Bilder malte. Man mußte schließlich leben. Und malen, meinte Ori, sei doch wohl nicht das schlechteste Handwerk.

12

So fiel auf Michael Ende in diesen armen Nachkriegstagen ein später Abglanz jener anderen, größeren Zeit Schwabings. Das Gedächtnis an Dichter, die längst verschwunden, verdorben und gestorben waren, lebte in der alten Wohnung fort, die die Endes da bezogen hatten.

Sie sprachen viel über George und Hofmannsthal, und Michael war von ihrem Werk beeindruckt. Das aber, was er selber schrieb, klingt eher nach dem in Worte gebannten Sternenglanz eines Theodor Däubler oder nach Alfred Momberts Himmelspathos.

Das meiste, was der junge Ende gedichtet hat, wirkt erstaunlich reif. Diese frühen Arbeiten übersetzen religiöse und metaphysische Fragen in anschauliche Bilder. In den Kardinalfehler des literarischen Anfängers ist Michael dabei fast nie verfallen: ureigenste Gefühle, sentimentale Schwelgereien, Nöte des Heranreifenden in seine Gedichte einfließen zu lassen. Vielleicht hat er das seinem Umgang mit jener großen Literatur zu verdanken; vielleicht haben die Zucht, die Stefan George der Form angedeihen ließ, und Hugo von Hofmannsthals farbige Gedankenschwere auf Michaels Haltung der Kunst gegenüber eingewirkt. Sie, um die er sich bemühte, für allzu Persönliches zu mißbrauchen, wäre ihm wie ein Frevel erschienen.

Hier ist eines seiner Gedichte aus jenen Tagen. Es wurde im April 1946 geschrieben, ein wenig im Rilke-Ton, ein wenig auch mit dem volkstümlichen Klang aus *Des Knaben Wunderhorn*.

DAS LIED VON DER SÜNDERIN MAGDALENA

DAS IST Maria Magdalena, die
weit durch die Lande geht.
Von einer Tür zur andern wandert sie,
den einen suchend, der noch nicht verzieh,
der über allem, allem steht.
Und als sie an die letzte Türe kam,
da sah sie zu IHM auf.
»Was suchst du hier?« Und es ergriff sie Scham.
»Geh du ins Paradies, aus dem ich kam.
Es ist seit gestern mittag auf.«

O LIEBER Meister, bitte, sieh mich an!
Ich lege vor dich hin
die ganze Not, darin ich mich verspann.
Erbarm dich mein! Weil ich's nicht sagen kann,
wie ich im Herzen unrein bin.
»Sag, Magdalena, wie oft kam die Nacht,
wie oft verlorst du dich?«
Ach, Herr, ein falsches Feuer ist entfacht

in mir, und alle Stunden in der Nacht
sind unermesslich, fühle ich.

DIE ERDE, die mich trägt, sie trägt mich schwer.
Schwerer als andre Fraun.
Die Sonne, die mich wärmt, sie muß mich mehr
als andre wärmen. Ach, ich zage sehr.
Darf ich dein grosses Licht je schaun?
»Maria Magdalena, geh hinaus,
geh in die Wüstenei
und bau dir in der Einsamkeit dein Haus!
Dort harre heilig sieben Jahre aus,
bis du mich siehst! Dann bist du frei.«

O SAG MIR, Liebster, worauf liege ich
in meiner Einsamkeit?
»Maria, leg auf Stein und Felsen dich!«
Die lange Zeit der Einsamkeit verstrich.
Langsam verging die lange Zeit.
ER kam zu ihr in ihren kleinen Raum
und sah Maria an.
Sie war verkohlt und wie ein hohler Baum,
ganz ausgebrannt. Erst sah sie IHN noch kaum,
bis sie SEIN Licht zu sehn begann.

☆

O SCHWESTERN, eure arme Lust! Ich bin
bei meinem Herrn. Er nahm auch mich in Kauf
und sprach zu mir, der letzten Dienerin:
»Geh du ins Paradies, das Tor dahin,
es ist seit gestern mittag auf.«

13

Ein trauriges Postskriptum zum glanzvollen George-Kapitel traf in dieser Nachkriegszeit aus Neuseeland ein: Erschüttert lasen Endes und Ori und Johanna einen Brief, den der greise Karl Wolfskehl an die früheren Freunde in München schickte. Der Mann, der einst von Frauen umschwärmt, von Männern mit Geist bewundert und beneidet worden war, der dionysische, hochgebildete, immer aktive Dichter Wolfskehl, der wie der Prophet Moses ausgesehen hatte und die jüdische und die deutsche Kultur in sich vereinigte wie kaum einer – er war aus seinem italienischen Exil bis nach Neuseeland weitergewandert, in der Furcht vor einem kommenden Atomkrieg. Fast erblindet, halb verhungert, siech und einsam, schrieb er nun in beinahe unleserlicher Handschrift von dort nach München, schrieb von seinem brennenden Heimweh nach Europa, nach Deutschland. Sein Wunsch war es, hier zu sterben.

Dieser Wunsch ist ihm nicht erfüllt worden, Wolfskehl sah München nicht wieder. Am 30. Juni 1948 endete sein Leben drüben, in dem exotischen Land.

14

Von dem Klavier, das in Frau Johannas Damenzimmer stand, ist schon die Rede gewesen. Möglich, daß es sogar einen Umzug aus der Anthroposophen-Metropole Dornach mitgemacht hat; denn Johanna lebte, ehe sie die zweite Frau des Richard Ferdinand Schmitz wurde, in den Kreisen um Rudolf Steiners Goetheanum.

Ein Klavier im Haus? Michaels Eltern dachten nach. Zwar konnte der Sohn nicht eine einzige Note lesen – doch warum sollte man die Gelegenheit nicht trotzdem nutzen und ihn in die Anfangsgründe des Pianospiels einweihen lassen? Ein wenig Mozart und Schubert, vielleicht Beethovens *Albumblatt für Elise*; oder sogar ein Nocturne, eine Polonaise von Chopin – gelegentlich regte sich die bürgerliche Herkunft in Lise und Edgar und gab ihnen Träume ein wie diesen. Freilich – viel kosten durfte der Traum, will sagen: der Unterricht nicht. Einen Studenten also als Lehrer – oder eine Studentin? Richtig, da gab es im Kreise der Christengemeinschaft doch dieses nette junge Mädchen, Waltraud, Wiltraud oder so ähnlich, Tochter eines Gymnasialprofessors. Sie wirkte so seriös und nahm außerdem selbst beim Komponisten Fritz Büchtger Klavierstunden. Ob die vielleicht könnte?

Wiltrud hieß sie, und sie kam. Und dann wiederholte sich in Frau Johannas Damensalon eine Szene, die wir schon aus Michaels Partenkirchener Rosenecktagen kennen. Nur daß es diesmal nicht um Latein ging, sondern um Musik; daß die Lehrer-Schüler-Rollen vertauscht waren; und daß es sich um ein anderes Mädchen handelte – um ein ganz anderes. Da machte es auch nichts mehr aus, daß dieses Mädchen um einiges älter war als der Bursche, im Gegenteil. Und wie im Haus Roseneck, so wurde auch in der Leopoldstraße nicht viel aus dem Lernen. Und wer immer in der großen Atelierwohnung auf das Klimpern der Töne gelauscht haben mag – er verhielt sich diskret: Niemand kam ins Zimmer, um sich zu erkundigen, warum die unzulänglichen Klänge des Lehrstücks vom *Fröhlichen Landmann* mehr und mehr erstarben; und warum das, was aus besagtem Raum tönte, mehr und mehr eine beredte Stille war.

Noch heute kann Michael Ende Beethovens *Elise* nicht spielen. Er beherrscht nur den *Fröhlichen Landmann*, und den mit einem Finger. Aber damals, am Klavier, in den ärmlichsten Tagen Deutschlands, begann eine der reichsten Zeiten in seinem Leben, mit einer Fülle schöner Gefühle.

15

Wenn an Michael Endes Wiege Feen mit Geschenken gestanden haben, so muß eine darunter gewesen sein, die ihm eine ganz besondere Begabung brachte: Immer hat Michael die Wirklichkeit durch die Brille seiner Träume gesehen. Dadurch wurde die Realität, in der er lebte, farbiger, vielschichtiger und exklusiver; und seine Phantasie stattete die Menschen, denen er begegnete, mit Wesenszügen aus, die niemand sonst an ihnen wahrnahm, oft nicht einmal sie selber. Die Frauen hat es bezaubert, wenn er in ihnen Minnefräulein, orientalische Prinzessinnen oder – je nach Wunsch – Verruchte mit unbefleckten Herzen sah; und oft wurden sie's, zumindest solange sie mit ihm zusammen waren.

Diese Vorbemerkung ist notwendig, wenn jetzt von Endes erster großer Liebe erzählt werden soll. Denn die Frau, die einmal das Mädchen Wiltrud gewesen ist, wird sich in dieser Geschichte vielleicht nicht wiedererkennen. Aus einem einfachen Grund: Die Wiltrud, die in der Bauerstraße lebte, und die Wiltrud, die Michael durch die Brille seiner Träume sah, waren wohl nicht dieselben. Ihm erschien sie weich und anschmiegsam; sie besaß ein Madonnengesicht und dunkelbraunes Haar und einen zarten, leichten Sopran; und wenn der Jüngling ihr seine Gedichte vorlas, blickte sie aus verschwimmenden Augen zu ihm auf. Das war es, was er suchte, mädchenhaften Liebreiz und Zärtlichkeit und Anschmiegsamkeit; da verband sich zum erstenmal in seinem Leben erotischer Zauber mit sinnlicher Liebe.

Bald galten sie überall als Paar, bei den gemeinsamen Freunden aus der Christengemeinschaft, bei Lise, Edgar und Schmitzens, und auch bei Wiltruds Eltern: Michael durfte in ihrer Wohnung in der Bauerstraße aus- und eingehen. Und den Verliebten störte auch nicht eine gewisse Biederkeit in der Umgebung der Freundin.

Wiltruds Vater, ein zarter, stiller Mann, arbeitete als Mathematikprofessor an einer Mädchenschule. Wiltruds Mutter – weit weniger zart, weit weniger still – lenkte die Geschicke ihrer beiden Töchter und gelegentlich die ihrer Untermieter. Eine anthroposophische Mater familias, die ihr Leben teils aufs Praktische, teils aufs Visionäre ausgerichtet hatte. Wenn sie mehr Geld ausgab, als für ihre Verhältnisse gut war, tat sie es meist für Menschen, die einer ordentlichen Mahlzeit oder eines kleinen Darlehens bedurften.

Die Verliebten sahen sich täglich, da gab es keine Schwierigkeiten, sie waren ja in denselben Kreisen zu Hause. Zum Beispiel sangen sie beide im Chor der Christengemeinschaft.

Den leitete damals der zweiundvierzigjährige Fritz Büchtger, ein Komponist, dem München viel verdankt: Schon vor 1933 und dann bis in den Krieg hinein und danach auch wieder hat er dafür gesorgt, daß moderne Musik aufgeführt wurde – etwa von Hindemith, Strawinsky, Werner Egk –, und vieles davon erklang in München zum erstenmal.

Er komponierte selbst auf avantgardistische Art. »Mystiker der Zwölftonmusik« ist er genannt worden, seiner Marien-Hymnen, der Kirchenjahr-Kantaten und biblischen Oratorien wegen; auch seine Instrumentalwerke stecken voller Meditationen und Symbole. Kein Wunder: Schon früh war Büchtger zum Grübler, schon bald zum Anhänger Rudolf Steiners geworden.

Was ihm bereits in den zwanziger Jahren Freude bereitet hatte, setzte er nun, nach dem Krieg, fort: die Chorarbeit mit Laien. Michael und Wiltrud gehörten zu den begeisterten jungen Leuten, die den Meister regelmäßig zur Probe in seiner Wohnung aufsuchten. Dort übten etwa fünf Mädchen und fünf Burschen unter Büchtgers gestrenger Leitung Bach-Kantaten, auch schöne, alte Lieder wie *Ist ein Schnitter, der heißt Tod* und *Es taget schon vor dem Walde*. Und wenn sie – erst bei Frau Captuller, später sogar öffentlich, im Amerika-Haus – mit dem Komponisten ein Konzert geben durften, wurde ein Fest daraus.

Auch im Jugendkreis der Christengemeinschaft waren Michael und sein Mädchen zu finden. Dort kamen schon mehr junge Menschen zusammen, etwa anderthalb Dutzend.

Der sie, seine Schäfchen, in Empfang nahm, war kein anderer als Gerhard Klein, ehemals erster Ministrant der ersten Menschenweihehandlung der Welt. Der gute Pfarrer zählte nun auch schon über vierzig Jahre, doch er hatte sich sein temperamentvolles, jünglinghaftes Wesen bewahrt. In Klein steckte wohl lebenslang eine Spur vom Wandervogel, dieser Reform- und Jugendbewegung, der er selbst als Halbwüchsiger mit glühendem Herzen angehört hatte. Die Halbwüchsigen des Jugendkreises mochten den Mann, auch wenn er ihnen ein wenig pathetisch und dramatisch vorkam, immer in Bewegung, immer voller Pläne. An den gemeinsamen Abenden beantwortete er in Steiners Geist ihre Fragen nach Gott und der Welt, er redete über Karma und Wiedergeburt und über die Christus-Geheimnisse. Klein war berühmt für seine Schicksalserzählungen und versuchte, seine Schützlinge für anthroposophische Gedichte zu begeistern; er weckte ihre Freude an Sonnwendfeiern, wie sie in seiner eigenen Jugend von den Wandervögeln begangen worden waren. Und weil es für ihn – ungewöhnlich bei einem Priester – nichts Schöneres gab als Theaterspielen (seine Geige vielleicht ausgenommen), studierte er mit den jungen Menschen die Oberuferer Weihnachtsspiele ein: das Paradeis-Spiel, das Christgeburt-Spiel und das Dreikönig-Spiel.

Die Oberuferer Weihnachtsspiele: Rudolf Steiner hat sie – jeder gute Anthroposoph weiß das – einem väterlichen Freund zu verdanken, dem Professor Karl Julius Schröer. Dieser Gelehrte stöberte die alten, frommen Laien-Stücke seinerzeit in West-Ungarn auf und ließ sie in Wien drucken. Später wurden sie immer wieder in der Anthroposophen-Metropole Dornach aufgeführt, und heute kann man sie in der Weihnachtszeit an jeder Waldorfschule sehen.

München, Weihnachten 1945: Pfarrer Kleins Jugendkreis spielt die drei Oberuferer Dialektstücke vor Eltern, Freunden, Anverwandten, es wird ein durchschlagender Erfolg. Michael und Wiltrud sind dabei, Michael spielt den erwachenden Adam, zu dem der Herr im Paradeis-Spiel spricht:

Nu, Adam, fange an z'lebn
Und tritt auf deine füeße ebn.
Sag an, Adam, wia gfållt si dir,
Die neue welt mit ir schmuck und zier?

Sie gefiel ihm, die Welt – dem Adam-Michael. Kein Zweifel, es war eine Lust zu leben, das Leben war schön.

Am allerschönsten war das Leben, wenn die Liebesleute zusammen verreisen konnten. Mit Klein und den anderen ging es manchmal an den Starnberger See. Und Pfingsten 1946 nach Fellbach bei Stuttgart, zur ersten anthroposophischen Nachkriegs-Jugendtagung in Deutschland.

1500 junge Menschen waren gekommen, unter ihnen Michael, Wiltrud und Matthias Nicolai. Die drei zählten in der Fellbacher Festhalle allerdings nicht zum idealen Publikum. Zwar lauschten sie aufmerksam den Vorträgen der Geisteswissenschaftler (zum Beispiel dem von Emil Bock, der die Christengemeinschaft mit aufbaute, 1938 ihr Leiter wurde und nach KZ-Haft und Kriegsende an ihrem Wiederaufbau mitgewirkt hat). Aber schon bei den Diskussionen fiel der junge Ende mit seinen verqueren Fragen unangenehm auf. Ältere Herren mit gefestigter Steiner-Weltanschauung mußten die Stirn runzeln, ältere Damen mit langen Bernsteinketten um den Hals die Köpfe schütteln über diese neue Jugend.

Das Schlimmste kam erst noch. Ganz schlecht benahmen sich die Freunde, als Kunst auf dem Programm stand. Else Klink, die als kleines Mädchen auf Doktor Steiners Schoß gesessen hat – die berühmte Else Klink brachte mit ihren Köngener Damen Eurythmie. Das ist die Bewegungskunst der Anthroposophen und, wenn auch dem Tanz ähnlich, so doch kein richtiger Tanz. Sondern, wie Frau Marie, die zweite Gattin des Meisters, es einmal formulierte: »Eurythmisieren ist ein Singen.« Gesungen wurde auf diese Weise unter anderem Goethes Märchen von der Schlange und der Lilie. Frau Klinks Köngener Damen wallten gemessen in ihren Gazegewändern, dazu kam Sprachgestaltung. Das ist eine getragene Sprechweise, vom Doktor und seiner Gemahlin als Kunstform entwickelt; vor allem Mysteriendramen und Bühnenweihefestspiele, etwa im Kuppelbau des Dornacher Goetheanums, macht diese Sprechweise besonders feierlich.

Später kamen in der Fellbacher Festhalle lustige Verse von Christian Morgenstern dran – zum Beispiel: »Es war einmal ein Lattenzaun mit Zwischenraum, hindurchzuschaun« und die weiteren fünf Verse.

Was die Sprachgestalterin aufsagte, untermalten die Eurythmie-Damen mit Körperbewegungen. Die Freunde bogen sich vor Lachen. Nun ist es zwar erlaubt, ja erwünscht, daß Anthroposophen bei heiteren Morgenstern-Gedichten Fröhlichkeit an den Tag legen – aber doch nicht so unmäßig wie Michael und Matthias. Ernsthafte Tagungsteilnehmer gesetzteren Alters befielen Zweifel: Lachten die beiden wirklich noch über die Späße des Dichters? Oder machten sich diese Kerle etwa über die künstlerischen Darbietungen der Damen aus Köngen lustig?

Beinahe hätte man sie aus dem Saal geworfen.

Ja, es waren herrliche Tage, und als das Paar sich schließlich von Matthias verabschiedete, um nach München zurückzufahren – da versicherte Michael, Stuttgart sei für ihn eine Badewanne voll Liebe und Freundschaft gewesen. Er konnte nicht ahnen, daß dieses selbe Stuttgart eines Tages zu seinem Exil werden sollte – zum Ort seiner Trennung von Wiltrud.

18

Ist oder war der *Momo*-Autor, der Erzähler der *Unendlichen Geschichte* ein Anthroposoph?

Damals lebte er in den Kreisen der Christengemeinschaft, seine Eltern und sein Onkel Helmuth Ende schätzten Steiners Weltanschauung, und auch in Wiltruds Elternhaus hörte er viele Gespräche über die Anthroposophie. Michael selber war Waldorfschüler, und später hat er jahrelang die Bücher und die gedruckten Vortragszyklen des Dornacher Meisters studiert.

Ist Michael Ende also (oder war er) Anthroposoph? Seine Wertschätzung für Rudolf Steiner steht außer Zweifel und ebenso, daß der große Geisteswissenschaftler Endes Weltsicht mitgeprägt hat. Doch geprägt hat er sie nicht allein. Edgars Sohn suchte auch bei anderen Weisen und Esoterikern Erkenntnis, in des legendären Christian Rosenkreutz' *Chymischer Hochzeit* wie in des infernalischen Aleister Crowleys Manifesten, bei Indern und Ägyptern, beim Zen, in der Kabbala, bei Swedenborg, Eliphas Lévi, Sören Kierkegaard, Friedrich Weinreb. Doch er konnte keines Meisters Jünger werden; ins Netz einer geschlossenen Welt- und Jenseitsanschauung eingezwängt, wäre er erstickt.

Für Michael Ende gab es etwas, das ihm wichtiger erschien als das alles.

Es fing schon im Elternhaus an. Dort wurde mit Freunden und Besuchern auch über Anthroposophie gesprochen – doch sie war ein Thema unter anderen. Worüber freilich immer wieder, bis zum Morgengrauen, diskutiert, heißen Herzens gestritten und gerungen wurde – das blieb über die Jahrzehnte hinweg die Kunst: Was sie ist, wie man sie macht, was sie soll, kann, darf.

Und bei diesen Fragen war Rudolf Steiner weder dem Vater, noch dem Sohn Ende ein Helfer. So sehr sie Steiner als Geistesforscher schätzten und achteten – mit seinen Maximen über Kunst konnten sie nichts anfangen; und nichts anfangen konnten sie mit Eurythmie, Sprachgestaltung, der anthroposophischen Malerei, der anthroposophischen Dichtung.

Kunst, meinten sie, wirkliche Kunst komme aus anderen Bereichen. Michael Ende: »*Darin* liegt Steiners großer Irrtum, was Kunst betrifft: Er glaubte, man könne Erkenntnisse künstlerisch gestalten. Das mußte mißlingen, und nicht nur, weil er nicht genügend Talent besaß, sondern vor allem, weil sein Verständnis von dem, was Kunst sein kann und soll, falsch war. Das geht vielen Erkenntnismenschen so.«

19

Wiltrud, die Zeit mit Wiltrud.

Eine seiner schönsten Erinnerungen: Wie sie beide – wo war es doch gleich? im Bayerischen Wald? – in einer leeren Holzhütte vor einem Gewitter Unterschlupf suchten. Wie die halbe Nacht lang um ihr Blockhaus das Wetter tobte, die Blitze zuckten, die Nebel wallten. Und wie sich das Mädchen am nächsten Morgen (weil es in der Hütte kein Wasser gab) das Gesicht mit dem Tau wusch, der auf den Wiesen lag.

Wiltrud, Wiltrud, Jugend, Liebe: Trotz der Trümmer ringsum in der Stadt war das Leben ein herrliches Abenteuer.

20

Ein Abenteuer der schlimmen Art widerfuhr dem jungen Ende in dieser Zeit auch: Er kam ins Gefängnis.

Nach Kriegsende waren Münchens Straßen abends nicht geheuer. Laternen brannten noch nicht wieder, jeder tappte durch die Dunkelheit und wich Gesindel und verdächtigen Gestalten in weitem Bogen aus. Besser, man trug einen Knüppel bei sich, wenn man noch kurz vor der Sperrstunde nach Hause lief. Zu der Zeit brachte Michael die Freundin immer erst in die Bauerstraße, ehe er selbst den Heimweg einschlug.

So auch an einem kalten Winterabend. Er hastete gerade durch die Hohenzollernstraße, auf der Schnee lag – da gellten Hilferufe aus einem Fenster. Im Nu war die ganze Gegend leergefegt von Menschen. Nur Michael blieb stehen, blickte sich suchend um und jagte dann zu dem Gebäude, aus dem die Schreie tönten.

Im Treppenhaus stürzte ihm ein aufgeregter Mann entgegen. Doch statt, wie Michael es erwartete, Beistand von ihm zu erbitten, ging er unter wüsten Beschimpfungen auf den Jungen los. Ein zweiter Mann, vermutlich der Sohn des anderen, tauchte auf, nun schlugen beide wild auf Michael ein und zerrten ihn in eine Wohnung.

Der Angegriffene versuchte sich gegen die Schläge zur Wehr zu setzen. Dabei erkannte er mit einem halben Blick, wohin ihn die Männer verschleppt hatten: Bis hoch hinauf stapelten sich im Zimmer Konserven und Waren, die es damals in keinem Laden zu kaufen gab – Michael war in eine Schwarzhändlerhöhle geraten, zu (wie sich herausstellen sollte) privilegierten Leuten – nämlich Displaced persons mit Sonderstatus.

Sie schlugen ihn, bis Polizeibeamte in der Wohnung standen. Der junge Mann atmete auf und meinte, nun werde das Mißverständnis aufgeklärt. Aber weit gefehlt: Statt dessen schnappten Handschellen über seinen Gelenken zu, rauh wurde er abgeführt, in einen

Streifenwagen geschoben und zum nächsten Polizeirevier transportiert.

Die DPs hatten Michael bezichtigt, aus ihrer Wohnung ein goldenes Feuerzeug gestohlen zu haben.

Es wurde eine wüste Nacht. Halb betäubt verbrachte der Beschuldigte anderthalb Stunden in einer Einzelzelle. Dann führte ihn ein Polizeibeamter – warum eigentlich? – noch einmal durch die Nacht zum »Tatort«. Kaum stand Michael den beiden Männern wieder gegenüber, traf ihn ein harter Schlag am Kopf – bewußtlos ging er in die Knie. Sie haben ihn dann getreten und weiter geschlagen, auch mit Gegenständen, auch mit einem schweren Bergstiefel.

Der Polizist stand tatenlos dabei. Wie sollte man sich als Ordnungsbeamter in diesen verrückten Zeiten verhalten? Was läßt sich schon gegen rabiate Leute ausrichten, die unter dem Schutz der Besatzungsmacht stehen?

Blutig geschlagen, blau geschlagen und mit ramponierten Zähnen fand sich der arme Michael schließlich in der Gefängniszelle eines anderen Polizeireviers wieder. Bis morgens um drei wurde er dort festgehalten, dann schickten sie ihn nach Hause: Der Täter war erwischt worden, als er in einem Nachtlokal das goldene Feuerzeug an den Mann bringen und zu Geld machen wollte.

Der Prozeß fand ein paar Wochen später vor einem Schnellgericht im Polizeipräsidium statt. Die Privilegierten erschienen nicht zum Termin – dann aber doch, mit einer Stunde Verspätung. Der amerikanische Richter trug Uniform, ein Dolmetscher stand ihm zur Seite. Michael kam zu seinem Recht, die Schläger wurden verurteilt. Es ging alles ganz rasch.

So rasch, daß sich Michael, als die Verhandlung abgeschlossen war, unversehens erneut hinter Gittern wiederfand – die Vollstreckungsbeamten hatten aus lauter Gewohnheit angenommen, der Deutsche sei abzuführen. Der junge Mann, eingesperrt zwischen Zuhältern und Ganoven, protestierte lauthals und mit Erfolg.

Die Schläger waren schon auf dem Heimweg, als man sie festnahm. Eine Entschädigung hat Ende nicht bekommen. Entschädigung, Schmerzensgeld: Das waren unbekannte Wörter im Deutschland jener Tage.

21

Ein neuer Freund: Claus, der ältere Bruder eines Schulkameraden. Claus hatte dünne, weizenblonde Haare und trug bunte Ringelsokken. Bunte Ringelsocken signalisierten damals eine Weltanschauung: Wer sie zu tragen pflegte, war flott und wendig und kam mit den Verhältnissen in der Trümmerwelt fabelhaft zurecht – wenn auch nicht gerade nach den Grundsätzen der älteren Generation.

Claus rauchte Camel-Zigaretten und konnte alles besorgen, was man von ihm haben wollte (sofern man dafür bezahlte). Wie und wo der Jüngling mit seinen Schwarzhändlern zusammentraf, blieb unbekannt. Das geschah äußerst diskret, der blonde Bursche war weltgewandt; über plumpe Tauschversuche, wie Edgar einen mit der goldenen Uhr unternommen hatte, konnte Claus nur dünn lächeln.

Doch Endes mochten ihn nicht nur deshalb gern, weil er Notwendiges für die Küche heranschaffte. Claus war ein Intellektueller, ein Ästhet, der in der Literatur nur das gelten ließ, was Gottfried Benn und Ernst Jünger geschrieben hatten. Und Claus erzählte – das machte vor allem Edgar Spaß – Neues aus der großen Welt. Denn der Semmelblonde ging bei Prominenten aus und ein – wieso, erfuhr auch keiner –, er kannte die *Lili-Marleen*-Chansonette Lale Andersen, die noch immer berühmt war, und die Kunstmalerin Bele Bachem, die immer berühmter wurde, und viele andere mit klingendem Namen.

Und auf unnachahmliche Art wußte er über jene Kreise zu plaudern: ein wenig mokant, ein wenig hochnäsig, und ohne je einen Zweifel daran aufkommen zu lassen, daß diese Leute an sein Niveau natürlich nicht heranreichten. Auch wenn er sie hin und wieder mit seiner Gegenwart beehrte.

Im Grunde war Claus ein guter Kerl – und ein guter Freund.

Damals verwirklichte der Rowohlt-Verlag eine prächtige Idee. Von Büchern in hoher Auflage konnten Verleger in diesen Notzeiten nur träumen. Da erschienen über Nacht bei Rowohlt die herrlichsten Romane – jeweils in Form eines großen Hefts, auf Zeitungspapier, 30 Seiten Umfang, drei Druckspalten pro Druckseite. Auflage:

100 000. Preis: 50 Pfennige. Name: rororo, und das bedeutete »Rowohlts Rotations-Romane«.

Die Freunde rannten zum Kiosk. Es gab *In einem andern Land* von diesem sagenhaften Hemingway. Es gab Übersetzungen aus dem Französischen. Und schließlich gab es *Schloß Gripsholm* von Kurt Tucholsky.

Michael, Matthias und der Benn-Experte Claus redeten auf einmal in Tucholskys Sprache miteinander. Sie träumten vom Bohème-Leben im Stil Daddys und Lottchens, der Hauptpersonen im Roman. Eine Wohnung mit drei Zimmern müßte man dazu haben; und jeder – Michael, Claus, Matthias – könnte nach Herzenslust Mädchenbesuch bekommen, den Besuch aller Mädchen dieser Erde.

Eine eigene Wohnung, gleich eine ganze Wohnung: damals eine absurde Idee. Und gesetzt den Fall, sie hätten eine gefunden (und auch bezahlen können): Kein Hausbesitzer durfte zu der Zeit zulassen, woran sie mit glänzenden Augen dachten. Er wäre – wegen Verstoßes gegen den Kuppelei-Paragraphen – ganz schnell hinter Gitter gekommen.

22

Eines Tages klingelte es an der Wohnungstür, und davor stand ein kleiner Kerl in einem riesigen Militärmantel, der bis zu den Füßen reichte. »Ich bin Johannes Schmitz«, sagte der kleine Kerl – und damit war der Sohn des Hauses, blauäugig wie Hans Albers, aus dem Krieg heimgekehrt.

Während er in der Küche ausgehungert Johannas Essen in sich hineinschaufelte, erzählte er strahlend den Eltern (und Lise, Edgar und Michael), wie er dem Tod ein Schnippchen geschlagen hatte.

Er war als deutscher Soldat in Paris stationiert, als bekannt wurde, die Amerikaner seien in der Normandie gelandet. Da beschloß Johannes, der Krieg sei für ihn zu Ende; er hatte Heimweh, er wollte nach Hause. Der kleine Kerl stahl einen leeren Heereslastwagen, setzte sich ohne Papiere ans Steuer und brauste davon. In Straßburg endete die abenteuerliche Reise, der Deserteur wurde von der Feldgendarmerie festgenommen und von einem Standgericht zum Tode verurteilt; tags darauf wollte man ihn aufknüpfen.

Der Blauäugige jammerte nicht, verzweifelte nicht – er dachte nach und handelte.

Ein Wachsoldat hörte sein Rufen, betrat die Zelle und fand das Verdunkelungspapier vor dem Fenster in heilloser Unordnung. Jemand müsse das reparieren, meinte der Todeskandidat scheinheilig – aber *er* sei dafür zu klein, er reiche da nicht hinauf. Der Wachthabende stellte sich in sturem Pflichteifer einen Schemel vors Fenster; und als er oben war, war sein Häftling schon draußen.

Johannes warf die Zellentür hinter sich zu, rannte in die Wachtstube und holte sich Käppi und Koppel; und vergaß auch nicht, vorschriftsmäßig zu grüßen, als er an den anderen Soldaten vorbei aus dem Gebäude spazierte.

Ein französischer Pfarrer hatte ihn dann versteckt, bis zur Kapitulation der Deutschen. Und nach einer kurzen Zeit im Kriegsgefangenenlager war Johannes nun also, bitte sehr, endlich wieder zu Hause.

Er habe da auch schon einige Pläne . . .

23

Ein einziger Mensch auf der Welt konnte Richard Ferdinand Schmitz die Ruhe rauben: sein Adoptivsohn Johannes. Vorbei die Zeiten, in denen sich Ori wohlig seinem Mittagsschlaf hingab; jetzt fuhr er ständig nervös, mit einem letzten, wehen Schnarchlaut vom venezianischen Lotterbett hoch, um argwöhnisch in die Wohnung hinauszulauschen: Was hatte der Kerl denn nun wieder angestellt, welche neue Katastrophe kam da auf den armen Kunstmaler zu?

Denn Johannes war eine wunderliche Natur und das Leben mit ihm sehr aufreibend. Das sah man dem kleinen Kerl gar nicht an: Obwohl drei oder vier Jahre älter als Michael, besaß er das unerfahrene Gesicht eines Knaben – und die Naivität auch. Ein unruhiger Geist war er, ständig schwirrte sein Kopf von den verrücktesten Projekten. Er konstruierte, organisierte, ließ sich in aller Unschuld auf zwielichtige Geschäfte ein, er tauschte, handelte und stand immer knapp vor dem allergrößten, allereinträglichsten Coup. Wurde es damit wieder nichts, konnte ihm das kaum die Laune verderben, der Unermüdliche bastelte bereits am nächsten Plan. Aber seine Eltern befürchteten bei jedem Klingelzeichen an der Tür, Scharen von Polizisten könnten in die Wohnung drängen, um mit Johannes nun mal aufzuräumen.

Damit ist das pfiffige Kerlchen noch nicht beschrieben, es fehlt noch etwas. Bei aller Unrast, aller Geschäftigkeit war Johannes nicht ganz von dieser Welt, und wer in sein glattes Gesicht sah, konnte mit ihm nicht wie mit einem anderen Menschen reden. Um diesen hier war allerlei Unsichtbares, und nicht von ungefähr spielte in seinem Leben immer wieder der Tod eine Rolle: Der Sensenmann lugte ständig über die Schulter dieses närrischen jungen Mannes.

Zunächst stürzte sich der närrische junge Mann in einen Handel, über den alle entsetzt waren. Der schöne, lange Militärmantel! Was hätte man alles aus ihm schneidern, was hätte man gegen ihn eintauschen können! Johannes tauschte auch, er gab ihn gegen eine Badehose her und freute sich über sein gelungenes Geschäft. Mit dem Schwarzhandel müsse man sich näher befassen, meinte er anerkennend, da sei viel herauszuholen. Der nette Mensch, der ihm die Badehose für den Mantel ließ, habe ihm das versichert.

24

Der zweite Nachkriegswinter brachte schreckliche Kälte. Der Frost suchte Bayern in Wellen heim, manchmal sanken die Temperaturen auf minus 25, minus 26 Grad. Wer keine Kohlen stehlen konnte, versuchte wenigstens, an Kohlenstaub heranzukommen; und Münchens Trümmer wurden immer wieder von frierenden Menschen nach Holz und Balken durchwühlt. Damals erstarb das aufblühende Kunstleben; die Straßenbahnen, die Theater blieben ungeheizt und die unterernährten Schauspieler und Musiker zu Hause. Sie hatten keine Kräfte mehr, sich gegen die Erkältungskrankheiten zu wehren.

Es gab eine Holzzuteilung. Bürokratisch genau wurde vorgeschrieben, wer sich wo Holz schlagen durfte. Michael erinnert sich an einen Waldhang außerhalb Münchens: Unten standen tiefvermummt Lise, Johanna und der alte Ori, oben hackten Edgar, Michael und Johannes mit dem Beil herum. Immerhin waren es dann richtige Baumstämme, die sie über den verschneiten Hang zu Ori und den Frauen hinunterrollten.

Die Stämme wurden im Keller zersägt und zerhackt, und Johannes hatte eine Idee. Er zeichnete, konstruierte und bastelte, bis eine Vorrichtung zustande kam, mit der man das Holz in den vierten Stock hieven konnte. Sie wurde zum Fenster hinaus montiert, und über Rollen kam dann am Seil der Korb mit den Holzscheiten hoch. Ori murrte. Bis alles aufgebaut und zum Heraufziehen bereit sei, wäre auch noch der letzte Rest Wärme aus der Stube zum offenen Fenster hinaus entwichen, schimpfte er. Und die Kraft, mit der man am Seil ziehen müsse, sei ja wohl nicht geringer, als wenn man seinen Holzkorb wie jeder ordentliche Mensch die vier Treppen heraufträge, und das gehe ja auch viel schneller.

Womit der Ori gar nicht so unrecht hatte.

25

Alle freuten sich auf den Fasching. Alfred Hüni, Sohn der Opernsängerin Felicie Hüni-Mihacsek, hatte zum Kostümfest ins Haus seiner Mutter nach Solln eingeladen. Die Vorbereitungen waren in vollem Gange, Lise nähte schon für Michael aus einem Wandbehang ein Gauklerkostüm.

Was das sei – Fasching? wollte Johannes wissen, er hatte noch nie ein Faschingsfest erlebt. Michael erklärte es ihm und erwähnte, daß man dabei Konfetti verstreue.

Das hätte er besser nicht verraten.

Stundenlang dröhnte aus Johannes' Zimmer das dumpfe, hämmernde Geräusch eines Bürolochers – bis der Blauäugige ein ganzes Säckchen mit Konfetti füllen konnte. Nein, meinte Michael, Konfetti dürfe nicht weiß sein, Konfetti sei immer bunt. Kein Problem für Johannes: Er nahm Aquarellfarben und malte sein Konfetti an, und als die Pünktchen vor Nässe trieften, schob er sie in einer Bratreine in den Gasbackofen. Die Bratreine klebte ein wenig vom Fett.

Bald waren die Konfettipünktchen trocken, nur daß die Hitze sie nun zu unschönen Röllchen verformt hatte; und außerdem rochen sie komisch – nach ranziger Margarine. Macht nichts, sagte Johannes und stopfte sie in das Säckchen. Dann bastelte er ein Papst-Kostüm mit Tiara und besorgte sich einen halben Liter reinen Alkohol; den mischte er mit Trockenei zum Eierlikör und goß ihn in seine Feldflasche – fertig, er war gerüstet zum Fest.

Denn Johannes war auch nach Solln eingeladen. Freilich ohne den, der ständig um ihn herumstrich, den Knochenmann mit der Sense. Der kam ungebeten mit.

26

Das Fest wäre beinahe noch abgesagt worden, Frau Mihacsek hatte eine Herzattacke erlitten. Aber dann hieß es doch, man solle kommen, und am Spätnachmittag fuhren sie mit der Straßenbahn nach Solln hinaus: Michael und Wiltrud, Matthias, Claus und Johannes. Die Parterreräume der Villa prangten in bescheidenem Faschingsschmuck – wo sollte man zu der Zeit üppige Dekorationen hernehmen? Nach und nach trafen auch die anderen jungen Leute ein, maskiert und kostümiert. Manche brachten Alkoholisches mit, nicht recht geheueres, selbstgemixtes Zeug, und eine Zimmerecke wurde zur Bar erklärt. Ein Grammophon dudelte – Lale Andersen sang Seemannslieder, Lucienne Boyer *Parlez moi d'amour*. Auch ein paar Aufnahmen von Glenn Miller und Louis Armstrong hatte jemand mitgebracht. Johannes streute seine übelriechenden Konfettiröllchen aufs Parkett, aber nicht viele; er war zu sehr mit seinem Eierlikör beschäftigt.

Faschingsstimmung wollte nicht aufkommen, die Maskierten saßen herum und flüsterten. Bei ihrer Ankunft war ihnen ein junger Arzt entgegengetreten: »Bitte nicht zu laut!« hatte er gebeten und vielsagend zum oberen Stock hinaufgedeutet: Dort lag die Sängerin im Krankenzimmer, ihr Zustand hatte sich wieder verschlechtert. Da hörten die Mädchen und Burschen auf zu lachen, jeder spürte die wandernden Schatten im Haus.

Johannes benahm sich seltsam, der kleine Papst kroch mit schiefer Tiara auf allen vieren herum. Den ganzen Tag hatten den Jungen Zahnschmerzen gequält, die er mit Tabletten bekämpfte – hier eine, da eine, bis das Röhrchen leer war. Aber der Schmerz ließ nicht nach. Jetzt versuchte Johannes ihn mit selbstgebrautem Eierlikör zu betäuben, da konnte er freilich nicht mehr gerade auf seinen Füßen stehen.

Irgendwann kam das Fest doch in Schwung, und die Gefahr im Oberstock geriet in Vergessenheit. Sie tanzten, und weil nun so laut gelacht wurde und alle durcheinanderschrien, drehte einer das Grammophon auf, bis es brüllte. Auch der junge Arzt tanzte und lachte, wenn er nicht gerade nach oben gehen und nach seiner Patientin sehen mußte. Er lachte sehr laut.

Dann war auf einmal Johannes verschwunden. Michael entdeckte ihn zusammengebrochen im Toilettenraum. Das junge Arzt lachte nicht mehr. Er hatte dem betrunkenen, mit Tabletten vollgepumpten Unglücksraben eine Dosis Morphium gespritzt, der Zahnschmerzen wegen.

Der Sensenmann grinste. Michael schrie den jungen Arzt an. Dann rannte er los und suchte im nächtlichen Solln nach einem vertrauenswürdigen Doktor. Mit einem alten Herrn, der eine schwarze Tasche bei sich trug, kam er wieder angehastet; die beiden drängten sich durch die wild tanzenden Masken in den Nebenraum, in dem der blauäugige Papst mit Kollaps lag. Louis Armstrongs Trompete gellte aus dem Wohnzimmer hinter ihnen her.

Der alte Arzt fand in der Villa noch mehr Arbeit: Alfreds Mutter kämpfte mit einem neuen Herzanfall. Da rannte der Mediziner mit der schwarzen Tasche zwischen der Patientin im Oberstock und dem bewußtlosem Johannes im Parterre hin und her.

Er schrieb ein Rezept aus und reichte es Michael: Wenn der da am Leben bleiben solle, müsse unverzüglich diese Medizin besorgt werden. Taxis gab es damals nur für Leute mit Sonderstatus, also nahmen Michael und Matthias eine der letzten, späten Straßenbahnen, um die Nacht-Apotheke zu erreichen. Sie standen auf der kalten, zugigen Plattform des Anhängerwagens und beratschlagten halblaut: Wie bringt man Eltern bei, daß ihr Junge soeben gestorben ist? Welche Worte mußten sie wählen, um Johannes und Ori klarzumachen, daß ihr Johannes nie mehr zurückkehren würde von diesem Faschingsfest?

Sie brachten dem Arzt das Medikament, und der Doktor spritzte dem Bewußtlosen das Gegenmittel ein. Johannes kam zu sich. Befriedigt erklärte der alte Mediziner: Nur einschlafen dürfe der Kerl jetzt nicht, sonst sei er für immer hinüber. Dann zeigte der Mann den beiden Freunden, wie sie den Patienten wachhalten mußten: durch ständige leichte, aber fühlbare Ohrfeigen. Es begeisterte, wie das funktionierte.

Als der Morgen fahl durch die Fenstergardinen hereindrang, war Johannes über dem Berg; und von Frau Mihacsek hörte man, sie schlummere nun friedlich. Michael und Matthias schlichen müde durch das Wohnzimmer zur Bar, um sich etwas Aufmunterndes einzuschenken.

Plötzlich ertönte hinter ihnen lautes Schreien. Sie drehten sich um und sahen Alfred Hüni über eine Gestalt am Boden geworfen, verzweifelt rüttelte er den reglosen Körper.

Es war Alfreds Großmutter. Die alte Dame hatte sich zum Parkett niedergebeugt, um mit einem Tischbesen Johannes' Konfettiröllchen zusammenzufegen. Dabei hatte der Schlag sie getroffen. Sie war tot.

27

An Erschütterungen fehlte es dem jungen Ende in dieser Zeit nicht. Er zählte jetzt sechzehn Jahre und hatte sich mit einer Welt auseinanderzusetzen, die aus den Fugen war.

Eine der bittersten, grauenhaftesten Verstörungen überfiel ihn, als er vom Schicksal der jüdischen Menschen im Dritten Reich erfuhr; als ruchbar wurde, wie die Gefangenen in den deutschen Konzentrationslagern leiden mußten, wie die Menschenwürde von den Henkern erniedrigt, das Leben mit Füßen getreten worden war. Michael sah im Kino, in den Wochenschauen die Schreckensbilder, er sah sie in den Zeitschriften und fühlte sich dann tagelang krank vor Mitleid und Wut und konnte nichts anderes denken.

Ein kalter Mai-Abend 1946: Hans Rosbaud führt mit seinen Münchner Philharmonikern Beethovens *Neunte* auf, die Sopranpartie singt Felicie Hüni-Mihacsek. Das Konzert findet in der zerstörten Aula der Universität statt, man muß waghalsig über Bretter balancieren, über Schutthalden, Mauerbrocken, durch Wasserpfützen. Das Dach ist zerstört, die Musiker frieren im Frack, die Zuhörer drängen sich dicht aneinander, Michael ist unter ihnen. Das große Werk erschüttert. Und als im Finale Chor und Solisten den Hymnus *Freude, schöner Götterfunken* hinausjubeln, hinaufjubeln in den Abendhimmel – da reißt es die Zuhörer hin. Halb ohnmächtig, sagt Michael, sei er danach auf die Straße getaumelt: »Ich glaube, es war mein größtes Musikerlebnis!«

Eine andere Erschütterung ergriff ihn, als er im winterkalten Brunnenhof-Theater ein Schauspiel kennenlernte, das von den Münchnern teils begeistert gefeiert, teils mit Kopfschütteln und Unverständnis aufgenommen wurde: *Wir sind noch einmal davongekommen.* Der amerikanische Dichter Thornton Wilder hat es geschrieben; auf der Bühne standen Heidemarie Hatheyer, Luise Ullrich, Otto Wernicke.

In sehr moderner Form lief da ein Mysterienspiel zwischen Skepsis und Gläubigkeit ab, das die Sünden der Menschheit aufzeigt; dargestellt wurde, wie »Mr. Antrobus« nach allen Weltkatastrophen doch immer wieder in eine neue Zukunft aufbricht, und jetzt vielleicht in die Zukunft des Atomkriegs.

»Ich habe mit den Zähnen geklappert«, berichtet Michael Ende.

28

Eines Tages tritt unangemeldet Wiltruds Mutter bei Michael ein. Sie bringt ein kleines Geschenk mit, ein grünes Keramikväschen, und eröffnet dem Jungen, zwischen ihm und Wiltrud müsse alles zu Ende sein, Wiltrud werde heiraten. Der Bewerber ist ein Untermieter der Professorengattin, ein netter, höflicher Mensch, Student noch, aber mit glänzenden Berufsaussichten. Das Jawort der Eltern hat er bereits.

Daß er auch Wiltruds Jawort schon hat, wird Michael klar, als er das Mädchen wiedersieht. Es trifft ihn wie ein Keulenschlag. Er verkriecht sich ins Bett und steht tagelang nicht mehr auf, er will nicht mehr leben.

Claus besuchte ihn. Nicht mehr leben? Einer Liebesgeschichte wegen? Wirklich? Claus verschwand und kehrte mit einer Injektionsspritze und ein paar Giftampullen zurück: Hier, los, bring dich um, wenn du es wirklich willst.

Die Roßkur des Freundes wirkte, Michael ging wieder unter Menschen. Er sah auch Wiltrud wieder. Ein harter Schnitt zwischen ihnen, vom einen Tag zum anderen, war ja nicht möglich: Sie sangen beide in Büchtgers Chor, trafen sich in Pfarrer Kleins Jugendkreis; ja, als es auf Weihnachten zuging, probten sie sogar gemeinsam wieder die Oberuferer Spiele, er als Joseph, Wiltrud als Maria. Nicht zu ertragen, wenn sie, die Untreue, im Christgeburt-Spiel singt:

Ach Joseph mein!
Wie mag die wölt so untreu sein.

Alles war unbegreiflich. Michael bedrängte Wiltrud, er wollte das Mädchen nicht lassen, holte sich immer neue Abfuhren. Sie quälten sich.

Die Lösung wurde dann von Wiltruds Mutter gefunden. Sie wußte praktische Lebenshilfe und den Dienst an der Anthroposophie wieder einmal auf das sinnigste zu vereinen.

Weil es in München noch keine Steiner-Schule gab, lebte Wiltruds jüngere Schwester in Stuttgart und besuchte die dortige Waldorfschule. Wenn sich Michael – so die Professorenfrau –, wenn er sich entschließen könne, dasselbe zu tun, werde sie ihm das Schulgeld bezahlen.

In den Annalen der Stuttgarter Waldorfschule steht das Datum: Michael Ende ist am Dienstag, den 15. April 1947 eingetreten, eine Woche nach Ostern.

Sechstes Kapitel

Wie er die Waldorfschule besuchte, und was er sonst noch in Stuttgart trieb

(Stuttgart 1947–1948)

Don Juan und Odysseus – Begegnung mit einem Gnomen – Ein Existentialist in der Waldorfschule – Theaterfieber – Eurydice, Dantons Tod und die schöne Garance – Maden im Schinken – Eine Schlüsselübergabe – Das Biedermeiersofa kracht zusammen – Gerüchte um Vera – Sagt's Mutter, 's ist Uwe! – Orphée – Der Film, der nie gedreht wurde – Besuche bei der Prominenz – Das wüste Lied der großen Babylon – Eifersuchtsanfall – Der Gaukler – Währungsreform und Rosinenbomber – Das Spiel ist aus

1

WIE SAH ES IN DEM JUNGEN MANN AUS, der im Frühjahr 1947 in Stuttgart eintraf, sich im Westen der Stadt, in der Klopstockstraße, ein Zimmer mietete und Tag für Tag zur Waldorfschule zog?

Der unbeschwerte, sonnige Kerl war Michael nun nicht mehr. Wiltruds Untreue, das jähe Erwachen aus der Zeit der schönen Gefühle hatten ihn verändert und tief verwundet zurückgelassen; das Urvertrauen, das er den Menschen entgegengebracht hatte, war herber Enttäuschung gewichen. Gefühle konnten also verraten werden, Liebe konnte unehrlich sein; und das geschah nicht nur den andern, sondern auch einem Michael Ende.

Was aber das Schlimmste war: Er entdeckte, daß er selber Menschen ganz leicht täuschen konnte, wenn er nur wollte. Vor allem Frauen, Mädchen.

Da gab es weiterhin genug, die ihm gerne ganz nahe waren, und es fiel ihm nicht schwer, sie zu erobern. Doch Liebe, Bindung, die Hingabe, die sie sich von ihm erträumten? Michael hatte erlebt, wohin das führt, er fühlte brennend, wie es schmerzt, wenn Liebe zu Ende geht und Treue zurückgewiesen wird. Dem mochte er sich nicht mehr ungeschützten Herzens aussetzen, nein, er war nicht mehr bereit, sich hinzugeben; er suchte keine Partnerin mehr, der er sich öffnen und ehrlich erschließen konnte. Wenigstens jetzt nicht, wenigstens so lange nicht, bis die Wunde vernarbt war. Doch auf Zweisamkeit, weibliche Zärtlichkeit konnte er nun auch nicht mehr verzichten.

So geschah, was 1947 bei einem minderjährigen Schüler durchaus nicht als üblich, sondern als Skandal galt, der ganze Lehrerkollegien erschüttern konnte: Michael hatte Affären. Er hatte nicht eine, er hatte immerfort kurze Zweisamkeiten, wechselte die Partnerinnen schnell und ließ sie verletzt (und manchmal verzweifelt) zurück. Das war die eine Seite des jungen Ende: der Don Juan mit dem zynischen Lächeln, der Verliebte für eine Nacht. Um seine andere wußten nur seine engsten Vertrauten: um den inmitten der Freunde und des Trubels Einsamen, den an den Mast gefesselten Odysseus, der heiß dem Gesang ferner Sirenen lauscht, den Gequälten, den es umhertrieb, ohne daß er sein Ziel erkennen konnte.

Was meinte der Sirenengesang? Gewiß, die Kunst war es, die dem Sohn eines Künstlers alles bedeutete. Doch wie sollte er hinfinden zu diesem Reich, wie dort ein König werden? Michael fühlte sich viel zu sehr in sich selber gefangen, viel zu unsicher auf der langen Suche nach sich selbst und seinen Fähigkeiten. Talente, künstlerische Talente? Er besaß viele, aber keines reichte aus. Oder doch? Aber welches? Malen, Bühnenbildnerei, Theaterspielen? Schreiben? Wo lag es denn nun, das immerwährende, nicht nachlassende Geschick, zu gestalten?

Damals lernte Michael die großen Traurigkeiten kennen.

2

Die Vermieterin in der Klopstockstraße war eine schwäbische Hausfrau von der gründlichen Art. Wer bei ihr wohnte, durfte nur in Filzpantoffeln oder auf Strümpfen durch den Flur laufen, damit er auf dem gebohnerten Stragulaboden keine unschönen Abdrücke hinterließ. In Michaels engem Zimmer standen – wie sich das gehört – Tisch, Bett und Schrank von solidester, gediegenster Qualität.

Den Nachttisch schmückte die zierliche Alabastergruppe *Amor und Psyche*, die Wand ein Holzintarsienbild mit dem Titel *Segelschiff auf dem Bodensee.*

»Hier bitte nichts zu verändern!« hatte die Hausfrau beim Einzug gesagt, und es klang wie eine Polizeiverordnung.

Michael veränderte nichts. Aber eines Morgens, als er aufwachte, waren *Amor und Psyche* und das *Segelschiff auf dem Bodensee* verschwunden. Nachdem der Untermieter genug mit den Augen geblinzelt hatte, klärte sich der Spuk auf, und beides fand sich wieder: In der Nacht hatte der schlafwandelnde Michael das Holzintarsienbild mit der Sichtseite an die Wand gelehnt, die Alabasterputten unters Bett geschoben – das Unbewußte des Malersohns revoltierte gegen die Kunstauffassung der schwäbischen Hausfrau.

Er zahlte sechzig Mark Miete, und das war viel für einen Schüler, der von zu Hause ganze zweihundert Mark Monatssalär bezog. Und wenn er mal nicht widerstehen konnte und sich für hundert Mark eine Schachtel Zigaretten besorgte, war er für den Rest des Monats zu Weinbergschnecken und Molkewurst verurteilt; die gab es billig (und außerdem markenfrei).

In diesen Tagen und ausgerechnet in dieser gutbürgerlichen Wohnung ist Michael zum erstenmal ein Gnom begegnet.

Es war in einer der Vollmondnächte, die der Jüngling so schwer ertrug. Er mühte sich ums Einschlafen, hörte die unruhige Luft von Wisperstimmchen erfüllt – bis einer ganz nahe und vernehmlich zu ihm sagte: »Du wirst heute nacht nicht schlafen!« Und plötzlich sah Michael im Licht des Vollmonds den Gnom sitzen, ein merkwürdiges Kerlchen von der Größe eines sechsjährigen Kindes, mit lemurenartigem, verrunzeltem, zitronengelbem Gesicht; und seine Äugelchen funkelten wie Sterne.

Nicht weniger erstaunlich als die Erscheinung war die Bekleidung des Elementarwesens: Der Zwerg trug so etwas wie eine alte Admiralsuniform mit dem dazugehörigen Lord-Nelson-Hut; und etwas wie Epauletten glitzerte im fahlen Mondlicht auf seinen Schultern.

Michael setzte sich langsam auf, die Blicke der beiden kreuzten

sich, sie sahen sich an; und immer neu wiederholte der Gnom mit
boshafter Freude seinen Satz: »Du wirst heute nacht nicht schlafen –
du wirst heute nacht nicht schlafen – du wirst –«
Da knipste der junge Mann die Nachttischlampe an.
Der Stuhl, auf dem der Zwerg im Mondlicht gesessen hatte, war im
gleichen Augenblick leer.

3

Amor und Psyche, Intarsienbild, Stragulaboden hin und her –
Michael mußte froh sein, in Stuttgart überhaupt ein Quartier gefunden zu haben. Denn die Stadt war vom Krieg nicht weniger gebeutelt
als München, in Stuttgart herrschte nicht weniger Hunger; auch hier
schlugen sie sich mit dem Flüchtlingsproblem und der Wohnungsnot herum, auch hier ragten überall Ruinen in den Himmel.
Schier ein einziges Trümmerfeld, von Unkraut überwuchert, bildeten beispielsweise die einstigen Häuserzeilen zwischen dem Hauptbahnhof und dem Hölderlinplatz.
Am Hölderlinplatz stieg Michael morgens in die Straßenbahn, um
zu seiner Schule in der Haußmannstraße zu fahren. Es war noch
dasselbe Gebäude, in dem Rudolf Steiner aus- und eingegangen war,
als er hier 1919 mit einer Handvoll Getreuer die allererste Waldorfschule ins Leben gerufen hatte; eine altmodische, gemütliche Burg
aus Ziegelsteinen mit Fachwerk, überragt von dem runden Türm-
chen, das keiner, der hier gelernt hat, in seinem Leben je vergaß.
Vom Kommerzienrat Emil Molt war das Gebäude für den Schulbe-
trieb zur Verfügung gestellt worden; dieser schwäbische Zigaretten-
fabrikant und sozial denkende Mann wollte für die Kinder seiner
Arbeiter eine Schule mit moderner Pädagogik – und das hieß für
ihn: eine Schule der freien geistigen Entfaltung, wie sie dem von ihm
verehrten Rudolf Steiner vorschwebte.
Ein paar Lehrer aus dem Kollegium jener Tage hatten sich in die
neue Zeit hinübergerettet: vom musikbegeisterten Doktor
Schwebsch zum Beispiel, dem die Haare wie ein Strahlenkranz ums
Haupt standen, bekam Michael Kunstunterricht. Und unter der

Anleitung des berühmten Mathematikus Ernst Bindel kämpfte der Junge mit Geometrie und Algebra.

Hier, in der Schulbaracke neben dem Türmchengebäude, wehte ein anderer Geist als in den Bildungsstätten, in denen sich Michael bisher herumgequält hatte. Das wurde dem neuen Waldorf-Eleven bei der ersten Klassenarbeit klar: Weil ihm mal wieder keine Erleuchtung kam, gedachte er ein wenig zu spicken und wandte sich zu diesem Zweck flüsternd an den neben ihm sitzenden Schüler. Der aber – er hieß ebenfalls Michael –, Michael II also begann zum Entsetzen von Michael I ungeniert, ihm lauthals die Lösung der Mathematikaufgabe zu erklären. Und Herr Bindel hörte es und blickte wohlwollend zu den beiden herüber; denn es gehört zu den Grundsätzen der Steiner-Pädagogik, daß der bessere Waldorfschüler dem schlechteren helfen soll.

Auf dem Stundenplan standen neben den üblichen Schulfächern andere, ungewöhnliche. Sie gefielen dem jungen Ende wenig. Beim Stricken und Häkeln wollte sich denn auch kein rechter Erfolg einstellen: Ein ganzes Schuljahr lang arbeitete Michael an einem Topflappen, der zum Schluß aber keineswegs rechteckig und auch nicht mehr weiß war. Weil Eurythmie den Burschen langweilte, sah er den anderen herumlungernd zu: Niemand kam, ihn zu tadeln oder zum Mittun zu zwingen. Und wenn es ans Plastizieren ging, wich der passive Unmut aufsässiger Tätigkeit: Die Themen und Vorbilder der Anthroposophen kamen für Michael nicht in Frage, er würzte sich die Stunden, indem er kleine, betrunkene Mönche modellierte. Und beim eleganten Deutschlehrer Dr. Tautz wurde er dann renitent: Conrad Ferdinand Meyer? Warum denn diese verstaubten Gedichte vom alten Meyer? Jean-Paul Sartre, Simone de Beauvoir, Albert Camus – solche Autoren packten junge Menschen von 1947, im Schulunterricht mußte Existentialismus her! Lehrer Tautz besaß soviel Einsicht, darüber mit dem unbotmäßigen Schüler zu diskutieren.

Gewiß, es lernte sich angenehmer in der Waldorfschule als irgendwo anders, Michael hatte ja seine Vergleichsmöglichkeiten aus vielen Jahren der Lehrerfron. Aber darum ging es nicht. Er war nun achtzehn Jahre alt, seine Mitschüler und Mitschülerinnen erschienen ihm als Kinder – er fühlte sich zu erwachsen für die Schule und ihren Betrieb.

Da war es ein Glück, daß Matthias Nicolai ganz in der Nähe der Klopstockstraße wohnte, beim Hölderlinplatz. Die Freunde sahen sich täglich, sie verbrachten jede freie Minute zusammen. Und es war ein Glück, daß Matthias – als die beiden aufs Theaterspielen verfielen – die Idee kam, man könne vielleicht in der amerikanischen Bibliothek proben.

So fanden Michael und Matthias einen großen Freundeskreis und eine Menge Mädchen.

4

Nicolai besuchte nicht die Waldorfschule, sondern das Eberhard-Ludwig-Gymnasium. Zweimal täglich fuhr ihn seine Straßenbahn durch die Neckarstraße, zweimal täglich sah er dort, an einem unzerstörten Gebäude, das Schild »American Library«. Man wußte, was das war: ein Informationszentrum, das die Besatzer zur Umerziehung der Deutschen eingerichtet hatten.

Library: eine Bibliothek also, Säle voller Bücher also. Wo gab es das sonst in der Trümmerstadt Stuttgart? Wo kriegte man Neuerscheinungen her? Die wenigen Exemplare, die in die Buchhandlungen kamen, waren Stunden später schon verkauft, da fragte ein Gymnasiast meistens zu spät an. Aber die Welt steckte noch voller herrlicher Bücher, jenseits der Grenzen des vom Krieg zerstörten Landes brachte sie immer wieder Tausende hervor, moderne Romane, neue Biografien und Sachbücher. Man mußte ihrer nur habhaft werden.

Irgendwann überwand Matthias seine Schwellenangst vor der amerikanischen Bibliothek, die Scheu vor dem Anblick amerikanischer Soldatenuniformen. Er sprang in der Neckarstraße aus seiner Tram, öffnete zögernd die Tür zur Welt der wohlgenährten, kaugummikauenden Besatzer – und stand überwältigt in einem Schlaraffenland für Lesehungrige.

Regale in langen Reihen, und in den Regalen Hunderte, Aberhunderte von Büchern mit bunten Einbänden, nach Sachgebieten geordnet: Philosophy, Politics, Science. Und da: Novels – Romane! Matthias buchstabierte Autorennamen, von denen er noch nie etwas gehört hatte: John Dos Passos, William Faulkner, Somerset Maugham, John Steinbeck. Und er buchstabierte Romantitel: *Manhattan Transfer, Light in August, The Razor's Edge, Of Mice and Men*. Ein Jammer: alles in englischer Sprache. Und wer konnte schon Englisch lesen, der ein ganzes Gymnasiastenleben lang Latein und Altgriechisch gebüffelt hatte, die Besatzersprache aber erst so ein bißchen seit Kriegsende?

Aber Matthias stand eine weitere Überraschung bevor. Auf einmal fiel sein Blick auf ein anderes Büchergestell – sein Herzschlag stockte, er las deutsche Titel und erkannte Autorennamen, die ihm aus dem Bücherschrank daheim wohlbekannt waren: Thomas Mann, Oskar Maria Graf, Franz Werfel. Es war nicht zu fassen: In der American Library gab es die jüngsten Werke großer deutscher Emigranten in der Originalsprache, gedruckt in Stockholm und anderswo! Und wenn Matthias nur wollte, konnte er einfach zum Desk gehen und frech *Lotte in Weimar* oder *Das Glasperlenspiel* verlangen und mit nach Hause nehmen und lesen, als ob es sein Schulbuch wäre.

Da sah er sich freilich mit anderen Augen in diesen Räumen um. Nur wenige Besucher saßen in den Sesseln, manche in Tageszeitungen der Amis vertieft, andere blätterten in Hochglanzmagazinen. Die hießen *Life, Collier's, Look, Ladies Home Journal, House & Garden* und zeigten auf großen Fotos eine fremde, heile, unzerbombte Welt. Uniformen ließen sich nicht blicken in den Lesesälen – dagegen freundliche junge Frauen: die Angestellten und Bibliothekarinnen. Und als Matthias vor ihnen zu radebrechen begann, erwies es sich, daß sie genauso gut Deutsch sprachen wie er, kein Wunder: Sie waren nämlich Deutsche.

Wo Bücher in Mengen die Regale drücken, läßt sich's gut sein, dort – dachte Matthias – kann man Freundschaften schließen. Bald ging er in der Library aus und ein, der Romane und der Damen wegen. Und bald packte ihn auch kein Schrecken mehr, tauchte zwischen den Regalen und den Bibliothekarinnen wirklich mal eine khakifarbene Besatzeruniform auf. Ja, er ließ sich sogar von den amerikani-

schen Informationsoffizieren als Helfer anheuern, wenn wieder
Wagenladungen mit Neuerscheinungen angekommen waren, die
ins Haus geschleppt und auf die Bibliotheksräume verteilt werden
mußten.

Von den Büchern zum Theaterspielen war es dann nur ein Schritt:
Als Michael und Matthias überlegten, wo um alles es im zerbombten
Stuttgart mit seinen überfüllten Wohnungen einen Platz geben
könne, um mit verteilten Rollen Strindbergs *Gespenstersonate* zu
proben – da rannte Matthias in seine amerikanische Bibliothek: Ob
man vielleicht hier – abends – wenn die Besucher das Feld geräumt
hätten...?

Man durfte. Agathe, die Chefin, sagte Ja.

Mit diesem Ja begann eine neue Ära im Leben der jungen Leute.
Künstlerisch, gesellschaftlich und privat – sehr privat. Aber erst
einmal zogen sie in die großen Ferien.

5

Wenn andere jetzt vor der Sommerhitze hinaus aufs Land flohen –
die Freunde reisten, begierig auf Kultur, nach München. In Michaels
winzigem Dienstmädchenzimmer mit Fenster zum Hof wurden
abends Matratzen als Nachtlager ausgebreitet, und der Tag sah die
jungen Männer überall, wo es um Kunst und Kunstfragen ging.

Das fing schon beim Frühstück an. Da konnte es, während sie ihren
Kaffee tranken, an der Wohnungstür läuten, und irgendein Besu-
cher Edgars stürmte herein: etwa der Galerist Booth. Oder – üppig
lachend, mit einem verrückten Hut auf dem Kopf – die barocke
Dame Falck, die ihre Zeitungsartikel unter dem Pseudonym Palma
Kunkel veröffentlichte. Oder ein Malerkollege Endes oder sonstwer.
Und sofort flammte eine Diskussion auf.

Denn wer auch kam – er hielt sich nicht mit Fragen nach dem werten
Befinden auf. Allenfalls fing er mit einem Lobgesang auf die Käthe-
Kollwitz-Ausstellung in der Neuen Sammlung an; oder mit der
Nachricht, daß Yehudi Menuhin im August in München ein Konzert
geben werde; oder daß Friedrich Domin wie ein Verrückter daran

arbeitete, Claudels Undrama *Der seidene Schuh* für die Kammerspiele einzurichten. Aber dann waren alle doch ganz schnell wieder
beim Thema Nr. 1: Was Kunst sei, was sie müsse, solle, auf keinen
Fall dürfe; und so weiter. Das zog sich zu Michaels und Matthias'
Begeisterung über Stunden hin, bis sich Lise (die weder gut noch
gern kochte) gegen vier Uhr ans Mittagessen erinnerte und – ärgerlich über die Unterbrechung – in die Küche lief, während den andern
der Hunger nun doch das Wort allmählich abschnürte.

Kunst, Kunst, Kunst: In Deutschland waren die herrlichen Tage des
neuen Aufbruchs angebrochen, Tage der unbegrenzten Pläne und
Phantasien, des Improvisierens, des Wieder- und Neuentdeckens
und der großen Premieren.

6

Vor allem dem Theater gehörte damals die Liebe der Menschen,
selten wurde es vorher und nachher so gefeiert wie in dieser Nachkriegszeit. Zwar froren Schauspieler und Publikum im Winter
erbärmlich während der Vorstellung (wenn nicht ein paar Briketts
oder Holzscheite für den Kanonenofen mitzubringen waren, der im
Zuschauerraum blubberte); doch wo man für Geld sonst nichts
bekam, konnte man sich mit einer Theaterkarte wenigstens den
Traum eines Abends erkaufen.

In Berlin wurden täglich nicht weniger als zweihundert verschie-
dene Aufführungen angeboten. Auch in den anderen Städten
Rumpfdeutschlands etablierten sich überall Bühnen, manche in
Kellerlöchern unter den Ruinen zerbombter Gebäude. Ihr Publikum hatten sie alle.

Gespielt wurden Klassiker – Shakespeare, Goethe, *Nathan der
Weise* von Lessing – und natürlich Belangloses, bloße Unterhaltung. Doch es wurde auch das aufgeführt, wonach so viele hungerten: hierzulande unbekannte Theaterstücke, die inzwischen draußen, jenseits der Grenzen, von großen Autoren geschrieben worden
waren. Diese Werke wurden bestaunt, bejubelt, abgelehnt, heiß
diskutiert und überall inszeniert.

Zum Beispiel *Unsere kleine Stadt* von Thornton Wilder, nach dem Heroismus des Dritten Reichs eine Offenbarung für die Deutschen; denn dieses Stück feiert das kleine, alltägliche, unheldische Leben – nicht ohne Poesie, aber ganz ohne pathetische Worte. Und ganz ohne Vorhang und Dekorationen (das war damals supermodern).

Zum Beispiel *Trauer muß Elektra tragen* von Eugene O'Neill: Das Publikum riß die Augen auf, wie da eine nach eigenem Maß mit Schuld, Sühne und Triebhaftigkeit umsprang – in dieser psychoanalytischen Metamorphose der Orest-Tragödie, die der Dichter ins Amerika des Sezessionskriegs verpflanzt hat.

Zum Beispiel *Antigone* von Jean Anouilh, das Lieblingsstück der französischen Widerstandskämpfer, eine aktuelle Umdeutung des Sophokles-Trauerspiels. Auch dies eine Lektion für die Davongekommenen – nämlich die Geschichte des trotzigen Mädchens, das bis zum Untergang gegen die Tyrannei ankämpft; auch das wieder sehr modernes, sehr karges Theater, Antigone trägt in den meisten Inszenierungen Rollkragenpulli.

Dazu kamen Theaterstücke deutscher Autoren, Versuche, die jüngste Vergangenheit zu bewältigen:

So *Draußen vor der Tür*, das Kriegsheimkehrerdrama des todkranken Kriegsheimkehrers Wolfgang Borchert, der einen Tag vor der Premiere starb. Er läßt seinen hinkenden Soldaten Beckmann mit derart tapferem Pathos daherreden, daß im Publikum Tränen des Selbstmitleids fließen.

So *Des Teufels General*, das sicher redlich gemeinte Offiziersdrama des Emigranten Carl Zuckmayer. Er stellt seine am Dritten Reich mitschuldigen Militärs derart schneidig auf die Bühne, daß im Zuschauerraum reichlich Beifall aus der falschen Ecke tönte.

7

Die Theateraufführungen wurden geliebt, und geliebt wurden die Konzerte, wo immer sie in den zerstörten Städten stattfanden – in Schulen, Turnhallen, Kirchen. Auch die Musikfreunde hungerten nach dem Unbekannten, Neuen: nach den bisher verfemten und verbotenen Tonwerken.

In München machte sich der Komponist Karl Amadeus Hartmann (1905–1963) verdient, der Deutschland in den finsteren zwölf Jahren nicht verlassen und trotzdem saubere Hände hatte. Nun im Geist der Zeit komponierend (der »Böll der Musik«), sorgte er außerdem für Aufführungen internationaler Neutönerwerke in der Bayernmetropole.

Schon am 7. Oktober 1945 hatte Hartmann mit einer Matinee im Prinzregententheater seine berühmte Musica-viva-Reihe eröffnet: Bertil Wetzelsberger dirigierte das Bayerische Staatsorchester, Werke von Busoni und Debussy und die Vierte Symphonie von Gustav Mahler klangen auf. Und wie hier, so organisierte der Komponist auch in den folgenden Jahren immer wieder Konzerte mit der Musik großer Kollegen; er holte sich bedeutende Dirigenten und brachte dem staunenden Publikum Bartók nahe, Prokofieff, Strawinsky, Schönberg.

Schnell voran ging es auch mit der modernen Malerei in der Stadt der großen Maler: Schon bald zeigte der rührige Galerist Günther Franke in der Stuckvilla Bilder von Xaver Fuhr, von Max Beckmann, von Franz Marc; im Frühjahr 1947 wurden im Haus der Kunst (dem man sein nationalistisches Adjektiv »deutsches« einfach wegstrich) französische Gemälde vom Impressionismus bis zur Gegenwart gezeigt, und 50 000 Besucher strömten durch die Säle. Die modernen Maler formieren sich, zum Beispiel in der »Neuen Gruppe« (Mitbegründer: Edgar Ende); sie pflegen regen Kontakt untereinander, die Rudolf Schlichter, Ernst Geitlinger, Mac Zimmermann, Bele Bachem, Fabius von Gugel – ob sie sich nun mögen oder miteinander streiten.

Sie malen noch gegenständlich. Doch bald beginnt man auch in den Münchner Künstlerkreisen von den deutschen Abstrakten zu reden. Vom genialen Fremden- und Ehrenlegionär Hans Hartung in Paris. Vom Maler Fritz Winter, am Ammersee zu Hause, jetzt noch in russischer Kriegsgefangenschaft; aber seine Frau – unterstützt durch Kunsthändler Franke – bereitet schon Winters künftigen Ruhm vor. Und für den September 1947 plant derselbe Galerist in der Stuckvilla eine erste Ausstellung mit Bildern des großen Stuttgarters Willi Baumeister.

8

Kunst, Kunst, Kunst: In diesem Sommer 1947 ist München für Michael und Matthias täglich ein neues Abenteuer.

Sie erwischen noch vor Ende der Theatersaison in den Kammerspielen eine Aufführung von Anouilhs *Eurydice*, liegen von nun an der Hauptdarstellerin, der ein Leben lang mädchenhaften Maria Nicklisch, zu Füßen, schwelgen in der lyrischen, morbiden Modernisierung des Orpheusstoffes, die der französische Erfolgsautor Jean Anouilh (der »Sudermann des Nihilismus«) nicht ohne Psychoanalyse auf die Bretter gebannt hat. Den uferlosen Schmerz um Eurydike, den Peter Lühr als Orpheus in den Zuschauerraum schickt, kann Michael nun begreifen, er denkt an seine Wiltrud (die im September heiratet) und blickt bedeutsam Matthias an.

Und in den ersten Tagen des Augusts hören sich die Freunde am Radio begeistert eine Welturaufführung an: Von den Salzburger Festspielen wird *Dantons Tod* übertragen, die erste Oper des noch nicht dreißigjährigen Gottfried von Einem, die den österreichischen Komponisten mit einem Schlag in Europa berühmt macht. Ja, das sei es, jubeln die zwei in Musik nicht gerade Bewanderten, nachdem ihnen von der stundenlangen Andacht die Beine eingeschlafen sind – das seien die Klänge ihrer ureigenen Zeit.

Aber das Schönste – was sage ich: das Größte ist ein Kino-Erlebnis: *Les enfants du paradis* (Die Kinder des Olymp), Marcel Carnés Melodram, das in der ersten Hälfte des vorigen Jahrhunderts spielt, unter Schauspielern und Pantomimen, mit einem Mord und der ganz großen Liebe, der total unerfüllten (wenn man von einer einzigen Nacht absieht). Nie werden sie vergessen, wie er (Jean-Louis Barrault) durch das Brodeln des Pariser Maskentreibens verzweifelt hinter ihr (Arletty) herrennt, ohne sie erreichen zu können. Oder – vorher –, wie Garance-Arletty die Schergen, die sie grob anpacken wollen, mit der Gebärde einer Königin zurückscheucht: »Attention – fragile!« Immer werden sie nun – außer der Nicklisch – Arletty lieben müssen (obgleich sie als Darstellerin der Garance auf die Achtzehnjährigen schon reichlich reif und eher etwas mütterlich wirkt). Und immer werden sie in Barraults Harlekin ihr Urbild sehen; denn laufen wir nicht alle insgeheim als einsame Gaukler durch die Welt?

9

Das alles und noch viel mehr erlebten sie in der ärgsten Hungerzeit und doch mit frohem Mut; zumal sich Endes – wie alle andern Menschen im Lande auch – dieses und jenes einfallen ließen, um das ständige Magenknurren zum Schweigen zu bringen. So wurde nach wie vor Claus mit seinen dunklen Verbindungen bemüht; und Edgar gewann einen Schüler, einen Ukrainer, der als Displaced person im Freimanner Lager fabelhaft versorgt wurde – so fabelhaft, daß er seinem Meister das Honorar für den Malunterricht in Naturalien ins Haus schleppen konnte.

Der Ukrainer lud Michael und Matthias ein, und sie besuchten ihn draußen in seinem Barackenlager, um Einblicke in die russische Seele zu nehmen; sie wollten, was sie bei Dostojewskij gelesen hatten, vor Ort überprüfen.

Der Gastgeber empfing sie überschwenglich, füllte Wassergläser randvoll mit Wodka und machte den beiden klar, das müßten sie nun auf einen Zug austrinken, wie's bei ihm daheim der Brauch sei. Der Brauch wiederholte sich vielmals, dem hielten die mitteleuropäischen Jünglinge nicht stand. Um Haltung bemüht, ließen sie die russische Seele, wie sie war; die letzte Straßenbahn fuhr ihnen davon, da rollten sie sich betrunken auf dem Fußboden zusammen. Doch nur für kurze Zeit, der Wanzen wegen; erst als sie ihr hartes Lager mit der Wiese vor der Baracke vertauscht hatten, taten sie einen tiefen Schlaf.

Pech hatte Matthias, als er auf dem Schwarzmarkt für viel Geld einen kapitalen Schinken erworben hatte. Den sollte er seinen Eltern bringen, sie verbrachten diese Sommertage in Bad Wiessee.

Matthias, der die Ware im Rucksack schleppte, wurde erstmals auf das Malheur aufmerksam, als er im heißen Sonnenschein über den Tegernsee seinem Ziel entgegenschipperte: Maden schmatzten in seinem teuren Schinken, und was er da mühevoll den Eltern brachte, war nun leider nicht mehr zu genießen.

Edgar fand einen Amerikaner, der ihm ein paar Gemälde abkaufte. Aber nicht nur so für Geld, sondern gegen – sage und schreibe – zehn CARE-Pakete. Das waren die märchenhaften Lebensmittel-Standardsendungen aus USA, von denen jeder Deutsche träumte: So ein Paket enthielt Dosenfett und Büchsenfleisch, Konfitüre und Trockenmilch, Erdnüsse, Schokolade und Toilettenpapier und was das Herz sonst noch heiß begehrte. Wo ein CARE-Paket geöffnet wurde, war immer Weihnachten: 40000 Kalorien strahlten dem glücklichen Empfänger entgegen.

Zehnmal Weihnachten also in der Leopoldstraße. 400000 Kalorien hatte dem Maler Ende seine Kunst eingebracht.

10

Nach Stuttgart zurückgekehrt, gingen die Freunde daran, die Darsteller für ihr Strindberg-Stück zu suchen. Jeder sah sich in seiner Schulklasse nach mimischen Talenten um; und es erwies sich, daß auch unter den Damen der Library manche nicht abgeneigt war, sich als Amateurschauspielerin zu versuchen.

So kam Michael in die amerikanische Bibliothek, seinen künftigen Wirkungsort als Jungregisseur. Und so traf er – zwischen Bücherregalen und nüchternen Schreibtischen – Vera, die dort arbeitete, Vera, von der man nur in leisen, zärtlichen Worten erzählen kann.

So schön war sie, so schlank und von tadellosem Wuchs, so anziehend, taufrisch, Inkarnation strahlender Jugend; und sanft war sie und besaß ein ebenmäßig geformtes Gesicht und fragende Augen, in denen immer ein wenig ängstliche Verwunderung stand.

Alle Männer – und nicht nur die jungen, wie wir noch erfahren werden – wünschten sich wild, Vera gegen Tod und Teufel verteidigen zu dürfen; alle liebten sie, träumten von ihr, wollten sie.

Sie aber wollte Michael.

Kaum waren die beiden sich ein paarmal in Gegenwart anderer begegnet, da geschah – als der Jungregisseur einmal allein in der Bibliothek auftauchte – Unerwartetes, Unglaubliches: Vera legte Schlüssel in seine Hand, die Zweitschlüssel ihrer Wohnung (übrigens einer entzückenden Wohnung in bester Hanglage Stuttgarts, nicht weit von der Waldorfschule entfernt). Und gleichzeitig ermunterte das Mädchen – ermunterte Undine, die Nixe, die Unergründliche den hocherfreuten Jüngling, er möge sich doch, wenn er von strengem Schulunterricht ermüdet sei, in die kleine Wohnung zurückziehen und dort erquicken, träumen, ein erfrischendes Bad nehmen; und sich ganz so fühlen, als sei er zu Hause.

Also doch wieder Liebe. Aber was für eine! Keineswegs stand der Schüler Ende vor der Wiederholung seiner naiven lyrischen Tage mit Wiltrud – bewahre: An diesem Tag brachen der Don Juan Michael und Undine Vera zu gemeinsamer Höllenfahrt auf.

11

Die *Gespenstersonate* ist von der Truppe Ende/Nicolai niemals aufgeführt worden, auch *Leonce und Lena* nicht, obwohl sie in heißer Liebe zu Büchners schwer sprechbarem Lustspiel viele Szenen lange und immer wieder probten. Aber aus dem Theaterkreis von damals sind etliche Schicksalsverbindungen hervorgegangen.

Agathe, Library-Chefin und vermutlich staatlich geprüfte Bibliothekarin (jedenfalls sah sie so aus) – die unglückselige Agathe verliebte sich in einen sehr viel jüngeren Burschen. Sie ein Flüchtling aus dem Osten, er ein Patriziersöhnlein aus Stuttgarts vornehmsten Stadtteil Degerloch, dazu dieser Altersunterschied: Die feinen Leute zerrissen sich die Mäuler, und die Patriziermama soll das Verhältnis arg schockiert haben. Das Paar mußte sehr tapfer sein, um zusammenzubleiben; stets sah man die zwei bedrückt in einem Zimmerwinkel beisammenhocken, um alles noch einmal und ganz von vorn durchzusprechen: Diese Liebe war ein trauriges Nocturne.

Heiter und wie ein Scherzo wirkte dagegen Marions und Teddys Liebesbund. Marion, die Blondeste der Blonden, war eine weitere Schönheit aus der amerikanischen Bibliothek: eine junge Frau mit sinnlich gewölbten Lippen, rauchiger Stimme und viel Humor; und mit einem traumhaften Nerzmantel, der sie bei ihrer geringen Größe allerdings etwas viereckig erscheinen ließ. Der Pelz stammte von einem US-Offizier, mit dem Marion befreundet war, als Teddy, Matthias' Schulkamerad, in ihrem Leben auftauchte. Ob Teddy nun mit Erfolg um die blonde Marion gekämpft hat; oder ob des US-Offiziers Uhr in Europa ohnehin abgelaufen war und er von seinem Pentagon übers große Wasser heimgeholt wurde zu Weib und Kind – gleichviel: Der Gymnasiast gewann die Schöne, und die Schöne behielt den Pelz.

Auch hier gab es eine Mutter, die etwas dagegen hatte, nämlich Teddys Mama. Aber das quälte die Liebesleute wenig, sie wußten sich – Mama hin, Mama her – ihres Lebens zu erfreuen. Und unverfroren-heiter sprangen sie auch mit der anderen Institution um, die über den Lebenswandel des Gymnasiasten wachte: mit der Schule.

Mitten in der Unterrichtsstunde (Latein? Griechisch? Geschichte?) klopfte es an die Tür des Klassenzimmers – großer Auftritt: Marion im Nerzmantel. Dringend, sehr dringend müsse sie *Herrn* S. (also Teddy) sprechen, bat die junge Dame den Gymnasiallehrer auf dem Katheder. Selbst der weltferne Schulmann konnte sich Marions erotischer Ausstrahlung nicht entziehen. Beflissen stotternd gab er die Bitte weiter: *Herr* S. möge der Dame zu Willen sein. In einem kleinen Café in der Nähe erfreuten sich dann die Liebenden ihrer ergaunerten Zweisamkeit.

Und Vera und Michael? Herrlich die Aussicht aus den Fenstern der kleinen Wohnung, die beiden genießen die Sonnenaufgänge über der Stadt. »Sie hat mich verzaubert«, erinnert sich Michael noch heute an Vera. Aber: Ist er ihr treu? Und (was ihn allmählich mehr und mehr beschäftigen sollte): Ist Vera Michael treu?

Schon bald beginnen zwischen den Liebenden die Konflikte.

12

Nun glaube aber niemand, die Truppe Michael·& Co. habe nur gelebt und geliebt und überhaupt keine Aufführungen auf die Bretter gebracht – einige gab es schon.

Ted, begabt im Theaterspielen und im Literarischen, huldigte drei Idolen: Wie so mancher seiner Klassenkameraden geriet er beim Anblick der Rita Hayworth (»Rita, Rita – what is as big as your heart?«) außer Rand und Band, und Rita war ja auch der schönste Kinostar dieser Erde. Glänzende Augen bekam Teddy auch bei Glenn-Miller-Musik; und diese heiteren Rhythmen *(In the mood)* unterschieden sich ja nun auch um Welten von den bisherigen Schnulzen der Deutschen *(Heimat, deine Sterne)*. Sozusagen last but not least begeisterte den Gymnasiasten aber ein weiterer US-Import: Ernest Hemingways Stakkatoprosa. In Amerika war der *Fiesta*-Autor seit Jahrzehnten einer von vielen arrivierten Schriftstellern, dort war sein Schreibstil einer unter anderen; in Trümmer-Deutschland jedoch traf der karge, tapfere Ton der Hemingwayhelden mitten ins Herz.

Ted übertrug eine Short story des Meisters ins Dramatische. Nein – so kann man nicht sagen. Denn was sich da auf der Bühne abspielte, diese Szenenfolge im kleinen, gut beleuchteten Café (Ted übernahm selber eine der beiden Rollen) –, was da im Rampenlicht verhandelt wurde, war alles andere als dramatisch, es war leidvoll getragen und todtraurig. Das Publikum applaudierte begeistert.

An demselben Abend trat Michael im Tschechow-Einakter *Der Bär* auf. Er spielte einen alten russischen Hagestolz und heimste eine Menge Lacher ein. Auch unfreiwillige, und das kam so:

Mit viel Mühe hatte irgendeiner von der Truppe ein Biedermeiersofa aufgetrieben, das alte Stück schmückte die Aufführung sehr. Doch als sich der Bär Michael am Ende seines Monologs rücklings daraufallen ließ, krachte das Sofa unter ihm zusammen. Der Darsteller bekam blaue Flecke, die Zuschauer hielten die Sache für einen hübschen Regieeinfall und amüsierten sich köstlich.

Noch mehr amüsierten sie sich beim Aktschluß: Michael gab seiner Partnerin den Happy-End-Kuß, und als sich die beiden unterm

Applaus verbeugten, klebte auf einmal der Bühnenbart des Jung-manns dort, wo ihn keiner erwartete: nämlich auf der Oberlippe des Mädchens.

Im Publikum saßen Fia, die zur Clique gehörte, und neben ihr ein Herr in den späten Fünfzigern. Der Herr lachte ebenfalls Tränen und sagte dann anerkennend, es gefalle ihm gut, wie sich die jungen Leute da um Kunst bemühten.

So kam der erste Kontakt mit dem großen Maler Willi Baumeister zustande.

13

Der Hemingway-Tschechow-Abend hatte nicht mehr in der Neckar-straße stattgefunden. Die Library hieß jetzt Amerika-Haus und war in eine Villa am Hang umgezogen. Dort wurde auf einer improvisier-ten Bühne gespielt, die auf gleicher Ebene wie die Stuhlreihen für die Zuschauer lag. Aber die US-Informations-Offiziere hatten bereits versprochen, man werde in den Dachstock der Villa ein richtiges kleines Theater für die spielfreudige Jugend einbauen.

Das lockte auch andere Gruppen an. Beispielsweise ein paar junge Männer, von denen es hieß, sie wollten Gewichtiges aufführen – nämlich nichts Geringeres als eines der Existentialistendramen von Jean-Paul Sartre.

Gerüchte liefen um. Einer von der Ende-Truppe wollte gehört haben, Vera werde im Sartrestück eine Rolle übernehmen. Und ein anderer klatschte, er habe Vera zusammen mit einem der besagten jungen Männer gesehen – irgendwann, irgendwo, irgendwie.

Es gab noch heißeres Gerede über Vera – Gerede, das nicht verstum-men wollte. Über sie und einen Mann, der weit älter sein sollte als alle Jünglinge in der Umgebung der Undine. Baron sei er, Journalist sei er – ein bekannter, erfolgreicher Journalist.

Noch ehe jemand aus der Clique den Mann zu Gesicht bekommen hatte, platzte die Bombe: Der Herr wolle Vera heiraten. Heiraten? Daß er sie verehrte, konnte ihm jeder nachfühlen – aber heiraten? Er paßte doch im Alter gar nicht zu ihr. Und war er nicht schon

verheiratet gewesen? Hatte er nicht schon Kinder? Aber da sei
Veras Mutter – hieß es –, und sie dränge. Hatte je einer Veras Mutter
kennengelernt?

Einfach lachhaft: Vera, die Inkarnation der schönen Jugend – und
dieser ältere Herr?

14

Nein, es liegt nicht an der Phantasie des Chronisten, wenn in diesem
Kapitel so viele Mädchen mit dem Adjektiv »schön« geehrt werden.
Verblichene Fotos beweisen es: Vera, Marion und Fia (von ihr wird
gleich erzählt) *waren* außergewöhnlich gutaussehende junge
Frauen, die Freunde stellten da offenbar hohe Ansprüche.

Fia, die Malerin, Meisterschülerin Willi Baumeisters, des großen
abstrakten Künstlers: auch sie blond, vielleicht ein wenig kühl, vielleicht mit einem traurigen Zug um den Mund, als ob sie ein heim-
licher Schmerz bedrücke. Aber auch sie so über die Maßen attraktiv,
daß jeder Mann sich nach ihr umblickte und ins Träumen geriet.

Sie wohnte nahe dem Weißenhof, am Hang, und brauchte nur ein
paar Minuten abwärts zu laufen, um zur Kunstakademie zu kommen, zum Unterricht in Professor Baumeisters Malklasse. Ihr Miet-
zimmer lag neben dem Lokal »Zum Holzwurm«, und ihre Zimmer-
nachbarin hieß Ada. Ada, die Rezitatorin: Wenn sie erschien, füllte
sich Aula oder Turnhalle einer Schule mit allen Zöglingen, weil Ada
ihnen gegen geringes Honorar moralische Gedichte vortrug. So
Herr Ribbeck auf Ribbeck im Havelland und die Orkanballade mit
dem effektvollen Schlußaufschrei »Sagt's Mutter – 's ist Uwe!«

Fia fiel ein französischer Text in die Hände, ein Einakter, und diese
surrealistische Tragödie gefiel ihr. Das Bühnenstück war Ende der
zwanziger Jahre geschrieben, und Fia hatte keine Ahnung, daß es
vom großen Regisseur Gustaf Gründgens in Berlin 1929 inszeniert
und vom großen Kritiker Alfred Kerr damals nicht besonders gut
besprochen worden war – aber wo sollte man sich in diesen Nachkriegstagen auch über derartiges informieren? Fia wußte auch
nicht, daß Rainer Maria Rilke, der Dichter, noch vor seinem Tod

begeistert an eine Übertragung herangegangen war; und daß es von einem Ferdinand Hardekopf bereits eine autorisierte Übersetzung ins Deutsche gab.

Unbeschwert von solchem Wissensballast, frisch, frei und vom Mythisch-Chaotischen des Stücks fasziniert, machte sich die junge Malerin an die Arbeit, sie übersetzte, die Ende-Truppe spielte den herrlichen Einakter – Marion als Eurydice, Teddy als ein Glaser. An irgendwelche Bühnenrechte dachte dabei keiner. Und den naiven Theaterwütigen passierte auch nichts, obwohl es doch Raub und eine illegale Aufführung war.

So etwas ging damals.

Cocteau hätte vermutlich bei so viel jugendlichem Elan auch gar nichts dagegen gehabt. Denn um seinen *Orphée* handelte es sich, um die Tragödie vom Dichter, der sich in den Tod verliebt – in den personifizierten, weiblichen Tod, in Madame La Mort. Dasjenige Stück Jean Cocteaus war es also, das Kritiker zu seinen mutigsten, schockierendsten Werken rechnen (fliegt doch auch schon mal Orpheus' abgetrennter Kopf auf die Bühne). Als der französische Poet allerdings – ein Jahr nach der Fia-Michael-Aufführung in Stuttgart – diesen Stoff als Leinwandepos gestaltete, wurden auch Stimmen laut, die Cocteau mit dem Spottnamen »Courths-Mahler des surrealistischen Films« belegten.

Um einen surrealistischen Film ging es auch, um ein neues, aufregendes künstlerisches Projekt, als man sich eines Tages bei Fia und Ada neben dem »Holzwurm« traf. Die Leute vom Amerika-Haus wollten eine richtige Kamera herleihen, und nun überlegte jeder Drehbuch und Einstellungen für einen Film, wie ihn die Welt noch nicht gesehen hatte. So was in der Art der französischen Filmregisseure, so was sollte es sein: am besten die Kamera unten an einem Auto befestigen und die Linse langsam, ganz langsam über regennasses Kopfsteinpflaster führen . . .

So weit waren sie gekommen, als sich die Tür öffnete und Willi Baumeister eintrat. O lieber Professor, Sie waren trotz Ihren neunundfünfzig Jahren das größte Kind von uns allen! Kaum in den Plan eingeweiht, entwickelte der Meister seine Einfälle. Der Film ist nie gedreht worden, aber Baumeisters Bildideen blieben unvergessen:

Erste Einstellung – Füße eines Mannes und eines Mädchens, eine Treppe hinaufschreitend – Hotelmilieu – dann ein beinahe leeres Hotelzimmer. Die Kamera schwenkt in die Höhe, zeigt die Personen, die Liebenden –.

»Nein, nicht umarmen! Sie dürfen sich nicht einmal berühren«, schrie Baumeister. »Sie stehen nur stumm voreinander.« Und er nahm Fia bei der Hand und machte es vor.

Nächste Einstellung: Das Liebespaar setzt sich weit voneinander auf eine Couch – die Couch schwimmt auf einmal im Bodensee –

Sage mir keiner, der Maler der abstrakten Urformen habe nichts von Poesie verstanden.

15

Willi Baumeister (1889–1955) steht im Lexikon als »führender Vertreter der gegenstandslosen Malerei«. Unverwechselbar als Persönlichkeit und in seinen Werken, ein Leben lang auf der Suche nach dem Unbekannten in der Kunst, ist der gewichtige Mann heute zur historischen Gestalt abgemagert; seine Bilder, die in den Museen der Welt hängen, schrumpften zu Objekten für Doktordissertationen zusammen.

Ein paar Jahrzehnte zuvor war das anders, da wurde auf Baumeister gehört, und seinen Namen kannte jeder – so, wie später etwa den Namen von Joseph Beuys oder Michael Ende. Es war eine Ehre, den Meister besuchen zu dürfen.

Michael und Matthias durften ihn besuchen. Sie betraten sein eher bürgerliches Haus, wurden seiner eher bürgerlichen Frau Margarete vorgestellt. Sie standen in seinem Arbeitszimmer, das mehr mit Papierrollen und Malutensilien angefüllt war als mit Gemälden, und hörten den Professor weise und bedächtig reden.

Sie fanden ihn etwas naiv und ungemein sympathisch.

Mehr seiner Bilder mit Urformen konnten die beiden beim Nervenarzt Ottomar Domnick betrachten. Der wohlhabende Kunstsammler spielte eine wichtige Rolle in der Kulturszene Westdeutschlands. Von ihm stammen neben psychiatrischen Veröffentlichungen vor allem Kunstbücher und vielgerühmte avantgardistische Filme (u. a. *Jonas* mit Robert Graf, 1957). Und er galt als Baumeisters glühendster Bewunderer, als sein Mäzen. Tatsächlich war Domnicks Villa angefüllt mit Gemälden des Professors. Den Freunden allerdings, die als Edgar-Ende-Jünger mit der gegenstandslosen Kunst nicht allzuviel anzufangen wußten, imponierte hier etwas ganz anderes: Doktor Domnicks kreisrunder Schreibtisch, in dem er drinnensaß wie eine Auster in der Muschel.

Kaffee tranken die Jünglinge bei Tut Schlemmer, der gemütlichen Witwe des Bauhausmalers Oskar Schlemmer. Ihr Mann, 1943 gestorben, hatte ihr ein reiches Œuvre im unverwechselbaren Stil vererbt: Die Tänzerinnen und Figuren auf Schlemmers Bildern sehen aus, als seien sie aus Holz gedrechselt – die Köpfe kugelig, die Körper wie Kegel; Gestalten also, die von Geometrie und Konstruktion regiert werden. Diese Werke waren nicht für einen Pappenstiel zu haben: Ein kleines Schlemmer-Bild auf Ölpapier beispielsweise – 27,2 cm breit, 37,8 cm hoch – wurde von der Galerie Ketterer für 65 000 D-Mark angeboten; und das nicht in den Zeiten, in denen das Geld nichts mehr wert war, sondern immerhin 1971.

Außer Bildern und Weltruhm hatte der Maler seiner Witwe auch zwei Töchter hinterlassen: Jaina und Karin. Michael und Matthias warteten gespannt auf das Eintreffen der jungen Damen und waren dann enttäuscht, aber auch erleichtert, als sie so gar nicht konstruktivistisch, dafür aber sehr erfreulich anzusehen waren. Leider konnte man keine fürs Theaterspielen im Amerika-Haus gewinnen, und schon gar nicht Karin: Sie war bereits eine arrivierte Schauspielerin im festen Engagement (und mit eigenen Liebessorgen). Und Jaina brach bald darauf mit ihrem Gefährten, einem Inder, nach Berlin auf, um dort die Bühnenbildnerei zu studieren.

Noch einen Besuch machte Michael in Stuttgart, einen nostalgischen Besuch. Mutter Lises Augen glänzten, als er ihr davon erzählte, daß er Joanna Thylmann gesehen hatte. Joanna war mit dem Malerdichter verheiratet gewesen, dem Michael seinen dritten Vornamen – Andreas – verdankte: »*Dein Geist, hersinkend jahrlang immer noch fern«,* hatte Karl Thylmann 1915 an seinen kleinen Sohn Andreas geschrieben – in dem Gedicht, das Edgar und Lise so teuer war.

Frau Joanna, nun nicht mehr jung, schenkte Michael ihren Privatdruck, ein Büchlein mit Thylmann-Briefen an sie. Erschütternde Briefe, die von der großen Liebe der beiden zeugten, von Thylmanns leidenschaflichem Ringen um Kunst und Erkenntnis und von seiner Verzweiflung im Ersten Weltkrieg. Der sensible Mann, der Unfreiheit und Gewalt haßte, war beim Militär von Ausbildern bis zum seelischen Zusammenbruch geschunden worden (*»Es ist die Hölle, aber keine grandiose, sondern eine verächtliche«*), ehe er am 29. August 1916 an den Folgen einer Kriegsverwundung starb: Als er in Frankreich mit seiner Einheit vorrücken mußte, traf ihn die allererste Granate.

Joanna Thylmann pflegte sein Werk und sein Andenken. Der Sohn Andreas, inzwischen über die Dreißig, hatte Medizin studiert und war Arzt geworden.

16

Michaels Stuttgarter Zeit: Jugendtage, maßlos im Jubel, maßlos in der Melancholie. Aufregend die Begegnungen mit neuen Menschen, wichtig die nächtlichen Gespräche, in denen sich einer dem anderen öffnete – Abenteuer war alles, die Tage ausgefüllt mit Erlebnissen, Entdeckungen, Liebschaften, Plänen. Und wollte wirklich einmal nichts geschehen, sorgten sie selber für Verwirrungen.

Im Fasching brauchten sie nicht für Verwirrungen zu sorgen, da wurden sie alle vom Taumel der Lebens- und Liebesfreude ergriffen. Sogar im gutbürgerlichen Stuttgart ließ sich allabendlich ein Ort zum Feiern finden, und sie zogen von Fest zu Fest.

Die schönsten Feste veranstalteten die Maler, sie verstanden sich von jeher auf die Kunst des Faschings – zum Beispiel am Weißenhof oben, in der Akademie. Aber auch in der Akademie wurde der Wein nicht gratis ausgeschenkt. Was tun? Michael, der arme Sohn armer Eltern, überlegte. Dann setzte er sich hin und schrieb einen Kaba-

rett-Text mit fünfundzwanzig oder dreißig Versen, und der erste
begann so:

> Nun lauschet alle meinem Sang,
> den ich für euch erfand –
> ich sing' das wüste Lied
> der Großen Babylon.

Die, von der sein wüstes Lied erzählte, die Dame Babylon also, war
ein erfundenes leichtes Mädchen der Pharaonenzeit.
Als der Dichter alle Verse beisammen hatte, lieh er sich eine Gitarre
und zupfte so lange darauf herum, bis die passende Melodie gefunden war. Und mit Text und Musik ausgestattet, nahm er dann seinen
Weg zum Akademiefest.
Die Rechnung ging auf. An jedem Tisch freuten sie sich über den
Bänkelsänger mit der Gitarre, nach jeder gepfefferten Pointe wurde
lauthals gelacht, nach jedem Vers spendierten sie ihm ein Glas Wein
– zum erstenmal hat Ende sein Talent zwar nicht in klingende
Münze umgewandelt, aber in sauren schwäbischen Roten. Das
machte ihn sehr stolz und sehr betrunken. Fünfundzwanzig oder
dreißig Verse und etwa ebenso viele Gläschen: wie gut, daß Fia und
Ada gleich über der Akademie, beim »Holzwurm« ihre Bleibe hatten. Dort konnte ein besinnungsloser Bänkelsänger, in einer Ecke
zusammengerollt, selig seinen Rausch ausschlafen.
Die *Babylon*, das erste von vielen erfolgreichen Ende-Chansons, war
ein Triumph. Wie schnell einer aber von der Höhe des Glücks in den
elendesten Sumpf der Gefühle gestoßen werden kann, lernte Michael in diesen tollen Tagen ebenfalls.
Die ganze Freundes-Clique genoß den Fasching, und natürlich tat
das auch Vera, die umschwärmte Nixe Undine. Nach irgendeinem
der Feste zogen Vera und die anderen spätnachts noch weiter, in die
Wohnung jenes Barons. Als die Geliebte mit dem Baron tanzte und
Michael es mitansah, geschah es: Heiß überflutete ihn die Eifersucht.
Er konnte gerade noch in den Garten hinausstürzen. Dort zischte die
Eifersucht als gelbe Wolke aus seiner Magengrube hoch, nahm von

seinem ganzen Körper Besitz, schüttelte ihn wie im Fieber. Michael stand mit zusammengebissenen Zähnen und sah nur noch das tödliche Gelb dieser Eifersucht vor sich. Das drohte ihn verrückt zu machen.

»Plötzlich«, erzählte er, »habe ich verstanden, wie einer aus Eifersucht zum Mörder werden kann.«

17

Michael hat den Baron nicht ermordet, aber die Eifersucht war berechtigt, wie sich erweisen sollte.

Das Ende seiner Freundschaft mit Vera zeigt manche Ähnlichkeit mit dem Ende seiner Liebe zu Wiltrud. Auch in dieser Affäre soll eine Mutter im Hintergrund gewirkt, gedrängt haben, auch diese Affäre schloß mit einer Heirat ab: Vera wurde die Frau des Barons. Nichts leichter, als dafür Vernunftgründe zu finden: Hier der Schüler ohne erkennbare Zukunft, dort der lebenserfahrene Mann. Hier der arme Schlucker, der keine Sicherheit, nicht einmal eine eigene Wohnung, zu bieten hatte; dort der erfolgreiche Journalist in guten Verhältnissen.

Aber die Gefühle! Wieder ist es schwer zu erklären, warum sich ein Mädchen so endgültig von Michael Ende abgewandt hat, das ihm – und dem er – so himmelhochjauchzend zugetan war. Freilich stand diese Liebe unter einem anderen Stern als die naive Zeit mit Wiltrud: keine Treueschwüre, kein unbedingtes Gefühl der Zusammengehörigkeit. Und schon bald nach dem ersten Honigmond mündete die Freundschaft der beiden in schwer erträgliche Diskussionen und Mißverständnisse – noch ehe der Baron auf dem Plan erschien.

Lag es an Michael? Da war ein Mädchen, das nach dem Grauen der Kriegszeit wie alle Davongekommenen fröhlich sein und froh leben wollte. Die Schönheit des Mädchens öffnete ihm alle Türen, und wie im Märchen wurden ihm alle Wünsche erfüllt. Da wünschte sich Vera Michael. Er kam – aber er war nicht der einfache, unkomplizierte Gefährte für frohe Stunden. Im Gegenteil: Er stellte Forderungen, er schneiderte Vera eine Rolle. So und so sollte sie sein, weil er sie so sah. Anfänglich mochte es reizvoll gewesen sein, Michaels Prinzessin zu spielen. Aber so war Vera nicht wirklich, und das Prinzessinnenkleid wurde ihr eng und enger.

Michael stellte Forderungen an die Menschen. Es war ihm nicht bewußt – doch ob es nun um Freunde oder seine Geliebten ging: Den hohen Anspruch, nach dem er selber in jedem Augenblick lebte, verlangte er auch von allen, mit denen er umging. Manchem war das zu anstrengend. Vielleicht auch Vera.

Mutmaßungen. Tatsache ist, daß er Vera verlor. Das geschah nicht von heute auf morgen. Sie quälten sich lange. Die bitteren Zeiten der Ablösung zogen sich bis in die Tage hinein, in denen Michael wieder in München lebte und dort die Schauspielschule besuchte.

18

Liebeswirren, der Fasching, die Schule, Besuche, Theaterspielen und manchmal Jobben (zum Beispiel als Eisverkäufer beim Schäferlauf in Markgröningen) – wo nahmen sie eigentlich die Zeit her, auch noch zu lesen und zu dichten?

Aber sie taten es: Sie lasen, und sie schrieben.

Es erschien der Erzählband *Die Hundeblume*, Geschichten des verstorbenen Kriegsheimkehrer-Dichters Wolfgang Borchert. Wer konnte sich seinem tapferen Dennoch-Stil damals schon entziehen? Auch Michael und Matthias berauschten sich an Borcherts kehlkopfwürgendem Pathos. Und sie berauschten sich an Ernst Kreuders geheimnisvoller Erzählung *Die Gesellschaft vom Dachboden*. Das waren doch sie selber, die da in einer Welt von Trödel und Bruchstücken nach dem rechten Weg zu Leben und Kunst suchten; das waren doch sie selber, diese Wartenden, Träumenden, Umhergetriebenen, diese ziellos ins Leben verliebten Melancholiker.

Und sie entdeckten die große französische Gegenwartsliteratur.

Die Clique (und das galt für die jungen Intellektuellen Westdeutschlands überhaupt) teilte sich in zwei Lager. Die einen blickten nach den USA, verfielen bis zur Ekstase dem Jazz, lasen ihren Hemingway wie eine Bibel und sahen die Welt mit seinen Augen. Die anderen – und dazu gehörten Fia, Michael, Matthias – begeisterten sich für die avantgardistischen Schriftsteller Frankreichs.

André Gide! Seine *Verliese des Vatikan* und *Die Falschmünzer*: geliebte Lehrbücher derer, die selbst einmal moderne Romane schreiben wollten. Albert Camus! Sein *Fremder* und später *Die Pest* und sein *Sisyphos*: schwierige Lektüre, die alle lustvoll deprimierte. Der verehrteste aber, ihr Papst und ihr Gott, war der schieläugige, unvergleichlich gescheite Jean-Paul Sartre.

Sie mauserten sich zu Existentialisten Sartrescher Prägung, trugen schwarze Hemden und schwarze Pullover und ließen die Mundwinkel hängen wie die schöne Juliette Gréco, Chansonette und Nihilisten-Muse von Saint-Germain des Prés. Sie diskutierten nächtelang, ob der Existentialismus denn nun ein Humanismus sei oder nicht, und lasen alles, was sie von und über Sartre und seine Lebensgefährtin Simone de Beauvoir auftreiben konnten. Bald sollten sie des Meisters Zelluloidepos *Les jeux sont faits* (Das Spiel ist aus) zu ihrem Kultfilm machen, und jetzt schon war *ihre* Bibel sein umstrittenes Orest-Drama *Die Fliegen*; verherrlichte das Theaterstück doch die schrankenlose Freiheit des überlegenen Menschen. Und wie es der nihilistisch-humanistische kleine Professor forderte, fühlten sie sich voller Begeisterung auf ihre Existenz zurückgeworfen und frei wie ihr Idol Orest (wenn sie von den Schulpflichten und dem schmalen Taschengeld einmal absahen).

Zutiefst beeindruckte Michael auch das Bühnenwerk eines anderen großen Franzosen. Nach einer München-Reise berichtet er Matthias von einer Aufführung, die er in den Kammerspielen gesehen hat; und so eindringlich schildert er alle Szenen, daß der Freund zeitlebens meint, selbst im Zuschauerraum an der Maximilianstraße gesessen zu haben.

Es war der »katholische Faust«, nämlich Paul Claudels gewaltiges Welttheater *Der seidene Schuh (Le soulier de satin)* – das Werk also, das der französische Dichter und Diplomat in dem Jahr der Öffentlichkeit übergeben hat, in dem Michael Ende geboren wurde. Die Münchner Nachkriegsaufführung des schwer spielbaren Theaterstücks wurde als Geniestreich des Regisseurs Friedrich Domin gefeiert, und gefeiert wurden die Hauptdarsteller: Inge Birkmann als Doña Proëza, Peter Lühr als Conquistador Rodrigo, Peter Pasetti als Don Camillo.

Michael konnte nicht ahnen, daß Don Rodrigo und Doña Proëza sich schon bald darum bemühen würden, ihm die Schauspielkunst beizubringen.

Claudels Meisterwerk von der Suche nach Gott, der auch »auf krummen Zeilen gerade schreibt«, senkte sich Ende tief ins Gemüt. Noch Jahrzehnte später sinnierte er: »Aus *dem* Stil habe ich sehr schwer herausgefunden.« Doch was machte das schon? Die Stücke, die er in der Stuttgarter Zeit schrieb, konnten ohnedies nicht mehr sein als Etüden zu seinen späteren Theatererfolgen – Fingerübungen, Stilübungen, erste Suche nach einer eigenen Dramaturgie. Was diese ersten Versuche freilich erzählten, die Fabeln und Geschichten, die Michael sich dafür ausdachte: Schon in den frühen Anfangstagen seiner Schriftstellerlaufbahn ließen sie einen Hauch vom Phantastischen spüren.

Dem ersten Ende-Stück – es ist Entwurf und Fragment geblieben und über ein paar Szenen nicht hinausgediehen – lag eine kühne Idee zugrunde: Hier traten Till Eulenspiegel und Prometheus als Widersacher auf, Till als derjenige, der die Welt durch das Spiel erlösen will, Prometheus als sein Feind, der Macht durch die Technik besitzt.

Michaels andere Theaterarbeit dieser Tage, *Die Stunde drängt,* ist ein Versuch, Zeitproblematik zu bewältigen: Lebten doch damals Mitteleuropa und die halbe Welt unter der Furcht vor einem neuen, dem letzten, dem Atomkrieg. Und so wird hier die Frage aufgeworfen, ob man einen, der Hunderttausende töten will, umbringen darf oder nicht. Doch ist der Stoff nicht eine reale, sondern in eine traumartige Handlung eingekleidet. Sie spielt zwischen drei Personen: dem Mächtigen, dem Heiligen und einer Gestalt, die der »Weichensteller« genannt ist und den Mittler zum Jenseits darstellt.

Dieses Stück brachte Michael zu Ende. Vater Edgar hat die maschinengeschriebenen Seiten liebevoll in blauen Karton gebunden, mit einer Kordel versehen – und die Titelseite bemalt: *»Ein Drama von Michael Ende«.*

Das Drama wurde nie aufgeführt.

19

Sie lasen sich also kreuz und quer durch die Literatur und liebten, was wenig oder gar nicht zusammenpaßte: die Werke des Existentialisten-Papstes ebenso wie die seines Freundfeinds Camus, den frommen Katholiken Claudel nicht weniger als den »Sittenverderber« Gide, den Claudel als Antichristen bezeichnete und dessen sämtliche Veröffentlichungen Rom auf den Index der verbotenen Bücher setzte. Und sie begeisterten sich für Giraudoux und Anouilh und Thornton Wilder; und immer wieder für Strindberg, seine Einakter, sein *Traumspiel*; und vergaßen darüber die Lyrik nicht.

Gedichte: was für Erlebnisse! Die Verse des sternsprühenden Theodor Däubler und die himmelstürmenden Rhythmen des kosmischen Zechers Alfred Mombert; die wonnetrunkenen Honigzeilen der Lasker-Schüler, Rilkes edle, vertrackte *Sonette an Orpheus* und die dunklen Gebete Georg Trakls – was für aufregende Erlebnisse! Und dann brachte wieder einer von irgendwoher ein Büchlein von Iwan Goll an oder von Klabund oder die Scharaden eines Dadaisten, und berauscht ließen sie sich davontragen: ins Sonnenlicht der Phantasie, ins Mondlicht der Träume.

Keine Frage, daß sie selber Gedichte schreiben mußten, es gehörte einfach zum Leben. Irgendeines hatte Michael immer unter der Feder, ans Veröffentlichen dachte er dabei nicht. Tatsächlich ist nichts von ihm gedruckt worden, bis Matthias Nicolai nach dem Abitur die Journalistenlaufbahn einschlug und bei der *Eßlinger Zeitung* volontierte. Dort sorgte der Freund für die allererste Ende-Veröffentlichung, ein Sonett von 1947, und Michael war stolz auf dieses Debüt.

Hier ist das Gedicht:

DER GAUKLER

Du sahst ihn seltsam durch die Dämmrung schreiten.
Sein Gehen war wie eines Tänzers Gang.
Du hörtest, wie er lachte, wie er sang
Von Tod und Leben und von Kleinigkeiten.

Und was er unterwegs zu beiden Seiten
Gerade fand, das warf er hoch und zwang
Es in den Wirbel seines Spiels, solang
Es ihm gefiel. Dann ließ er es entgleiten.

Er lachte, wenn sein Spielzeug von ihm fiel.
Und lachte auch, wenn er nach neuem griff.
Nahm Abschied immer und kam immer an.

»Was ist dir ernst?« so fragtest du den Mann
Und stelltest ihn. Er blickte auf. »Das Spiel!
Du lernst es auch.« Und ging davon und pfiff.

20

Dann, beinahe über Nacht, war das Spiel aus, und die Welt veränderte abermals ihr Gesicht.
Was Gerüchte schon lange gewußt haben wollten – am Freitag, dem
18. Juni 1948, wurde es zur Gewißheit: Aus dem Radio kam die
Nachricht, nun werde die Währungsreform wahr. Am Montag
darauf standen die Menschen in langen Reihen vor den Umtausch-
stellen und bekamen ihre vierzig D-Mark Kopfgeld vorgezählt, jeder
gleich viel; und die Reichsmark, Hitlers Falschgeld, wurde milliar-
denfach eingestampft.
Plötzlich gab es in den Läden zu kaufen, was so lange entbehrt
worden war – Lebensmittel, Kleider, Schuhe und alles mögliche
andere Märchenhafte. Das Wirtschaftswunder brach an, Unterneh-
merkarrieren begannen, der Grundstein zu riesenhaften Vermögen
wurde gelegt; die Preise und die Zahl der Arbeitslosen schnellten
nach oben (im Januar 1950 gab es rund 2 Millionen Arbeitslose,
viermal so viel wie zur Zeit der Währungsreform); und es roch nach
Krieg.
Was Amerikaner, Engländer und Franzosen in den drei westlichen
Besatzungszonen Deutschlands einleiteten, nämlich die Anstren-
gung, das deutsche Geld wieder solide zu machen, endete vor den

Toren der späteren DDR: Die Russen spielten nicht mit. Und sie sperrten die deutsch-deutschen Grenzen zu, als Schieber aus dem Westen versuchten, ihre wertlosen Reichsmark-Millionen in preußischen und sächsischen Städten noch schnell zu versilbern.

Dann zogen die Russen nach. Am Mittwoch, dem 23. Juni 1948, führten sie in der sowjetisch besetzten Zone eine separate Ost-Währungsreform ein. Und: Ihre D-Mark/Ost sollte auch in Berlins Westsektoren gelten. Dagegen protestierten die Amerikaner und ihre Verbündeten – und ein gefährliches Gerangel begann. Noch am selben 23. Juni, nachts, verhängten die Russen über die drei Westsektoren der viergeteilten Stadt ihre Blockade. Schuld an der Teilung, schuld an der Blockade – sagten sie –, seien die Westmächte. Es roch nach Krieg. Tatsächlich hat, wie man heute weiß, Trumans Verteidigungsminister von seinem Präsidenten die Erlaubnis zum Abwurf von Atombomben gefordert, wenn es nötig würde. Es wurde nicht nötig, die Vernunft siegte: 322 Tage lang versorgten amerikanische und englische »Rosinenbomber« die ehemalige deutsche Hauptstadt mit dem Lebensnotwendigen, dann – am 12. Mai 1949 – lenkten die Russen ein und beendeten ihre Blockade.

Die Währungsreform aber beendete die Kulturblüte der Nachkriegszeit. Theater kämpften nun um ihre Existenz und mußten schließen; die Konzerte wurden nicht mehr in Scharen besucht. Bilder, Gemälde? Wer sollte sie noch kaufen, da man für sein gutes Geld doch Fleisch und Schinken, schöne Kleider und schöne Nierentische und neue Möbel zu kaufen bekam?

Wieder einmal standen die Endes ganz hinten in der Reihe der Besitzenden, wieder einmal kehrte Mutter Armut bei ihnen ein. Zweihundert Mark für Michael in Stuttgart – zweihundert neue, harte D-Mark? Wo, bitte, sollten die herkommen?

21

Das Spiel war aus, Michaels Tage in Stuttgart und an der Waldorfschule waren gezählt. Er nahm seine vierzig Mark Kopfgeld und erfüllte sich einen Traum, kaufte nicht Lebensmittel und nicht

Kleider dafür, sondern eine alte Gitarre. Diese Trösterin sollte Michael auch brauchen – in der Zeit, die vor ihm lag.

Mieten mußten nach der Währungsreform in gleicher Höhe gezahlt werden wie zuvor. Sechzig D-Mark für das Zimmer in der Klopstockstraße? Michael verabschiedete sich von seiner schwäbischen Hausfrau. Aber wo sollte er hin? Die Wohnungen seiner Freunde waren mit Familienmitgliedern vollgestopft. Nur ein Glücksfall bewahrte ihn vor der Obdachlosigkeit.

Fia hatte sich – trotz Währungsreform und Geldmangel – zu einem deutsch-französischen Jugendtreffen ins Kloster Inzigkofen bei Sigmaringen aufgemacht. Inzwischen stand ihr Zimmer über der Kunstakademie leer, Ada besaß den Schlüssel. Dort meinte die Rezitatorin, könne Michael erst einmal unterkriechen.

Eine Lösung auf Zeit war das nicht. Da wußte Agathe Rat: Sie fand ein Zimmer in Sillenbuch, fünfzehn Mark sollte es kosten. Ein Zimmer? Ein Kellerloch, das Michael erst einmal sauber anstreichen mußte. Und immer war hier eindeutiges Rauschen zu hören – die Sanitärröhren des ganzen Hauses liefen an der Wand entlang. »Jetzt wohne ich an den Wurzeln des Lebens«, kommentierte Michael sarkastisch.

Aber ihm war nicht zum Lachen zumute. Schwarze Melancholie hatte sich auf sein Gemüt gesenkt, und die depressive Stimmung wollte kein Ende nehmen. Stundenlang, tagelang saß Michael im Schneidersitz auf seinem Bett im Kellerloch, die alte Gitarre auf dem Schoß; suchte nach Tönen, zupfte, spielte, summte, sang ohne Worte seine Verzweiflung hinaus und fühlte sich krank am Leben.

Das Spiel war aus.

Einmal drang Geschrei in seinen Kellerraum. Ein Kind war verschwunden, ein Mädchen von etwa fünf Jahren. Michael rannte aus dem Haus und suchte mit.

Sie fanden das kleine Mädchen auf dem Dach der Garage. Im strömenden Regen hockte es dort wie ein Buddha und sah verzückt den Himmel an. Sie holten es herunter.

»Komm«, sagte Michael, und das Kind kam.

»Was war?« fragte Michael. «Hast du uns nicht rufen hören?«

»Nein«, antwortete das Mädchen. »Die Sterne haben so schön gesungen.«

»Die Sterne? Im Regen?«

Das Kind nickte. Es hatte ja so recht. Die Sterne singen auch, wenn sie von Wolken verdeckt sind.

Siebentes Kapitel

Wie und warum er erst einmal Schauspieler wurde

(Schwabing/Rendsburg, 1949–1952)

David singt vor Saul – Eine gewisse Begabung – Götterdämme-
rung – Das Lieflam – Das 22-Stunden-Gespräch – Ein Mädchen
wird versteckt – Die Sibylle mit der rauchigen Stimme – Edgar
wird Präsident – Ein Professor macht Spaß – Bertolt Brechts
Botschaft an Michael Ende – Tiefe Krise – Ein Landsknecht der
Wirklichkeit – Das Wort des Schächers – Meditationen über das
Friesenrind – Zwei Mark pro Liebesnacht – Lampenfieber –
Rothaarige, schöne Hannelore – Ein Sultan hoch zwei – Wie
wird man freier Schriftsteller?

1

EDGAR HOB ABWEHREND DIE HÄNDE. Nein – nur das nicht. Es gab doch so viele andere schöne Berufe mit weit besseren Aussichten. Lungerten denn nicht schon genug arbeitslose Schauspieler in München herum?

Aber er wolle nun mal auf die Schauspielschule, er wisse schließlich genau, warum, entgegnete Michael trotzig. Das sei's, das habe er sich vorgenommen.

Ohne Talent? ereiferte sich Edgar. Der Sohn besitze doch für die Bühne nicht das richtige Talent. Seine paar Amateur-Aufführungen in Ehren, aber das sei doch Kinderkram gewesen. Nun, nach der Schule, komme der Ernst des Lebens. Und ob denn nicht schon genug arbeitslose Schauspieler –

Michael griff zur Gitarre, jetzt galt's. Und während er sich akkordierend auf dem Instrument begleitete, sprach er vor Edgar – wie weiland David vor Saul – mit beschwörender Stimme die schönsten Psalmentexte. Er verwandelte sich dabei im Handumdrehen in Orpheus und Harlekin und Jean-Louis Barrault, in Don Rodrigo und Orest und alle Gaukler, alle jugendlichen Liebhaber, die je auf der Bühne gestanden haben.

Edgar war für Pathos schon immer anfällig gewesen. Als der Sohn geendet hatte, gab er gerührt seine Einwilligung: Michael durfte sich zur Aufnahmeprüfung bei der Münchner Falckenberg-Schule anmelden.

Vielleicht gefiel den Herren der Kommission, womit der junge Ende seine Bewerbung begründete: Er wolle eigentlich nicht Schauspieler werden, aber ein paar Jahre lang Bühnenluft schnuppern, um später für das Theater richtige, handfeste Stücke schreiben zu können. Jedenfalls luden sie Michael zur Aufnahmeprüfung ein.

So selbstsicher der junge Mann dem Vater gegenüber aufgetreten war, so gewaltig beutelte ihn jetzt die Prüfungsangst. In der Nacht vor dem großen Tag hielt er sich mehr auf dem Klo auf als im Bett. Kein Wunder, daß er mit existentialistischen Augenringen vor die Kommission trat.

Die Aufnahmeprüfung fand damals in der Herrnstraße 29 statt, in einem Haus, das zu den Münchner Kammerspielen gehörte und in dem von oben bis unten die Schauspieleleven ihr Wesen trieben. Der Saal im ersten Stock war mit einer richtigen Bühne ausgestattet – Vorhang, Podest, Flügel für die musikalischen Darbietungen, alles vorhanden. Später sollte Michael hier proben und arbeiten und auch in Theateraufführungen mitspielen.

Jetzt stand er etwas betreten auf diesen Brettern.

Das ist aber auch eine verteufelte Situation: Du wartest auf der staubigen, dekorationslosen Fläche, und vor dir gähnt das Loch des Zuschauerraums. Dort unten sitzen die Herren der Prüfungskommission (vielleicht sind auch Damen darunter, das siehst du nicht so genau in deiner Aufregung). Sie murmeln und gähnen, schwatzen miteinander und zeigen sich nicht übermäßig interessiert an deiner Person, will dir scheinen – bis plötzlich aus dem Hintergrund eine Stimme ungeduldig drängelt: »Nun mal los, Herr Ende!«

Da trittst du ein paar Schritte vor, reißt dich zusammen, drückst die Knie durch; und mit einem rasselnden Atemzug, vor dem du selber erschrickst, beginnst du deinen Hamlet-Text zu sprechen; und schwitzt, bist nicht ganz bei dir, stehst wie unter einer gläsernen Glocke und vollkommen einsam da – bis zu den bedeutungsschweren Schlußworten: »*Gute Nacht, Mutter!*«

Jämmerlich, fand Michael Ende, habe er vorgesprochen, diesen und die beiden anderen Texte, die er für die Prüfung gelernt hatte. Aber so jämmerlich kann es nicht gewesen sein: Schon wenige Tage später flatterte Vater Edgar ein Brief des Schulleiters Heinrich Sauer ins Haus. Der Herr Direktor teilte ihm darin mit, die Prüfungskommission habe den Einruck gewonnen, daß bei Sohn Michael »eine schauspielerische Begabung« vorhanden sei.

Er war als Eleve der Otto-Falckenberg-Schule angenommen. Und bald bekam er auch sein erstes selbstverdientes Salär: ein Stipendium von zweihundert Mark im Monat.

Das war wie ein Orden. Denn die Falckenberg-Schule zählte (und zählt) zu den feinsten Schauspieler-Ausbildungsstätten der Theaterwelt.

2

Am Morgen des 2. Mai 1949 trat der Eleve Michael Ende in der Herrnstraße 29 an. Alles war ungewohnt, alles spannend, und mit neugierigen Augen ließ sich der Adept in die Geheimnisse des Komödiantentums einweihen.

Der Unterricht dauerte den ganzen Tag. Professoren und Lehrer kamen und gingen, trugen gewichtiges Wissen vor und zeigten den Schülern dieses und verlangten von ihnen jenes. Gymnastik – nun, das kannte man; aber hier sollten die Übungen sicherlich für Shakespeare-Rollen geschmeidig machen. Was dann angesagt war, mußte so etwas wie Meditation sein. Mythologie bei Professor Zippert – ein Weiser, ein Guru! –, die Theaterwissenschaften bei Nino Erné. Und dann wieder ganz anderes: höfische Tänze. Und wie man sich für den Bühnenauftritt schminkt. Und Fechten.

Fechten! Die Leichtigkeit, mit der Filmhelden wie Errol Flynn und Douglas Fairbanks jr. das Florett sirren ließen, war verdammt schwer zu lernen, da troff unter der Fechtmaske der Schweiß übers Gesicht. »Prim – Ausfall! Sekond – Ausfall! Terz – Ausfall! Quart –« Unter Herrn Riemerschmids Kommandos stampften Füße nach vorn, stießen Klingen schneidig ins Leere. Ein fürchterlich anstrengendes Training, der Muskelkater blieb nicht aus.

Aber die Arbeit an der Stimme! Die mußte eine Schauspieler-stimme werden, volltönend und bis zum obersten Theaterrang hinauf vernehmbar und verständlich. Wie lernt man das, wie macht man das? Mit Stimmbildung am Klavier, beim Üben der Sprechtechnik. Mit Korken im Mund, ohne Korken im Mund. Indem man deutlich die altbewährten Floskeln spricht: »Barbara saß nah am Abhang.« Oder: »Mein Meister freit ein reizend' Weib.« Und so weiter. Immer wieder, immer wieder. Nicht besonders geistreich, nicht besonders unterhaltend. Aber wirksam.

Dann, zum Rollenstudium, taten sich endlich die Pforten des Musentempels weit auf, und die Götter selbst standen vor dem Altar und winkten: Doña Proëza – sprich: Inge Birkmann. Don Rodrigo – sprich: Peter Lühr.

Und die Enttäuschungen begannen, die Götterdämmerung brach an.

Denn die beiden, die von der Bühne der Kammerspiele herunter ihr Publikum lachen und weinen machten, die in jeder ihrer Vorstellungen zeigten, was Kunst vermag – sie lebten anderswo als der junge Schauspielschüler von 1949: hoch erhaben über dem Komödiantenhandwerk, das ihnen längst in Fleisch und Blut übergegangen war.

Blendend führte Frau Birkmann im Probensaal der Herrnstraße 29 vor, was sie konnte. Das Problem war nur: *Sie* konnte es – aber wie, bitte, sollte es der Eleve machen? Nicht anders bei Herrn Lühr. Was dem großen Mimen selbstverständlich war – Sprechen, Gehen, Stehen und die Bühne in Welt verwandeln –, das konnte der Anfänger nur bestaunen, nicht annehmen.

Aber da gab es noch andere Lehrer, zum Beispiel den Schauspieler Charles Regnier. Er kam, legte die Füße auf den Tisch, faltete seine Zeitung auseinander und sagte beiläufig zum Schüler: »Nun mach mal!« Und nachdem der junge Mensch sich in seinem Monolog bis zur Erschöpfung verausgabt und die Seele aus dem Leib rezitiert hatte, blickte Regnier nur kurz auf und sprach: »Mach's noch mal!« Bis er die Zeitung zusammenfaltete, aufstand und mit dem Schüler zu arbeiten begann – Wort für Wort, Satz für Satz und Zeile für Zeile.

Da spürte man dann, wie man es »machen« mußte, da ging einem ein Licht auf: So war Theaterspielen!

3

Michael gewann neue Freunde. Da war sein Mitschüler Rainer, der aus einer Hansestadt des Nordens kam, aus einem Lehrerhaushalt. Mit ihm konnte der junge Ende lachen wie mit keinem sonst: »Er fand mich sehr komisch«, erzählt Rainer aus diesen Jungendtagen. »Dabei bin ich einer der unwitzigsten Menschen, die ich kenne.« Vielleicht lag es wieder einmal an Michaels Talent, einen verborgenen Wesenszug aus einem Menschen hervorzulocken und ihn dann darauf festzulegen. Tatsache ist, daß Rainer bis auf den heutigen Tag in seiner trockenen Art Geschichten zu erzählen weiß, bei denen sich die Zuhörer vor Lachen biegen. Zum Beispiel die Geschichte von den unmäßig vielen, kleinen Teddybären, die er als Junge gesammelt, geliebt, gehütet und getauscht hat.

Michael brachte den neuen Freund mit nach Hause. Beeindruckt und erfreut schaute sich Rainer im Tohuwabohu des Künstlerhaushalts um. Hier sah es anders aus als in der gutbürgerlichen Umgebung, aus der er kam; in den vollgestopften Zimmern der Atelierwohnung in der Leopoldstraße 135a lebte das Unbürgerliche, das Phantastische, auch das Chaotische. Etwas aus seiner Kinderzeit wehte Rainer an, die Welt seiner frühen Jahre stand auf, und das ließ es ihm wohl werden im Milieu und in der Umgebung der Endes. Er war glücklich über diese Freundschaft, die ihm das Tor aufschloß und die Rückkehr ermöglichte ins Reich der Phantasie.

Die Menschen, die Besucher, die er hier antraf, die Literatur, über die beim Halma gesprochen wurde, die Kunst, an der sich überm Mensch-ärgere-dich-nicht plötzlich eine heiße Diskussion entzünden konnte: Dem jungen Mann erschienen die Dinge des Lebens auf einmal in einem anderen, neuen Licht. Konventionen galten in der Welt der Endes kaum etwas, das Erlebnis alles, und alles die Gedanken und Ideen, die jetzt und hier ausgesprochen wurden. Und das Esoterische, Unsichtbare, Unbeweisbare, die Wesen aus

Zwischen- und Überreichen gehörten ganz selbstverständlich und von keinem bezweifelt zum Dasein.

Zum Beispiel das Lieflam.

Damit hätte Rainer seinen Leuten zu Hause nicht kommen dürfen – Unsinn, Kinderkram. Am Tische der Endes lachte niemand darüber, man zuckte nur mit den Achseln: Nun ja, das Lieflam, dieses Zwischenwesen aus Mensch und Schaf – es wohnte eben draußen in einem der Schränke des Korridors. Ori hatte Besucher, die im Atelier übernachteten, schon immer darauf aufmerksam gemacht: Irgendwann, so um zwölf Uhr herum, komme dieses Lieflam vorbei, es sei nun einmal neugierig und werde sich den Schläfer gründlich ansehen.

Aber nur keine Aufregung – das Lieflam sei ein gutartiges Gespenst und habe noch keinem etwas zuleide getan.

4

Michael und Rainer diskutierten miteinander, wo sie gingen und standen. Kaum über persönliche Probleme, immer über Höheres – Existentielles und Metaphysisches. Berühmt wurde bei ihren Freunden das, was als das Zweiundzwanzig-Stunden-Gespräch in ihre private Historie eingegangen ist.

Angefangen hat dieser Endlos-Dialog wohl auf der Bude eines Mitstudenten oder auch in Rainers Bleibe in Haidhausen. Jedenfalls redeten sie sich fest und redeten und redeten; sie zogen durch den Englischen Garten und redeten, liefen durch die Gassen Schwabings und redeten, bummelten über den Leopold-Boulevard und diskutierten weiter. Das taten sie auch, als sie das Ungererbad erreicht hatten, sie diskutierten auch noch in der Kneipe bei Bier und einem Happen Essen und legten nur eine Pause ein, solange sie sich einen Film ansahen. Doch kaum aus dem Kino heraus, diskutierten und redeten und diskutierten sie weiter und weiter und weiter – Stunde um Stunde.

Es war wohl das reine Glück.

5

Rainer verließ die Falckenberg-Schule und bezog die Universität.
Da kam Nina in Michaels Schauspielschule.
Sie war ein Mädchen mit einem eigenartig schönen, slawischen Gesicht. Und sie war ein Mädchen mit einem harten Schicksal.
Ihr Vater, der jüdische Künstler Jankel Adler (1895–1949), ein sehr eigenständiger Maler, hatte vor den Schergen des Dritten Reichs rechtzeitig nach Paris fliehen können und war, als die Deutschen Frankreich besetzten, nach England verschlagen worden. Nina und ihre Mutter blieben am Rhein zurück.
Die beiden mußten um ihren Lebensunterhalt nicht bangen. Die Mutter, begabt als Zeichnerin und als Malerin, konnte sich und ihre Tochter ernähren. 1942 bekam sie das Angebot, in einem Berliner Trickfilm-Studio zu arbeiten. Und in der Reichshauptstadt begann dann der Schrecken.
Nina, nun fünfzehn Jahre alt, beantragte ihre Kennkarte. Auf der Behörde stellt sie mit Entsetzen fest, daß dem Dokument ein »J« aufgestempelt war – und das bedeutete: Jüdin. Wer 1942 eine Kennkarte mit dem aufgestempelten »J« besaß, hielt so etwas wie sein Todesurteil in der Hand: Jeden Tag konnte er ins Konzentrationslager transportiert werden.
Dem Stempel in Ninas Papieren lag ein Behördenirrtum zugrunde: Wer nur *einen* jüdischen Elternteil besaß, blieb von dieser Maßnahme verschont – so die damaligen Gesetze. Doch wer konnte es unter der Herrschaft der Nationalsozialisten schon wagen, einen solchen Irrtum aufzuklären? Es war bereits eine Geste der Menschlichkeit, daß die Berliner Beamtin sich bereit erklärte, Ninas Kennkarte zu zerreißen und alle Unterlagen zu vernichten.
Ein Mensch ohne gültige Papiere war in diesen Zeiten vogelfrei. Mutter und Tochter begaben sich auf die Flucht, sie tauchten in der halben Illegalität unter. Ein paar Monate lebten sie in dieser kleinen Stadt, ein paar Monate in jener; trafen sie dann allmählich auf mißtrauische Blicke und wurden ihnen zudringliche Fragen gestellt, zogen sie weiter. Ninas Mutter nähte, malte Blumenbilder, nahm Gelegenheitsarbeiten an. Und wenn die beiden wieder mit

unbekanntem Ziel aufgebrochen waren und Polizisten im Eisenbahnzug Ninas Ausweis zu sehen verlangten – da murmelte das Mädchen Entschuldigungen und zeigte seinen Postausweis vor; den hatte man ihm ohne besondere Formalitäten ausgestellt.

Bis 1945 dauerte diese Odyssee durch Deutschland. In Waldkirch im südlichen Schwarzwald erlebten die beiden den Zusammenbruch des Hitler-Reiches und das Kriegsende.

6

Manche Menschen werden auch im Unglück noch von den Göttern behütet. Man könnte meinen, Nina – jahrelang auf der Flucht, jahrelang verfemt und versteckt – wäre zu einem gehetzten, verschlagenen Mädchen herangewachsen, einer Einzelgängerin, die keinem gerade in die Augen sehen kann. Nichts davon stimmt.

So klar wie ihre Gesichtszüge, so klar war sie selbst. Vielleicht etwas ernsthafter als ihre Altersgenossen, vielleicht etwas mehr geprägt vom Gedanken an die Brüchigkeit des Daseins. Wenn die anderen prahlerisch die Existentialisten spielten – Nina hatte es am eigenen Leib erfahren, die Unbehaustheit, das Ins-Dasein-Geworfensein. Das machte sie reifer. Und: Sie konnte nicht flirten, nicht mit Menschen, Gefühlen, Bindungen spielen, wie das die Schauspielschüler um sie herum im Überschwang ihrer Jugend taten.

Nun glaube aber niemand, Nina sei sauertöpfisch gewesen. Sie gehörte schon bald zur Clique, und sie konnte saufen wie keiner. Aber wenn sie dann eine Flasche Wodka geleert hatte, erhob sie sich und stand da kerzengerade und sagte, nichts verschleiernd, wie das ihre Art war: »Ich bin betrunken und gehe jetzt nach Hause.« Und verließ kerzengerade die Freunde und die Kneipe.

Nina und Michael entdeckten, daß sie beide Kunstmaler zu Vätern hatten, und es dauerte nicht lange, da war das Mädchen die Dritte im Bunde mit Rainer. Wenn die jungen Männer diskutierten, saß Nina dabei, ohne viel zu reden. Doch ihre Anwesenheit bewirkte, daß die Diskussionen dichter und wesentlicher wurden: »Nina, der Katalysator«, sagten die Freunde.

Sie lernte auch Michaels Eltern kennen. Mutter Lise hätte Nina gern als Schwiegertochter gesehen.

7

Am 2. September 1949, einem Freitag, befand sich Michael Ende spätabends zu Hause in der Leopoldstraße 135a. Es war gegen dreiviertel elf, als er beschloß, ein Bad zu nehmen. Er schaltete im Vorbeigehen das Radio ein, lief über den Korridor und kam, als das Wasser in die Wanne lief, noch einmal ins Zimmer zurück.

Aus seinem Bad sollte an diesem Abend nichts werden.

Denn auf einmal fesselte Michael, was aus dem Radioapparat tönte. Und nicht nur die ungewöhnliche Musik ließ den jungen Mann aufhorchen, sondern auch eine ungewöhnliche Stimme, die ihn faszinierte – die Stimme einer Frau, die zu dieser Musik Texte sprach, schrie, heulte: eine Sibylle mit dunkler, erotischer Stimme, aus der (so schien es Michael) Erlebnis von Welt und tiefes Wissen um die Kunst tönte.

Wie in den vergangen Jahrzehnten oft, so bemühten sich auch damals Komponisten darum, die sogenannte ernste Musik und die sogenannte Unterhaltungsmusik zu vereinen. Das hatte der Komponist dieses kühnen Werkes ebenfalls getan, dieser religiösen Jazz-Kantate, von der Michael wie gebannt am Radio festgehalten wurde. *»Und aus dem Rauch kamen Heuschrecken auf die Erde . . .«*
Die Worte der beiden Sprecher und jener Sprecherin, auch die Worte, welche die fünf Sänger psalmodierten, stammten aus der Bibel, unverkennbar aus der Luther-Übersetzung der Apokalypse des Johannes. Die Musik aber glich nicht der frommen Tonsprache eines Bach oder Bruckner oder etwa Verdis *Dies irae*, sie war modern auf eine ganz eigene Weise, und mancher mochte sie – verbunden mit dem erhabenen Text – für Gotteslästerung halten.
Sieben Mitglieder einer Tanzkapelle und vier Hände an zwei Konzertflügeln spielten die symphonischen Klänge. Symphonische Klänge? Da waren Boogie, Rumba und Bolero und immer wieder das Stakkato des Jazz; einfache, fast primitive Melodien, die sich

endlos wiederholten; der peitschende Rhythmus des Schlagzeugs, der wimmernde Schrei des Saxophons; menschliche Schreie, zerhackte Sprache, zerhackte Gesänge, atemlos, gnadenlos, nie gehört – wann war die Vision des Sehers von Patmos je in ein solches Getümmel aus Tönen, Lauten und Geräuschen verwandelt worden? Wann hatte je ein Komponist Angst und Klage der Endzeit, in der er lebte, so wild hinausgeschrien?

Und in diesem Getümmel immer wieder das rauchige, rauhe Timbre der Frau.

Michael saß vorgebeugt, die Hände zwischen den Knien knetend, und lauschte.

Um Mitternacht, als die Sendung zu Ende war, erfuhr er den Titel des Musikwerks. Er war soeben Ohrenzeuge einer Uraufführung geworden, nämlich der ersten öffentlichen Aufführung der Jazz-Kantate *Apokalypse* von Karl von Feilitzsch.

Die Sprecherin hieß Ingeborg Hoffmann, eine Schauspielerin.

Michael hatte zum erstenmal die Stimme der Frau gehört, die einige Jahre später seine Lebensgefährtin werden sollte.

8

16. August 1949: Bei einem Offiziersputsch in Damaskus ist der syrische Diktator Husni Zaim verhaftet und erschossen worden. Die Westmächte – heißt es – wollen die Reparationsleistungen Westdeutschlands an Rußland stoppen. Der Schriftsteller Thomas Mann berichtet in USA über seine Europa-Reise: Er habe den Eindruck gewonnen, daß die Deutschen Hitler nachtrauerten.

16. August 1949: Acht von elf Dortmunder Arbeitern sind von der Anklage freigesprochen worden, den Demontage-Unternehmer Erwin Müller mißhandelt zu haben. Direktor Koch vom Münchner Stadtbauamt (Jahresetat: 9,3 Millionen Mark) hält 80 Millionen Mark für notwendig, um die Straßen und Brücken der Stadt wiederherzustellen. Die »Interessengemeinschaft der ehemaligen Kriegsgefangenen in Bayern« hat die Bevölkerung verzweifelt zu einer neuen Hilfsaktion aufgerufen; wenn die scheitert, wollen die Heimkehrer

»zu Tausenden vor den Regierungsgebäuden erscheinen und nicht eher abziehen, bis man uns gesagt hat, daß wir ein Recht auf Entschädigung haben und welche Schritte getan werden«.

16. August 1949: In der letzten Woche haben sich in München 132 Verkehrsunfälle ereignet, vier davon mit tödlichem Ausgang. Fünf Mörder sollen noch in diesem Monat vor das Schwurgericht kommen, darunter eine Hausgehilfin, die ihr Neugeborenes in eine Abortgrube geworfen hat. Ein Bergmann aus Kattowitz wurde wegen Bigamie verhaftet. Vor Blüten wird gewarnt: »Von der bekannten *Fälschung* der Banknote zu *fünf* DM mit fälschlich weißem Dreieck links unter der Weltkugel ist eine verbesserte Nachahmung im Umlauf.«

16. August 1949: Gottfried von Cramm wurde wieder Deutscher Tennismeister: »Cramms sechste Meisterschaft widerlegt Grabgesänge.« Amerikanische Quäker eröffneten in der Münchner Kaulbachstraße 49 ein Heim, in dem Studenten sich aufhalten, arbeiten, lesen und an Vorträgen, Diskussionen und anderen Veranstaltungen teilnehmen können. »Es ist später, als du denkst«, hieß es im Prinzregentenstadion auf dem dreitägigen Kongreß der Zeugen Jehovahs, der jetzt zu Ende gegangen ist; 10 000 Menschen haben daran teilgenommen.

16. August 1949: Die Hühnereier werden »in einer Zeit auslaufender Legetätigkeit« in Bayern wieder knapp. Vom Dallmayr-Santos-Kaffee (»gesiebt und 2mal verlesen, stets frisch vom Röster«) kostet das Pfund 12,80 Mark, das Viertelpfund 3,20 Mark. Im Bayerischen Wald lockt man mit billigen Sommerferien: Zimmer mit fließendem Wasser gibt es – bei voller Pension! – für 4,50 Mark. Wer in der Holledau Hopfen zupft, bekommt für einen Metzen (= 60 Liter) voller Dolden 50 Pfennige Arbeitslohn.

16. August 1949: Ein Ruinengrundstück an der Herzog-Wilhelm-Straße (870 Quadratmeter, geräumt) wird für 120 000 Mark angeboten, ein Grundstück in Laim (1000 Quadratmeter) für 7800 Mark, ein Bauplatz in Waldtrudering (810 Quadratmeter) für 3300 Mark. Friedrich Witte, Starnberg, annonciert so: »Von und nach Berlin/Ostzone – Transporte – Beiladungen – Erledigung der Formalitäten«.

16. August 1949: Das Berliner Renaissance-Theater gastiert mit Jean-Paul Sartres Drama *Die schmutzigen Hände* (Regie: O. E. Hasse) in den Münchner Kammerspielen. Die synchronisierte Fassung eines Films von Jean Renoir wird heute, um 21 Uhr, in den Rathaus-Lichtspielen uraufgeführt: *Bestie Mensch* mit Jean Gabin. Das Luitpold-Theater bringt Alexander Kordas Weltsensation *Der Dieb von Bagdad* mit Conrad Veidt, das Merkur-Film-Theater – auf vielfachen Wunsch – *Der Tiger von Eschnapur* mit La Jana. (Nachrichten und Zitate aus: Süddeutsche Zeitung, Jg. 5, Nr. 96, vom 16. 8. 1949.)

9

Aber die Schlagzeilen auf der ersten Seite aller Tageszeitungen Westdeutschlands waren in diesen Tagen einem historischen Ereignis gewidmet: Es gab wieder einen deutschen Staat.

Am Sonntag, dem 14. August 1949, hatten 24 495 614 Bewohner der drei westlichen Besatzungszonen den ersten deutschen Bundestag gewählt. Bis in den Montagvormittag hinein waren die Stimmen gezählt worden, doch nun stand das Ergebnis fest.

Für die beiden großen Parteien war es ein Kopf-an-Kopf-Rennen gewesen: CDU/CSU heimsten 31,0 Prozent der Wählerstimmen ein und damit 139 Sitze im Bundestag. Für die SPD fielen 29,2 Prozent der Stimmen ab, und das bedeutete 131 Sitze im Bundestag. Die FDP: 11,9 Prozent und 52 Sitze. Die Kommunistische Partei: 5,7 Prozent und 15 Sitze.

Kurz darauf, am 12. September 1949, wurde der erste Bundespräsident gekürt. Im zweiten Wahlgang fiel die Entscheidung für Professor Theodor Heuss (FDP), den fünfundsechzigjährigen schwäbischen Humanisten mit dem Schönheitsfleck auf der Weste: 1933 hatte er sich dem Wunsch der Deutschen Demokratischen Partei, der er damals angehörte, gefügt und für Hitlers Ermächtigungsgesetz gestimmt. Trotz dieser Sünde aus der Vergangenheit (die freilich keinen Bundesbürger kümmerte) erfreute sich der gebildete Mann großer Beliebtheit bei seinem Volk. Zehn Jahre blieb er im

Amt; er machte mit gutem Anstand Staatsbesuche im Ausland, wetterte erfolglos gegen die deutsche Wiederbewaffnung und war berühmt für das behäbig-geschliffene Deutsch seiner Weihnachtsansprachen im Radio – ein spätbürgerlicher Herr mit Humanisten-Idealen.

Um das weit wichtigere Amt des Bundeskanzlers ging es am 15. September 1949. Zum ersten Mann im neuen Staat wurde eine andere Vaterfigur gewählt (mit nur einer Stimme Mehrheit, seiner eigenen): der dreiundsiebzigjährige Konrad Adenauer (CDU), ehemals Bürgermeister von Köln, ein Staatsmann mit unverkennbarem, nie verleugnetem rheinischem Tonfall. Ihm wurde – anders als Papa Heuss – nicht allezeit die gerührte Sympathie der Westdeutschen zuteil. Doch wie man es auch ansieht: In seinen vierzehn Amtsjahren (Adenauer trat siebenundachtzigjährig ab) wandelten sich die Bundesrepublik und die Welt, und er hat kräftig eingegriffen.

Deutschland lag zu der Zeit noch in Trümmern, noch wanderten die Menschen ruhelos von Ort zu Ort, von Osten nach Westen. Es gab nun mehr zu essen, doch trotz der Währungsreform immer noch die »Bewirtschaftung« – sprich: Lebensmittelkarten. Man war arm, ein Arbeiter verdiente durchschnittlich zweihundertfünfzig bis zweihundertsechzig Mark im Monat. Aber jetzt zog doch wenigstens wieder Ordnung ins Land, zumal vom 24. Mai 1949 an das Grundgesetz jedem Bürger seine Menschenrechte garantierte.

Und die Westdeutschen bekamen ihre Hauptstadt. Berlin mit seinem Vier-Mächte-Status, mitten in der Ostzone gelegen, hatte keine Chance gehabt. Der Plan, den Bundestag und die Regierung in einer Barackensiedlung an der Zonengrenze unterzubringen, lockte die Politiker wenig. Aber als noch alle Welt dachte, die brodelnde Main-Metropole Frankfurt sei nun mal an der Reihe, hatte Adenauer schon seinen Lieblingsplan durchgesetzt: Am 10. Mai 1949 war die Entscheidung für Bonn gefallen. Man erklärte die kleine Universitätsstadt, einen Katzensprung von des Kanzlers Rhöndorfer Heim entfernt, zur »provisorischen« Hauptstadt der Bundesrepublik. Und doch wurde Berlin wieder Hauptstadt: die der DDR, als am 7. Oktober 1949 aus der sowjetisch besetzten Zone Deutschlands die Deutsche Demokratische Republik entstand.

Michaels Eltern gehörten immer noch zu den Habenichtsen. Aber die Geldsorgen drückten sie nicht mehr so arg wie früher. Und vor allem: Man übertrug ihnen ehrenvolle Aufgaben.

Das war die Freie Selbsthilfe, ehrenamtlich von amerikanischen und deutschen Damen gegründet, um Not zu lindern. Verarmte Adelige und andere ehemals Begüterte durften sicher sein: Sie wurden nicht übers Ohr gehauen, wenn sie ihre Familienstücke – alte Möbel, Porzellan, Schmuck, Spitzen – über die Freie Selbsthilfe verkauften. Denn hier taxierten unabhängige Experten das wertvolle Gut und setzten reelle Preise fest.

Der unabhängige Experte für Edelsteine und feine Spitzen hieß Luise Ende.

Und Edgars Stern begann wieder zu steigen. Ende-Bilder wurden auf wichtigen Ausstellungen gezeigt, sogar auf der Biennale von Venedig; der Maler übernahm Ehrenämter in Künstlervereinigungen; und 1949 geschah, was er sich wenige Jahre zuvor nicht hätte träumen lassen – Türen, die ihm im Hitler-Reich unerbittlich verschlossen geblieben waren, taten sich weit vor dem ehemals Verfemten auf: Er wurde in die Ausstellungsleitung der Großen Münchner Kunstausstellung im Haus der Kunst berufen und war dann mehrmals ihr Präsident.

Aber so was kostet Zeit. 1948 schuf Michaels Vater so bedeutende Gemälde wie beispielsweise *Das Spiegelbild, Unter dem Eisenbahndamm, Der Vogelmensch* und *Das geborstene Pferd*. 1949 klagte der Künstler, daß er über all seinem bürokratischen Kram nicht genug zum Malen komme. Aber die Professur an einer Kunstakademie, die ihm neben kreativer Arbeit auch den Lebensunterhalt eingebracht hätte, wollte Ende, dem Surrealisten, keiner anbieten.

Von Lises und Edgars Ehe ist aus dieser Zeit nichts zu berichten, sagt Sohn Michael und kann sich an lautstarken Krach nicht erinnern. Man lebte wohl in einer Art Waffenstillstand.

Es war die Stille vor dem Sturm.

Wohlwollend beobachtete Edgar die Arbeit des Sohnes. Er schenkte der Falckenberg-Schule sein Gemälde *Der Engel mit dem Fisch* und steuerte die Bühnenbilder bei, als Michael und die anderen Schauspielschüler das burleske Kasperlespiel *Das verbesserte Biribi* aufführten. Das war am Ende ihrer Vorausbildung; sie sollten zeigen, was sie gelernt hatten.

Rainer und Michael traten als Tod und Teufel auf; Kasperles Frau Schlampampe wurde von ihrer Mitschülerin Ruth Drexel, die Titelfigur – ein Krokodil – von Luitgard Im gespielt.

Dieses Stück schlug wieder eine Brücke zu den großen literarischen Zeiten der Vergangenheit. Denn Max Kommerell (1902–1944) hat es geschrieben, und der zählte als junger Mann zu den engsten Freunden von Stefan George. Nachdem er sich aus dem Kult um den exzentrischen Dichterfürsten gelöst hatte, wurde aus Kommerell ein bedeutender Philologe. Daß aber auch Männer der Wissenschaft ihre heiteren Stunden haben, erwies sich, als man im Marburger Nachlaß vom Herrn Universitätsprofessor Kommerell seine drei Kasperlespiele fand. *Das verbesserte Biribi* ist eins davon.

Ein paar Jahre später – 1953 – erlebten alle drei Kasperstücke ihre spektakuläre öffentliche Aufführung in Darmstadt. Dort erbat man die Bühnenbilder allerdings nicht von Edgar Ende, sondern von seinem Malerkollegen aus der abstrakten Zunft – von Willi Baumeister.

12

Michael lebte nun im Brennpunkt großer Theaterkunst: Die Münchner Kammerspiele gehörten zu den bedeutendsten Bühnen Westdeutschlands. Regisseure und Schauspieler rechneten es sich zur Ehre an, im Haus an der Maximilianstraße arbeiten zu dürfen. Und die Ausbildung an der Falckenberg-Schule wurde für manchen der Beginn einer großen Karriere.

Michael, Rainer und Nina erwarben sich freilich als Mimen keine

Lorbeerkränze, sie haben andere Berufe ergriffen. Aber sie lernten zu dieser Zeit an ihrer Schule zusammen mit etlichen, die heute als Schauspieler einen guten Namen besitzen.

So Ruth Drexel, die in erster Ehe Michaels Nothelfer aus der Stuttgarter Waldorfschule geheiratet hat – denselben Michael II, der ihm in Herrn Bindels Mathematikstunde aus der Patsche half. Die Drexel, eine Vollblutschauspielerin, hat Valentiniaden und handfeste Kellnerinnen auf die Bühne gebracht, sie spielte im Lauf ihrer Karriere alles von Shakespeare bis Bertolt Brecht, trat in Stücken von Horváth und Federico Garcia Lorca, Martin Sperr und Franz Xaver Kroetz auf und wurde gefeiert; und hat es bis zur Regisseurin gebracht und den sorgenvollen Posten der Intendantin des Münchner Volkstheaters übernommen.

Als Regisseurin arbeitet heute auch ein anderes Falckenberg-Mädchen von damals – nach ihrer Laufbahn als Schauspielerin, nach der Ehe mit dem inzwischen verstorbenen großen Theatermann Jean-Pierre Ponnelle: die exotisch-schöne Margit Saad mit der goldfarbenen Haut. Und der internationale Filmstar Mario Adorf (im *Momo*-Film der Maurer Nicola) gehörte noch zu den »Kleinen«, nämlich zu den Schülern der unteren Klasse.

Die Karrieren der Zukunft: Damals – 1949/51, in diesen armen Jahren – waren sie noch Träume, keine Gegenwart. Die Gegenwart: Das waren die spektakulären Inszenierungen an den Kammerspielen, unter bedeutenden Regisseuren, mit berühmten Bühnen-Profis. Michael hat diese große Theaterzeit aus allernächster Nähe erlebt, aus einem einfachen Grund: Er mußte – wie alle Falckenberg-Schüler – in vielen Stücken als Statist mitwirken. So stand es im Paragraphen 4 b seines Ausbildungsvertrages.

13

Im Sommer 1949 begann Hans Schweikart mit den Proben zu Goethes *Faust II* – ein Wagnis, das zu Legende geworden ist. 84 Rollen waren zu besetzen, das ging natürlich nicht ohne die Schauspieleleven. Also durften sie dabeisein, während Grandseigneur

Schweikart dieses beinahe unspielbare Welttheater auf seine leise, gescheite Weise mit den Darstellern erarbeitete; sie durften miterleben, wie die Schauspieler ihre Rollen entwickelten – große Schauspieler, Maria Wimmer, Friedrich Domin, Paul Hoffmann und andere.

Die Bühnenmusik zu *Faust II* schrieb damals Mark Lothar, der beinahe drei Jahrzehnte später aus Endes *Momo*-Roman eine Oper machte. Der Komponist hat nicht wenig gestaunt, als er 1977 den berühmten Autor in Italien zum ersten Libretto-Gespräch aufsuchte und von ihm mit Gesang empfangen wurde:

»Euren Beifall zu gewinnen,

schmückten wir uns diese Nacht«,

trällerte der Dichter, am Tor seines Hauses stehend, und der Komponist erkannte das Chorlied sofort. 1949 hatte er auch diesen Goethe-Text für Schweikarts *Faust II*-Inszenierung vertont, und der Falckenberg-Schüler Ende schmetterte das Lied damals mit seinen Statistenkollegen auf der Bühne.

Im Herbst 1949, während der Proben zum Kostümstück *Die sechste Frau*, lernten die Anfänger einen ganz anderen Regiestil bei einem ganz anderen Profi kennen: bei Axel von Ambesser. Er war ein Künstler mit hintergründigem Humor, ein Charmeur und Erzkomödiant, erfahrener Schauspieler und Regisseur bei Bühne und Film und außerdem selbst ein Stückeschreiber *(Das Abgründige in Herrn Gerstenberg)*. Sein Repertoire beschränkte sich nicht auf das Boulevardtheater; aber *wenn* er Groteske, Klamotte, Posse auf die Bretter brachte, wußte Ambesser sie mit Witz, Ironie, Sarkasmus oder tieferer Bedeutung zu veredeln.

Bei seinen Schauspielerkollegen war er dafür bekannt, daß er während der Vorstellung gern Allotria trieb, wild drauflos improvisierte und den Text der anderen durcheinanderwirbelte; doch was am Abend auf der Bühne gefürchtet war, machte das Proben mit ihm als Regisseur vergnüglich, immer wieder schallte Gelächter durchs Haus.

Auch die Probenarbeit des großen Bertolt Brecht durfte der Statist Ende beobachten.

Im September 1950 war Brecht aus Ostberlin, wo er lebte, an die Münchner Kammerspiele gekommen, die ihm wohlbekannt waren: Dieses Theater hatte 1922 (damals noch in der Augustenstraße) sein Erstlingswerk *Trommeln in der Nacht* mit sensationellem Erfolg uraufgeführt und dem jungen Mann aus Augsburg als Dramaturg Lohn und Brot gegeben. Auch Regie hatte der Autor hier schon geführt *(Leben Eduard des Zweiten von England)*.

Nun, beinahe ein Menschenalter später, kam er als weltberühmter Dramatiker wieder, um seine Parabel vom Elend des Dreißigjährigen Krieges – *Mutter Courage und ihre Kinder* – zu inszenieren. Er tat es auf seine bekannte Art, feilte bis ins kleinste und probte die Szenen immer wieder, unablässig darauf bedacht, jeden Vorgang auf der Bühne ganz anschaulich zu machen. Und so, wie er als Dichter seine Texte mit Worten, Satzbau, Rhythmus verfremdete, führte er auch als Regisseur die Schauspieler weg vom naturalistischen Sprechen, Gehen, Bewegen.

Mit der Hauptdarstellerin dürfte er es da nicht schwer gehabt haben, die war schon 1941, in Zürich, bei der allerersten Aufführung des Schauspiels die ideale Mutter Courage gewesen: Therese Giehse, eine der bedeutendsten Brecht-Interpretinnen unserer Zeit. Niemand, der ihre listigen Marketenderinnen-Äuglein in diesem Theaterstück gesehen hat, wird sie je vergessen können.

Brechts Zusammenarbeit mit den Schauspielern in München wird in der Literatur als sehr harmonisch beschrieben. Aber Michael und den anderen Falckenberg-Schülern fiel einiges auf, was sie befremdete.

Zum Beispiel das klapprige Auto des Dramatikers, das vor dem Theatergebäude stand. Einer, der in Technik und Automechanik bewandert war, hat einmal heimlich die verrostete Kühlerhaube geöffnet, um ein wenig darunterzukriechen. Großes Erstaunen, als er sich wieder aufrichtete. Denn: Ein nagelneuer Mercedes-Motor, hat er behauptet, sei in die alte Kiste eingebaut.

Und Brechts Litewka, seine Proletarier-Uniform: Sie sah aus, wie vom ersten Maßschneider Ostberlins gebaut.

Nebensächlichkeiten, gewiß. Verschleierungen, die der prominente Kommunist mit sich selbst auszumachen hatte. Hätte er in einem Land des Westens gelebt, hätte er sich ohnehin allen Luxus der Welt erlauben können, verdientermaßen.

Aber es gab auch Bedenklicheres: zum Beispiel Brechts Art, mit den Arbeitskollegen umzugehen. Natürlich, seine Hauptdarsteller versammelte er um sich, mit denen redete er; doch nicht so mit den Schauspielern, die kleinere Rollen verkörperten. Bei den Proben immer von einem Schwarm Assistenten umgeben, pflegte er sich flüsternd an einen von diesen zu wenden; und der junge Mann ging dann nach vorn zu dem weniger wichtigen Schauspieler und gab – ebenfalls flüsternd – Brechts Regieanweisung an ihn weiter.

Komparse Michael bekam einmal stumm einen Zettel in die Hand gedrückt, darauf stand eine Botschaft des großen Dichters an ihn: Herr Ende möge sich, bitte, bis zur Premiere die Haare schneiden lassen. Oder während der Vorstellung einen Helm tragen.

Und dann: die Bühnenarbeiter. In den Kammerspielen waren sie zu der Zeit als Kumpels und Kameraden anerkannt. Mit Recht; denn sie lasen begierig die Textbücher aller Stücke, die an dieser Bühne aufgeführt wurden, und machten sich ihre Gedanken darüber. Sie diskutierten in der Kantine mit den Schauspielern darüber, und da kam manches heraus, was bedenkenswert war.

Brecht hat die Bühnenarbeiter ignoriert. Auch auf ihren traditionellen Kasten Bier zur Premiere warteten sie vergebens.

Das alles konnte Michael freilich nicht die Achtung vor Brechts genialem Werk nehmen. In jeder Vorstellung hat er damals hinter der Bühne gestanden und mit den Tränen gekämpft, wenn Mutter Courage sich am Ende des Schauspiels wieder vor ihren Marketenderinnen-Karren spannt und von ferne der Soldatengesang auftönt:

»Der Krieg, er zieht sich etwas hin.

Der Krieg, er dauert hundert Jahre ...«

Und als Ende Brechts Theatertheorien studierte, faszinierten ihn diese wegweisenden, neuen Ideen ungemein. Zwar lehnte er das Ideologische darin ab. Doch Brechts Leitlinien für das epische, das nicht-naturalistische, nicht-psychologische Theater wurden wichtig für ihn.

Er konnte nicht ahnen, daß eine andere nicht-naturalistische, nicht-psychologische Theaterkunst eines Tages für ihn noch wichtiger werden würde: die der Japaner.

Aber bis dahin sollte noch viel Zeit vergehen.

15

Leben hautnah am Theater, Ringen um die Schauspielkunst: Wie war der junge Michael Ende in diesen Jahren? Wie wirkte er auf die anderen?

Es gibt Aussagen und Erinnerungen von Menschen, die damals in denselben Kreisen lebten wie er. Und es gibt ein Unikat, das dem Schriftsteller an seinem sechzigsten Geburtstag überreicht wurde: eine Sammlung mit vielfach handgeschriebenen Blättern, auf denen diese Freunde ihre Eindrücke aufgezeichnet haben.

Daraus entsteht ein eher verwirrendes Bild.

In einem sind sich zwar alle einig: Mike (so zu der Zeit sein Name bei den Gleichaltrigen) sei ein gutaussehender junger Mann gewesen – mit dunklem Lockenkopf, glattrasierten Wangen, Charme; und »gut bewegt hat er sich auch«. Aber dann gehen die Meinungen doch sehr auseinander: Mancher sah in ihm einen Außenseiter, einen »Denkwebel«, der immer und stets (und sogar bei den Proben auf der Bühne) mit Freund Rainer diskutierte, über Mystisches und Dinge weitab von der Wirklichkeit. Deutet das auf einen jungen Intellektuellen hin, so widersprechen dem andere: »Mike« sei ein naiver Mensch gewesen, still und heiter und von »kraftvoller und ... naiv-unschuldiger Spiritualität«.

Spätestens bei der Liebe hörte seine naiv-unschuldige Spiritualität allerdings auf. Jeder wußte um Michaels wilde erotische Affären; erstaunt und ein wenig neidisch beobachteten die anderen jungen Männer seine Erfolge als Don Juan. Er habe sich um Mädchen nicht bemühen müssen (und auch nicht bemüht), er habe kaum den kleinen Finger nach ihnen ausgestreckt, nur sanfte Blicke durch den

Raum schweifen lassen – das habe für alles Weitere genügt. Michael genoß Liebesstunden mit den ansehnlichsten, begehrtesten, standhaftesten Mädchen, er nahm, was sich ihm bot, und das war viel. Und manche seiner Affären – es läßt sich nicht leugnen – waren auch von der Art, daß Nina und Rainer (die keineswegs prüde dachten) die Augen davor schlossen und sich weigerten, diese Verirrungen des Freundes zur Kenntnis zu nehmen.

Aber auch das steht fest: Noch bei der wurmstichigsten Beziehung kam Michael sein glückhafter Wesenszug zu Hilfe, die nicht gerade adrette Realität mit Phantasie vergolden zu können; noch aus der fragwürdigsten Partnerin machte der Träumer eine Prinzessin.

»Er war verwöhnt und selbstbetont, er war ein verwöhntes Kind. Und ein junger Mann, der sich gerne verwöhnen ließ, auch von seinen zahlreichen Freundinnen«, erinnert sich eine frühere Gönnerin. Und Lise pflegte – halb stolz, halb ärgerlich – die erotischen Erfolge des Sohnes mit einer Geschichte aus seiner Kindheit zu vergleichen, der Geschichte von den Pfläumchen:

Der kleine Michael saß im Garten unter einem Pflaumenbaum. Alle Kinder waren damit beschäftigt, die reifen Früchte zu ernten; manche schüttelten Zweige, andere kletterten in den Ästen herum. Aber immer wieder rannte ein Kind zu Michael und brachte ihm eine Pflaume. Lise, die dazukam, fragte ihren kleinen Sohn, ob er nicht aufstehen und beim Pflücken helfen wolle. Er verstand nicht, was sie meinte – er sagte erstaunt: »Wieso? Sie kommen doch alle und stecken mir die Pfläumchen in den Mund.«

Ein Diskutierer, vielleicht ein Intellktueller, vielleicht auch ein naiver junger Mann und ganz gewiß ein Don Juan – was sagten die Freunde noch über ihn?

Daß er Unmengen Bier getrunken und vertragen habe; weil er unter dem armen Völkchen der Ärmste war, habe man immer die Groschen zusammengeworfen, um ihm noch ein Glas zu spendieren. Und von seiner Gitarre ist die Rede, auf der er – ohne Zeitgefühl in einer Ecke hockend – melancholisch improvisierte oder – »mit samtenem, traurigem Unterton« – den Mädchen und Burschen Balladen vortrug.

Die Mutter einer Bekannten las aus seinem Horoskop, daß er eines

Tages weltberühmt sein würde (sie sagten es ihm nicht). Und manchem ist auch aufgefallen, wie beschwörend er vom Schreiben sprach, von seiner Schriftstellerei.

Aber wer glaubte schon an ihn, wer nahm solche Redereien ernst? Als Genies fühlten sie sich alle – und: »Für viele Leute war Michael damals einfach ein Faulpelz.«

Ein Faulpelz war er auch für seinen obersten Schulleiter, den Kammerspiel-Intendanten Hans Schweikart. Der schrieb ihm am 30. März 1950, zu Ende des ersten Schuljahrs, einen geharnischten Brief (Faksimile S. 291):

Sehr geehrter Herr Ende,

Ihre bisherigen Leistungen an der Otto Falckenberg-Schule, vor allem in Hinsicht auf Ihren Fleiss, lassen es dem Lehrerkollegium im Augenblick noch nicht geraten erscheinen, Ihnen die Ausbildung für das ganze folgende Schuljahr zu gewährleisten. Wir haben uns deswegen entschlossen, Ihre Ausbildung bis zum Ende des nächsten Semesters, d. h. also bis zum 31. Juli d. J., fortzusetzen und es dann von einer erneuten Beobachtung abhängig zu machen, ob Ihr weiteres Verbleiben auf der Schule gerechtfertigt ist.

Mit guten Wünschen für Ihre Entwicklung

gez. Hans Schweikart

Der Rausschmiß war das noch nicht. Aber beinahe. Man wünschte, er solle sich, bitte, am Riemen reißen.

16

Was war los mit Michael? Das Davonlaufen vor der Arbeit in der Herrnstraße, der unmäßige Bierkonsum, das uferlose Gitarrenspiel, die wahllosen Mädchengeschichten, die Sehnsucht, auf ein anderes Gebiet der Kunst auszuweichen und endlich Schriftsteller zu werden – was war wirklich los mit dem jungen Schauspieler Michael Ende? Er steckte in einer tiefen Krise. Mehr als die anderen ahnten, belastete ihn, was in der Falckenberg-Schule von ihm verlangt wurde.

Gut, man wußte nun, wohin mit Armen und Beinen, wenn man auf der Bühne stand, man hatte gelernt, eine Rolle zu erarbeiten. Aber wie sollte man *das* machen: sein Innerstes nach außen kehren, ohne sich zu verlieren? Eine Theaterrolle verkörpern und dabei – verdammt noch mal – Michael Ende bleiben?

Ein Schauspieler werden ist kein Spaß, ein guter Schauspieler werden eine Qual – die ständige Gratwanderung zwischen Jubel und Zusammenbruch. Alle Bewegungen deines Körpers verlieren ihre Selbstverständlichkeit. Gehen, Stehen, ja das Abknicken des kleinen Fingers wird zum wohlberechneten Mittel, etwas ganz Bestimmtes auszudrücken: Schläfrigkeit oder Jugend oder Stolz – tausenderlei muß dein Körper zum Ausdruck bringen, was du nicht bist. Und dein Gesicht! Es gehört dir nicht mehr, trägt die Züge Romeos oder Franz Moors oder Hamlets.

Deine Gefühle? Vergiß sie – wer von denen da unten will denn etwas über deine Gefühle erfahren? Du mußt die Gefühle des Romeo darstellen, des Franz, des Hamlet. Und du mußt sie auf dem Gesicht zeigen, das bisher deines war. Scham? Vor dem Publikum gilt keine Scham, es will Romeo, Franz, Hamlet nackt sehen, gierig nach seiner Liebe, seiner Verzweiflung, seiner Mordlust – sonst gähnt es und kommt nicht mehr ins Theater.

Michael ist nie gerissen oder clever gewesen, er konnte sich nicht verstellen. Vielleicht war (und ist) er – obwohl ein Intellektueller – in einer Schicht seines Wesens naiv. Doch ein Komödiant und Naivität – das paßt schlecht zusammen. Das war sein Problem.

»Die Schauspielschule«, sagt er heute über diese Zeit, »hat mein Leben tiefer beeinflußt als vieles andere. Ich habe gearbeitet bis zur Erschöpfung, bis zur Verzweiflung. Dann wurde mir klar: Ich hatte mich auf eine erbarmungslose Sache eingelassen, auf ein lebensgefährliches Spiel. Nichts war mehr normal. Ich hatte die Unschuld am Leben verloren.«

Um sie wiederzufinden, mußte er einen weiten Weg gehen. Denn er brauchte die Unschuld am Leben, um Schriftsteller zu werden.

Vorläufig ließ er sich treiben, er stürzte sich immer tiefer in den Strudel des äußeren Lebens. Er saß nächtelang mit den Freunden in der Kneipe, er trank zuviel und konnte nicht aufhören mit dem monomanischen Gerede über Schauspielerei und Kunst und Metaphysik. Hektisch reihten sich seine Affären aneinander, die Liebe für eine Nacht, die Verstrickung für ein paar Wochen. Mit Claus, dem guten, alten Freund, geriet er in Streit um die rothaarige Madeleine. Sie spielte mit beiden; rasend vor Eifersucht, trieb Michael sich nachts vor ihrem Haus herum, argwöhnend, sie habe Claus bei sich. Wie damals, als der Baron mit Vera tanzte, zuckte die gelbe Lohe aus der Magengrube hoch und überwältigte den eifersüchtigen Liebhaber.

Das fieberhafte Leben, die Fluchtversuche vor denen, die seine Persönlichkeit ummodelten – alles steigerte sich noch in den schlaflosen Nächten des Faschings, in denen ganz München von Maskerade zu Maskerade jagte. Es waren die Zeiten der großen, unvergeßlichen Feste im Haus der Kunst; und – damals noch in den Kammerspielen – der legendären »Traumkulisse«, des Schauspieler-Faschingsballs in den Nächten vom Samstagabend bis tief in den Aschermittwoch hinein.

Die Zuschauersitze im Theaterraum waren in Bühnenhöhe einfach mit einem starken Holzboden verkleidet. Alles strahlte in feenhaftem Licht, alles war von Meisterhand phantastisch und bunt dekoriert; jeder warf mit Konfetti um sich und fing sich Luftballons ein; und alle, die kamen, überboten sich in den verrücktesten Kostümen und den tollsten Schminkmalereien im Gesicht.

Den Beginn machte man mit einer Polonaise, die durchs ganze Haus führte, sie vereinigte mit Schwung die, welche sich die Theatersaison über nicht immer grün gewesen waren: die Mimen und ihre Kritiker und ihre Regisseure und ihr hochverehrtes Publikum. Taumelnd und erwartungsfroh wirbelten sie durch den Musentempel: vom Zuschauerraum über die Bühne und durch die Künstlergarderoben, wo Sekt in Kübeln und feine Happen auf Silbertabletts warteten; sie wirbelten bis in den Keller hinunter, zur Bierschwemme in der Kantine, und dann wieder atemlos die Treppen hinauf, an den Logen, diesen begehrten Séparées, vorbei zum Foyer, wo getanzt wurde wie übrigens auf der geheiligten Bühne auch. Hier, im Gewühl der Masken, ausgelassen und endlich einmal frei vom Lampenfieber, sah man sie hautnah, die Göttinnen und Götter des Theaters, sah Frau Nicklisch und Frau Wimmer und Herrn Domin und Axel vom Ambesser; und die Götter des Theaters sahen hautnah ihr Publikum. Manche Fehde mit Zeitungskritikern wurde bereinigt oder begonnen; manches Techtelmechtel bahnte sich an, über das sich bald ganz München die Mäuler zerreißen sollte; und mancher hat, wenn der Aschermittwoch anbrach, auch manches bereut – und mancher auch gar nichts.

Und *vor* dem Aschermittwoch: die Atelierfeste, die Feten in kleineren Kreisen, bei den Freunden. Zum Beispiel bei den Heinrichs: Da wurde viele Tage lang Fasching gefeiert – wie viele, ist nicht mehr exakt festzustellen: Zehn, sagen die einen, elf die anderen, und in einer dritten Version wird beschworen: damals bei Heinrichs – das waren zwölf Tage ununterbrochenen Faschings. Zwischendurch schlief man auf einer Matratze oder auf zusammengewürfelten Kissen am Boden; man ging auch mal seiner Wege, um irgend etwas Unaufschiebbares zu erledigen, kam wieder, feierte weiter; neue Gäste erschienen, verschwanden – ein endloser Taumel, unterbrochen nur von Stunden der Erschöpfung und der Melancholie.

In einer dieser Nächte hat es einmal an der Wohnungstür geläutet, und als sie geöffnet wurde, schien es ein Versehen gewesen zu sein. Denn draußen stand eine alte Dame, ungefähr siebzig Jahre alt, Kapotthütchen mit Schleier, geklöppelte Handschuhe – die wollte doch wohl nicht zum Faschingsball?

Doch, sie wollte. Und die Freunde haben lange gebraucht, bis sie hinter der Maske der alten Dame Michael erkannten, der damit bewies, wie gut er auf seiner Schule das Schminken gelernt hatte.

Die Clique scharte sich um die Heinrichs in Schwabing, in der Adelheidstraße 12. Wolfgang Heinrichs arbeitete als Grafiker, seine Frau
als Kunstmalerin. Sie kamen alle: Michael, Nina, Claus. Und als Rainer aus Haidhausen auszog, mietete er sich in der Wohnung der
Heinrichs ein Zimmer.

Einer stieß später dazu und war dann häufig da, schon weil er für
Wolfgang Arbeiten ausführte: der baumlange Oki Piloty. Der war (er
ist inzwischen gestorben) Kunstmaler wie seine beiden berühmten
Urgroßväter, die heute noch in jedem guten Lexikon stehen. Die
Laufbahn des einen, des Historienmalers Karl von Piloty
(1826–1886), hat mit seinem Riesenschinken *Seni an der Leiche Wal-
lensteins* angefangen; diesem Ölbild (3,65 Meter × 4,11 Meter) konnte König Max II. von Bayern nicht widerstehen, er kaufte es auf der
Stelle. Und Okis anderer Urgroßvater, Franz von Defregger
(1835–1921), hat es vom Tiroler Bauernbuben ebenfalls zum geadel-
ten Münchner Malerfürsten gebracht; die vornehme Gesellschaft
riß sich um seine »Jäger«- und »Madl«-Bilder, und mindestens eins
seiner Gemälde möchte keiner mit einem echten bayerischen Herzen in der Brust mehr missen; *Der Schmied von Kochel,* die krachle-
derne Darstellung eines Bauernaufruhrs. Bei so viel Familienver-
gangenheit hatte sich Oki auch noch mit einem anderen Geschlecht
großen Namens verbunden: Seine Frau durfte sich rühmen, eine
aus der Sippe Martin Luthers, des Reformators, zu sein.

Wenn sich die Freunde bei den Heinrichs in der Adelheidstraße
trafen, hatte kaum einer je Geld in der Tasche; doch man warf das
wenige, was man besaß, zusammen, kochte gemeinsam, feierte gemeinsam – und man diskutierte. Man diskutierte abendelang, nächtelang. Nur: Die Diskussionen bei Heinrichs verliefen anders, als Michael das gewohnt war – er machte eine ganz neue Erfahrung. Das
lag an Wolfgang. Er war älter als Michael, Rainer und Nina, und er
war ein Kriegsheimkehrer. In den wüsten Jahren des Waffenklirrens
hatte Wolfgang irgendwo da draußen furchtbare Erlebnisse über-
standen, die mit Blut, Kriegselend und Tod zusammenhingen. Er
hatte in einer Wirklichkeit gelebt, die ständig an die Grenzen des

Nichtmehrseins stieß. Das trug Wolfgang mit sich herum, es lag hinter seinen Worten, auch noch den banalen.

Wenn sich die anderen über irgendein abstraktes Thema ereiferten und dieser Mann das Wort ergriff (er sprach viel) – dann hatte die Rede des Älteren Gewicht. Argumente, die aus der Poesie, aus Träumen kamen, wurden von ihm gnadenlos abgeschmettert; auf einmal sahen die Dinge, so ins nackte Licht der Realität gehoben, anders aus; und manches wurde als unwesentlich entlarvt, als Gerede, in die Wolken gesprochen.

Michael war von kleinauf ein Bewohner Phantásiens gewesen. In Wolfgang traf er nun auf einen Landsknecht der Wirklichkeit. Sie verwirrte, diese Wirklichkeit, und machte den Träumer betroffen.

Was die Begegnung mit Wolfgang Heinrichs vorbereitete, sollte sich schon bald durch einen anderen Menschen, eine Frau, bis zum äußersten steigern: die Auseinandersetzung des jungen Ende mit der Realität. Hier, am selben Ort, in dieser Wohnung, begegnete Michael zum erstenmal Ingeborg Hoffmann. Durch sie lernte er, auf die rechte Weise mit der Wirklichkeit umzugehen.

19

In dieser Umbruch- und Krisenzeit hat Edgar ein Porträt seines Sohnes gemalt. Das Ölbild zeigt Michael mit einem kühnen, fremden und melancholischen Gesicht, in der rechten Hand einen roten Griffel, auf dem Schoß eine Kugel, die eine Erdkugel sein könnte. Düster der Himmel, im Hintergrund ein totes Haus mit schwarzen Fensterhöhlen, Türen vergleichbar; und zu beiden Seiten des Jünglings verharren Tiere mit freundlichen Mienen: ein Wolf und ein Fuchs, der eine Ratte im Maul trägt.

Was wie ein Rätsel aussieht, ist die Darstellung eines schweren Traums, aus dem der junge Ende eines Morgens erwachte. Viele Jahre später hat er das Traumgesicht selbst künstlerisch gestaltet: in seinem Buch *Der Spiegel im Spiegel*. Der Wolf, *»grauschwarz, mächtig und ungestüm«*, und der *»zierliche, verspielte«* Fuchs treten hier an der Seite des *»Niemandssohns«* auf. Die Szene erstreckt sich ins Unendliche; nur drüben, am Waldrand, sitzt eine strickende Frau, groß wie ein Felsblock, und am steinernen Brückenbogen stehen zwei Vermummte mit Gewehren.

So geheimnisvoll Edgars Michael-Porträt, so geheimnisvoll auch Michaels Geschichte vom Niemandssohn. Die Geschichten im *Spiegel im Spiegel* beschäftigen sich alle mit der Wirklichkeit über unserer Wirklichkeit, sind – wie Edgar Endes Gemälde – Fischzüge im Unendlichen, Versuche, Transzendentes in Bilder zu bannen. Sie entstanden lange nach den hier beschriebenen Wirrungen und Krisen, als Michael sein Verhältnis zu dieser und der anderen Welt längst geordnet hatte. Dieses Buch – vielleicht sein wichtigstes – wurde geschrieben, nachdem er gelernt hatte, die beiden Wirklichkeiten als gleichwertig anzuerkennen und sich von der einen für die andere befruchten zu lassen. Er wußte nun mit Sicherheit: Phantásien ist kein Fantasy-Land, nicht Phantasterei, nicht Weltflucht, sondern eine andere Form der Wirklichkeit.

Ein Dasein ohne Verbindung zu dieser anderen Wirklichkeit würde ihn und seine Arbeit in Frage stellen; nur vor diesem Hintergrund sind seine Werke zu verstehen. Michael Endes Verhältnis zum Jenseits ist nicht abstrakt, sondern von Leben erfüllt, da wurde er von Edgar und Lise geprägt (und auch vom Gründer der Anthroposophie): Da gibt es Farben, Bilder, Wesen, Sphären, Beziehungen, Hierarchien. Ist Michael Ende religiös?

Er kennt die alten und die neuen Mystiker, er hat Rudolf Steiners und Friedrich Weinrebs Werke so gründlich studiert wie kaum einer; er hat sich mit dem Buddhismus und dem Zen, mit der Kabbala und dem Chassidismus, den Alchimisten und den Okkultisten bis hin zu den entlegensten Autoren beschäftigt. Er kann blendend darüber diskutieren, Zusammenhänge klarmachen, Denkfehler aufzeigen. Doch das ist Wissen, nicht Religiosität.

Er liebt das Gespräch. Ein Gebiet wird er dabei immer ausklammern: sein ganz persönliches Verhältnis zu dem Wesen über den Dingen. Man findet Hinweise darauf in fast allen seinen Büchern – wer zu lesen versteht, wird sie finden –, und in den frühen Gedichten sind religiöse Gedanken und Bilder deutlich ausgesprochen (*»Geh du ins Paradies, das Tor dahin, es ist seit gestern mittag*

219

auf«). Aber frag ihn nach Gott, und er wird dir mit Theorien antworten.

Er war nie Atheist, er hat nie einer Religionsgemeinschaft als Mitglied angehört. Doch das steht fest: Der Sohn der Lise Bartholomä und des transzendenten Malers Edgar Ende könnte ohne den Gekreuzigten nicht leben. Damals, 1951, als der Vater sein Porträt malte, fragte er ihn, was der Michael des Bildes mit dem roten Griffel auf die Weltkugel schreiben sollte. Und der Sohn, von Krisen geschüttelt und noch immer auf der Suche nach dem rechten Weg, bat um diesen Satz: Μνήσθητί μου ὅταν ἔλθῃς εἰς τήν βασιλείαν σου.«
Der Satz stammt aus dem 23. Kapitel des Lukas-Evangeliums. Was der Schächer da am Kreuz zu Christus spricht, heißt in der Luther-Übersetzung: *»Gedenke an mich, wenn du in dein Reich kommst!«*

20

Dann, am 31. März 1951, war die Zeit an der Falckenberg-Schule zu Ende.

Die Eleven hatten noch auf der Bühne der Kammerspiele – vor zahlendem Publikum! – mit den beiden klassischen Elektra-Dramen ihre Reife demonstrieren dürfen; die einen mit der Euripides-Tragödie, die anderen mit der des Sophokles. Michael hatte Nina umgebracht, als er in der Euripides-Version den Orest, sie die Klytämnestra spielte, während Student Rainer als Gast unter den Bühnenmusikern saß und aufs Xylophon haute. Es folgte ein letztes Vorsprechen vor dem Kollegium, es folgte ein Fest, das Lehrer und Schüler noch einmal vereinte – dann war Michael frei wie ein Vogel.

Aber niemand wollte den Vogel haben, den jungen Schauspieler, der »entsprechend einer Vereinbarung mit der Genossenschaft Deutscher Bühnenangehöriger« für bühnenreif erklärt worden war und der (wie ihm ein Schreiben vom Direktor Gerhard F. Hering bescheinigte) für das Fach »Romantischer Liebhaber« jedem Theater der Welt zur Verfügung stand – als Romeo, Leonce, Marquis Posa. Mitschüler bekamen hier und dort ihren ersten Vertrag und verließen München – der junge Ende saß immer noch zu Hause herum,

220

beim Morgenkaffee streiften ihn manchmal die mitleidigen Blicke der Eltern. Kein Engagement für Michael?

Doch. Als der Sommer sich neigte, wurde er endlich ins Büro seines Theateragenten gerufen. Dort saß schon ein nicht mehr junger, eleganter Herr im Blazer, ein Intendant, der von weither gekommen war, um Nachwuchs für sein Theater zu engagieren. »Nun machen Sie doch schon was!« raunte nervös der Agent. Michael machte was, er sprach brav vor – und hielt bald darauf seinen Vertrag als jugendlicher Liebhaber in den Händen.

Er war ans Schleswig-Holsteinische Landestheater engagiert. Nach Rendsburg. In den hohen Norden also.

21

Gewiß, Rendsburg, so mitten zwischen Ost- und Nordsee gelegen, ist eine schöne, eine lebendige Stadt. Anfang September 1951, vor beinahe vier Jahrzehnten, war diese Stadt noch nicht so lebendig, eher ruhig. Zu ruhig für einen jungen romanischen Liebhaber, den es aus Bayerns brodelnder Metropole herverschlagen hatte – aus einem verrückten, quirligen Freundeskreis, aus einem Elternhaus, in dem immer etwas los war.

Michael fühlte sich wie im Exil.

Sogar die Kühe mißfielen ihm, das schwarzweißgefleckte Rindvieh des Tieflands. Es erschien ihm herbe und weit ungeschlachter als die freundliche Alpenkuh. Das Friesenrind, meinte der einsame Romeo, glotze abweisend; und er sehnte sich nach Oberbayerns gelbbraunweißen Wiederkäuern. Wie herzlich mit dem Schweife wedelnd hatten sich diese gemütvollen Tiere stets nach ihm umgewandt, wenn er des Weges kam; wie liebenswürdig hatten sie ihn aus ihren dichtbewimperten Augen angeblickt. Da wurde warme Anteilnahme spürbar – hier, auf Schleswig-Holsteins grünen Matten, nicht.

Gleich darauf fand der neue Leonce von Rendsburg ein wenig idiotisch, was er da dachte. Wann war er, der nicht besonders Naturbegeisterte, denn schon zum letztenmal durch die Alpen und ihre herzlich wedelnden Braunvieh-Herden gezogen? Von Schwabings Leopoldstraße lagen die Berge eine ganze Ecke weit entfernt. Hier, in Rendsburg, war das Land nah.

Es gab Kulturdenkmäler. Den Backstein-Hallenbau der trutzigen Marienkirche von 1287 etwa. Und die ehemalige Garnisonskirche. Sie war um 1700 für die Soldaten der Stadt erbaut worden, und tatsächlich paßten alle zweitausend Krieger hinein. Und für den dänischen König, damals der hiesige Landesvater, war auch noch Platz genug.

Als die Nacht einfiel, beobachtete der künftige Marquis Posa etwas, das ihn mächtig beeindruckte: Durch die Stadt – so schien es Michael – schwamm majestätisch ein Ozeandampfer. Das Schiff war so gewaltig, daß man den Kopf in den Nacken legen mußte, um hinaufzusehen zu den beleuchteten Decks und den Lampions dort oben, während Tanzmusik herunterschallte. Dieses Erlebnis verdankte man dem Kanal, der sich beinahe direkt durch Rendsburg zog – dem Nord-Ostsee-Kanal, nein, dem Eider-Kanal. Oder doch dem Nord-Ostsee-Kanal? Der Quittje wußte es nicht, doch es war ihm eins; gebannt wartete er auf das nächste Riesenschiff und dann auf das übernächste; und er bedauerte nur, keinen dieser schmukken Passagierdampfer entern zu können, um weiterzureisen in eine vielleicht noch unwiderstehlichere Stadt.

Und dann: Michaels künftiger Wirkungsort, das Stadttheater am Jungfernstieg! Zur Zeit der Jahrhundertwende erbaut, sieht es ein wenig aus wie aus Baden-Baden importiert. Dort gibt es Hotels, die auch so ein Dach ziert: ähnlich dem Leipziger Völkerschlachtdenkmal, nur ohne die Kolossalfiguren aus Stein. Aber natürlich ist das Rendsburger Stadttheater nicht aus Baden-Baden importiert; wurde es doch seinerzeit extra von der Rendsburger Sparkasse gestiftet. Damit hat dieses generöse Geldinstitut, genau besehen, auch Michaels Engagement möglich gemacht.

Sehr subjektiv dachte der Ankömmling über Rendsburgs Zimmervermieterinnen: nämlich, daß sie alle Kapitänswitwen seien. Seine Schlummermutter jedenfalls, eine rundliche Matrone, *war* Kapitänswitwe. An den Wänden ihrer Wohnung hingen dicht an dicht Fotografien bärtiger Seeleute – Männer, die im Leben der Verwandtschaft der Frau eine Rolle spielten oder gespielt hatten. Stolz

wies sie mit dem Zeigefinger nacheinander auf alle, welche die See
bereits behalten hatte.

Sehr sachlich liefen die Verhandlungen über die Zimmermiete ab.
Vierzig Mark forderte die Witwe pro Monat – und jedesmal zwei
Mark extra, wenn der Mieter ein Mädchen mit aufs Zimmer brächte:
weil danach natürlich die Bettwäsche zu wechseln sei. Michael hat
sich strikt an diese Vereinbarung gehalten.

In die Psyche der einfacheren Nordlandleute nahm er dort Einblick,
wo man das am besten kann: in der Kneipe. Seine lag in einem der
roten Klinkerhäuser zwischen dem Theater und seinem Logis bei
der Kapitänswitwe. Um *die* Hausecke kam Michael selten herum;
der scharfe Wind, der in Rendsburg ständig weht, warf ihn regelmäßig derart donnernd gegen die Kneipentür, daß es unhöflich gewesen wäre, nicht einzutreten. Und schnell hatte er den landesüblichen
Umgang mit Bier und Korn gelernt: Er trank beides gleichzeitig und
mit Schwung, wie es die dortige Sitte verlangt. Das tat er oft.

Eines Nachts hatte ihn der Wind wieder in die Kneipe geschleudert.
Am Tresen knobelten zwei Männer. Nach langem Schweigen sagte
einer zum anderen etwas in der Landessprache, die Michael nicht
verstand. Wieder verging eine lange Weile, da knurrte der andere
etwas. Abermals Minuten des Schweigens, dann verschwanden die
beiden nach draußen. Und als schließlich einer allein zurückkehrte,
um sein Bier auszutrinken, tropfte seine Nase von Blut.

Der Quittje begriff: Der karge Wortwechsel der beiden Nordland-
männer war dem gleichzusetzen, was anderswo ein wütender Streit
gewesen wäre, und die beiden Kampfhähne hatten sich soeben vor
der Kneipe verdroschen.

Der Schleswig-Holsteiner macht eben nicht viel Worte.

22

Er spielte nicht den Romeo, nicht den Leonce und den Marquis Posa
auch nicht. Statt dessen vertraute man ihm die Rolle des Wirts in
Lessings *Minna von Barnhelm* an; er trat als Schurke Gianettino
Doria in Schillers *Fiesco* vor das Rendsburger Publikum und hauchte

in Wedekinds *Büchse der Pandora* dem Maler Schwarz Leben ein, der sich nur leider schon im ersten Akt umbringen muß. Auch viele andere ungeliebte Rollen übertrug man dem Nachwuchsdarsteller aus München; und in der Operette durfte er den Chor verstärken.

Überhaupt gab es Arbeit in Fülle. Denn das Ensemble trat nicht allein im Theaterhaus am Rendsburger Jungfernstieg auf; die Damen und Herren brachten auch häufig Kultur aufs Land und reisten dann mit dem Omnibus ringsumher – nach Meldorf, Itzehoe und Marne, und ich weiß nicht, wohin sonst noch.

Bittere Stunden, saure Aufgaben. Erst warteten sie in der Wirtschaft, becherten, droschen Skat und langweilten sich. Und wenn die Bühnenarbeiter endlich die Dekorationen festgezurrt hatten und die Schauspieler auf die Bühne durften – da schallten ihre edlen Schiller-Worte nicht etwa in andächtige Stille, o nein: Aus der Kegelbahn im Keller donnerte das Rollen der Kugeln herauf; aus dem Reitstall nebenan dröhnten die Kommandos herüber; im Festsaal selbst wurde nach Bier gerufen, und schwerbeladene Kellnerinnen bahnten sich und ihrem Sauerbraten einen Weg durch die Tischreihen, während Fiesco sinnierte: *»Welch ein Aufruhr in meiner Brust!«*

O Schande, o Schmach! Da hatte man nun sein Schauspielerhandwerk in einem der feinsten Institute erlernt, hatte schon (wenn auch nicht als Star) auf einer der berühmtesten Bühnen gestanden – und nun? Man tingelte, man war an der Schmiere angestellt, in der tiefsten Provinz, wo selbst die Kühe sauer dreinblickten und die Kapitänswitwen mit zwei Mark an jeder Liebesnacht partizipieren wollten! Michael begrub alle Träume von einem Engagement am Burgtheater in Wien.

Außerdem machte er eine schreckliche Entdeckung.

Lampenfieber, die Angst vor der Aufführung und dem Publikum, tut jedem Schauspieler gut. Erhöht es doch die Konzentration, holt es doch – ehe es vorübergeht – die letzten Kräfte aus dir heraus. Nur: Michaels Lampenfieber ging nicht vorbei, es wollte die ganze Vorstellung über nicht weichen – es blieb, bis endlich, endlich der Vorhang fiel. Und das Schlimmste: Michael war sicher, das Publikum merkte es auch.

Rainer, der treue Freund, schickte aus München ein Buch: *Die*

Krankheit zum Tode von Sören Kierkegaard. Michael las gebannt das Werk des frühen christlichen Existentialisten und fragte sich dann, ob nicht der Weg des reinen Toren der rechte für ihn sei.

Er ging ernsthaft mit sich zu Rate, ob er in die Heilsarmee eintreten solle.

23

Michaels Rendsburger Freundin hieß Hannelore. Sie war ein schlankes Mädchen mit angenehmen Proportionen, hatte hüftlanges, rotes Haar, besaß auch die feine, weiße Haut der Rothaarigen und spielte in Wedekinds Stück von der männermordenden Lulu die Hauptrolle. Aber so war sie nicht wirklich: Als Michael und Hannelore sich zusammengetan hatten, nähte sie ihm die Knöpfe an und briet für ihn die knusprigsten Bratkartoffeln der Welt. Das ließ dem jungen Dichter Zeit für andere Dinge – zum Beispiel, ein neues Theaterstück zu schreiben.

Der Titel der Komödie: *Ein Sultan hoch zwei*. Ihr Inhalt: Hudschadsch ibn Jahja, ein orientalischer Herrscher, läßt sich von einem genialen Puppenmacher zwei Doppelgänger anfertigen und weiß am Ende selbst nicht mehr, welcher von den dreien er ist. Durch fünf turbulente Akte hindurch wird mit Hilfe von elf Personen zum einen die Brüchigkeit der Macht demonstriert, zum anderen die Identität des Menschen in Frage gestellt – ein deutlich existentialistisches Motiv.

Michael schrieb in jeder freien Minute, und als ihm (er war inzwischen umgezogen) die neue Zimmervermieterin und ihr Töchterlein allzu privat auf den Pelz rückten, nistete er sich ganz bei Hannelore ein.

Zwischendurch mußte man sich von Bühne und Schreibtisch erholen, und das tat Ende mit der Schauspieler-Clique und neuen Freunden im »Haus Vaterland«. Weil sie kein Geld besaßen – 250 Mark verdiente Rendsburgs romanischer Liebhaber im Monat –, bestellten sie billige Cola. Sah der Kellner dann mal weg, schütteten die Zecher heimlich Rum in ihre Gläser, den sie flaschenweise ins Lokal schmuggelten. Solche Abende endeten damit, daß alle vor den

Augen des verwunderten Kellners unterm Tisch lagen – der Autor heute: »Ich habe in meinem Leben nie wieder so viel hartes Zeug getrunken.«

Die Vorstellungen, das Schreiben, das Saufen, die Liebe: Michael fiel vom Fleisch. Und dann flackerte eines Tages doch wieder die Hoffnung auf eine schöne Theaterkarriere in ihm auf: Am Schwarzen Brett neben dem Bühneneingang wurde bekanntgegeben, Büchners Komödie *Leonce und Lena* sei auf den Spielplan gesetzt worden. *Seine*, Michaels Rolle – der Leonce, der Jüngling also, der nicht erwachsen werden, der für immer in seinen Jugendträumen verharren will!

Michael erschauerte vor Glück.

Doch bei näherem Zusehen mußte er feststellen, daß die Rolle keineswegs mit Rendsburgs romanischem Liebhaber besetzt worden war; sondern der elegante, ältere Blazer-Herr, der Michael in München engagiert hatte, schlüpfte höchstselbst in Leoncens Jünglings-Habitus. Denn sei es, daß Michaels exzessives Lampenfieber an höchster Stelle ruchbar geworden war; sei es, daß seine innige Verbindung mit Hannelore dem oder jenem Herrn am Theater mißfiel, der sich selbst gern an die Seite der schönen Rothaarigen geträumt hätte: Herr Ende mußte sich wieder mit einer Nebenrolle begnügen, der des ersten Bedienten: »Halt! Ich sehe was! Es ist etwas wie ein Vorsprung, wie eine Nase, das Übrige ist noch nicht über der Grenze ...«

Aus, aus, aus. Er beschloß, dem Theater zu entsagen und sich als freier Schriftsteller in München niederzulassen. Dazu braucht man natürlich ein gewisses finanzielles Polster. Das sollte ihm sein *Sultan* bringen. Man mußte die Sache nur schlau einfädeln. Einmal im Leben wollte Michael kühl planen und diplomatisch, ja gerissen vorgehen. Er fühlte sich wie ein Manager.

24

Sein Theatervertrag wurde am Ende der Spielzeit ohnedies nicht verlängert, er war also frei. Er sagte Hannelore Lebewohl, schulterte seinen Schiffskoffer wie ein Seemann und bestieg, um Geld zu sparen, einen Lastwagen nach dem Süden. Unvorhergesehen legte der Fahrer noch einen Abstecher ins Rheinland ein, ehe er nach München kurvte; das verlängerte die Reise um drei Tage. Und der Fahrpreis, den der Mann am Ende forderte, war dann auch nicht geringer als der der Bundesbahn für die direkte Strecke – macht nichts, Nebensachen, ein guter Plan muß nicht in allen Punkten haarklein gelingen.

Daheim angekommen, entwickelte Michael hektische Betriebsamkeit. Eine Liste der Münchner Kritiker wurde angefertigt, der junge Dichter lud alle zu sich, dazu Dramaturgen, Theaterleiter, Sachverständige – einfach jeden aus dem Bekanntenkreis, der auch nur ein wenig an einer Bühne mitzureden hatte. Vom Rest der letzten Rendsburger Gage kaufte Michael Whisky und Cognac ein, Flaschen und Gläser wurden in Oris weiträumigem Atelier gefällig arrangiert – dann warteten Vater, Mutter und Sohn auf die große Stunde und den Beginn der Karriere des freien Schriftstellers.

Man kam, nahm Platz, nippte am Cognac und schwatzte. Michael trat vor, bat artig um Stille, machte einleitend ein paar launige Bemerkungen, setzte sich und begann zu lesen.

Er las und las. Las das ganze Stück vom Sultan. Las alle elf Rollen. Und sah erwartungsvoll hoch, als er geendet hatte.

Stille. Dann griffen die Gäste wieder zum Glas und setzten ihre Unterhaltungen genau an der Stelle fort, an der Michael sie anderthalb Stunden zuvor unterbrochen hatte. Und nie hat einer – außer dem Autor und seiner späteren Frau – je ein Wort über das Stück vom Sultan verloren, bis auf den heutigen Tag.

Requiem für eine Schauspielerin

1

AM LETZTEN TAG DES JAHRES 1952 trafen sich die Freunde in der Adelheidstraße 12, um bei den Heinrichs Silvester zu feiern.

Ruth Drexel war auch gekommen. Als Nachwuchsdarstellerin an den Kammerspielen hatte man ihr zwei Nebenrollen im Büchner-Stück *Dantons Tod* übertragen; und ganz besonders schätzte sie die Kollegin, die in dieser Inszenierung die Marion verkörperte: Ingeborg Hoffmann.

Jeder wußte, wer die Hoffmann war. Rainer hatte sie in seiner Heimatstadt auf der Bühne gesehen. Nina war ihr im Funkhaus sogar persönlich begegnet: nämlich dann, wenn sie – damals noch Falckenberg-Schülerin – kleine Rollen in Hörspielen sprechen durfte, in denen Ingeborg Hoffmann der Star war. Und schon 1946 hatte ganz München die Schauspielerin gefeiert: Siebzig Aufführungen erlebte die Kammerspiel-Inszenierung von Friedrich Wolfs Drama *Professor Mamlock* mit der Hoffmann in der weiblichen Hauptrolle – neben so berühmten Darstellern wie Friedrich Domin und Hans Christian Blech.

Nur einer war dieser Frau noch nie begegnet: Michael Ende. Ihre Stimme – die kannte er, diese dunkle, faszinierende Stimme, die er seinerzeit, in der aufregenden Radiopremiere der Jazz-Kantate

Apokalypse, gehört hatte. Das war am 2. September 1949 gewesen, fünf Viertelstunden vor Mitternacht. Jetzt, am 31. Dezember 1952, fünf Viertelstunden vor Mitternacht, sah der junge Mann die Schauspielerin zum erstenmal.

Denn Ruth Drexel war auf den Gedanken gekommen, die verehrte Kollegin zur Silvesterparty in die Adelheidstraße einzuladen – jetzt, sofort. Schon rannte das Mädchen zum Telefon.

Ingeborg. Die Kindheit. Ihr Großvater, aus einer alten Münchener Familie: Wilhelm Scherer. Ihre Großmutter: eine reiche Erbin aus Leipzig. Magda Lynd nannte sie sich und war ein Stummfilmstar. Vermögende Leute, die Scherers: Ihr elegantes Modegeschäft liegt am Odeonsplatz, wenige Schritte von der Residenz entfernt.

Bevor die Großmutter den Großvater eines Sportfliegers wegen verläßt, hat sie drei Töchter geboren. Die älteste, Josepha, lernt im Starnberger Ruderclub einen ehemaligen Offizier kennen, den Oberleutnant Hoffmann. Sie heiraten, ein Kind wird geboren – Ingeborg. Aber in diesen Zeiten nach dem Ersten Weltkrieg und der Revolution ist es aus mit der schneidigen Offizierslaufbahn des Vaters, da kann einer wie der Hoffmann nur zu den Freischärlern gehen.

Er schlägt Frau und Kind. Ingeborg, das Kind, wünscht sich inständig: »Ich will, daß du tot bist!« Dann stirbt er wirklich. Er habe sich aus dem fahrenden Zug gestürzt, irgendwo dort in Schlesien, sagen die einen. Nein, nein, behaupten die anderen, eine verrückte Wette habe ihn zu Tode gebracht: Bei dem waghalsigen Versuch, auf den Trittbrettern der Waggons einmal um den ganzen Eisenbahnzug herumzuturnen, sei er abgestürzt.

Ingeborg fühlt sich schuldig am Tod des Vaters: Sie hat gewollt, daß er sterbe. Dieses verrückte, magische Schuldgefühl, dieses Trauma wird sie ein Leben lang in sich tragen. Die Weichen für konfliktreiche Beziehungen zu männlichen Partnern sind gestellt. Das Kind wächst bei Mutter, Tante und Großvater auf. Die Weltwirtschaftskrise kommt. Das Vermögen der Scherers schmilzt dahin, das elegante Modegeschäft am Odeonsplatz geht verloren,

auch das Mietshaus in der Siegfriedstraße 5, das dem Großvater
gehört. Wenigstens bleibt der Familie eine Dreieinhalbzimmer-
wohnung im dritten Stock. Aber die Geldnöte werden sie nun
jahrzehntelang plagen.
Manchmal darf Ingeborg mit dem Großvater gehen, wenn er die
Kaffeehäuser der Stadt besucht. Dort öffnet er sein Vertreterköf-
ferchen und bietet Kaffeesorten an. Gern stellen die Konditoreibe-
sitzerinnen dann ein Stück Torte vor das hübsche Enkelkind.
Das hübsche Enkelkind lernt singen und tanzen und tritt schon
bald in Theatervorstellungen auf, in denen kleine, begabte Mäd-
chen mitwirken dürfen.

Die Hoffmann wollte nicht kommen. Eine Silvesterfeier? Nein,
danke. Ruth Drexel nahm den Telefonhörer vom einen zum anderen
Ohr und redete und redete. Aber da sei der schöne Mike, und der
brenne darauf, Ingeborg kennenzulernen, sagte Ruth Drexel.
Es war der falsche Weg, die Frau zu überreden. Genau dazu hatte
Frau Hoffmann nicht die geringste Lust: einen neuen Mann zu
treffen, vielleicht eine neue Beziehung einzugehen. Die Schauspielerin wußte genau, warum sie das nicht wollte.

Ingeborg. Ihre unglücklichen Partnerschaften. Die erste Ehe: So
jung ist sie da, spielt am Bremer Theater. Ein Mann in schneidiger
Uniform bemüht sich um sie, ein Stabsarzt der deutschen Wehr-
macht. Er trägt kurioserweise denselben Namen wie sie, Hoff-
mann. Eine Kriegsheirat. Aber die Ehe ist schon gescheitert, als
Ingeborg in München – unter Sirenengeheul, bei Fliegeralarm –
den Sohn Mika zur Welt bringt.
Jahre später, nach Kriegsende. Eine andere Liebe. Als er – wieder
ein Mann in Uniform, ein amerikanischer Offizier – in die Staaten
zurückkehren muß, verspricht Ingeborg, ihm mit ihrem Sohn dort-
hin zu folgen. Es dauert lange, bis sie die Auswanderungspapiere
zusammenbringt. Die Wahrheit sickert schneller durch: Der Ge-
liebte hat drüben Frau und Kinder.

Was tun? Ruth, Michael und die anderen berieten miteinander.

Klein beigeben kam nicht in Frage. Am besten, man schickte Freund Claus, um die widerstrebende Schauspielerin von ihrer Wohnung zur Silvesterfeier abzuholen. Claus mit seinen fabelhaften Manieren und seiner Weltläufigkeit würde das schaffen; er hatte genug Erfahrung, wie man mit schwierigen Künstlern umgeht.

Frau Hoffmann sollte eine sehr schwierige Künstlerin sein.

Ingeborg, die Schwierige. Die Verletzliche, die Leidenschaftliche. Ein Vulkan. Eine Kerze, die an beiden Enden zugleich brennt. Manche halten sie für verrückt. Immer ist sie unbequem, immer kämpft sie für irgend etwas, für einen geprügelten Hund am Straßenrand genauso wie für die hungernden, geschundenen Kinder in Vietnam. Niemand kann lau auf sie reagieren – sie hat Freunde oder Feinde.

Die Freunde rühmen an ihr die Wahrheitsliebe, die Feinde sehen das anders. Die Hoffmann könne den Mund nicht halten, kritisieren sie. Das kann sie wirklich nicht. Zum Beispiel die Theaterproben. Ingeborg korrigiert jede Anweisung des Regisseurs, wenn sie ihr falsch erscheint. Und Leute, die ihr eine Chance bieten, eine Rolle verschaffen könnten, werden von ihr grundsätzlich beleidigt. So beweist sie sich, daß sie unbestechlich ist. Das wird sich noch verhängnisvoll auf ihre Karriere auswirken.

Mit ihren einunddreißig Jahren ist sie abergläubisch wie ein altes Weib. Wenn sie Salz verschüttet, tut sie sofort dieses und jenes, wenn ein Spiegel zerbrochen ist, werden die Scherben unter fließendes Wasser gehalten. Für jeden Zauber weiß sie einen Gegenzauber; ein wenig Ironie ist dabei, ein wenig Schauspieler-Attitüde, aber das Ritual wird eingehalten. Irgend etwas muß schließlich dran sein an diesen magischen Dingen; wenn sie jemandem die Karten schlägt, behält sie ja auch recht. Wie bei der Arztfrau, der sie die Heimkehr des im Krieg verschollenen Offiziersgatten vorausgesagt hat; und – später – bei Michael, dem sie alle Bucherfolge lange vorher aus den Karten liest.

Warum ist sie so schwierig? Warum benimmt sie sich so unmöglich? Wie damals auf der Faschingsgesellschaft, zu der auch der berühmte Pianist nach seinem Konzert kommt. Verehrerinnen bitten ihn um eine kleine Chopin-Polonaise. *Der Künstler setzt sich an den Flügel – Ingeborg legt sich auf den Teppich unter dem Instrument. Und als der Pianist geendet hat und von allen bejubelt und beklatscht wird, kommt sie hervor und fragt mokant: »Und was, mein Lieber, machen Sie eigentlich beruflich?«*

Nicht alle Anwesenden sind entsetzt über diese Provokation. Vera Hacken, die jüdische Regisseurin und Schriftstellerin, ist nicht entsetzt. Sie beschließt, Ingeborgs Bekanntschaft zu suchen (und wird bald ihre gute Freundin sein).

Denn Vera, die jiddische Mamme, hat gleich erkannt: Unter dem Äußeren dieser exzentrischen jungen Frau, dieser Schauspielerin Ingeborg Hoffmann, versteckt sich ein verlorenes Kind.

Ein Kind, das um seiner selbst willen geliebt werden will, mit allen Unarten.

Aber das wußte wohl keiner.

Wie hatte Michael sich die Schauspielerin eigentlich vorgestellt? Als Claus sie in die Wohnung der Heinrichs führte, stand der junge Ende mit dem Rücken zur Wand dort, wo sie ein paar Tische zur Bar hergerichtet hatten. Er sah Ingeborg sofort – eine sehr schlanke, sehr elegante Dame im engen, schwarzen Samtkostüm, die roten Haare zum schweren Knoten nach hinten gebunden; er sah das schmale, bleiche Gesicht, ihren sehr großen, sehr roten Mund.

Gräfin? Raubtierdompteuse? Eine schwer einzuordnende Frau.

Ingeborg kam auf ihn zu und trat an die improvisierte Bar. »Angelehnt an die Efeuwand dieser alten Terrasse«, zitierte sie mit einem spöttischen Blick auf seine Haltung.

»Mörike«, gab er trocken zur Antwort. Das gefiel ihr.

Sie kamen vom ersten Augenblick an nicht voneinander los. Abseits von den anderen setzten sie sich zusammen und redeten. Ihr Dialog dauerte die ganze Nacht – ein schwieriger, bestürzender Dialog.

Es ging nicht um erotische Faszination. Die Mann-Frau-Beziehung zwischen ihnen begann erst später. Zunächst war Ingeborg für Michael eine um acht Jahre ältere Frau, eine Theatergröße, der er auf einer Party begegnete. Seine Gespielinnen sahen anders aus.

Es war der Mensch, der leidenschaftliche, gescheite, ungewöhnlich aufrichtige Mensch, der ihn einnahm. Und was ihn – ähnlich wie bei Wolfgang Heinrichs, aber noch tiefer – bestürzte, war die Fülle der Realität, die diesen Menschen umgab. Schicksal umgab diese Frau und stand hinter jedem ihrer Worte. Auch – wie bei Heinrichs – ein Kriegsschicksal. Not und Tod nach ihren Auftritten im Fronttheater in Lettland und Rußland: das Lazarett und – im Viehwagen – die Flucht aus dem Osten.

Und noch etwas entdeckte Michael: daß die Kunst für diese Frau ebenso wie für ihn eine Existenzfrage war. Im Künstlerischen kannte sie keinen Kompromiß, da kämpfte sie bis zur Feindseligkeit, bis zum eigenen Untergang.

Sich auf Ingeborg einlassen, bedeutete: auf Bequemlichkeit, Lauheit, Gleichgültigkeit verzichten. Michael ließ sich auf Ingeborg ein.

In dieser Silvesternacht begann für ihn und seine spätere Frau ein Ringen, das mehr als drei Jahrzehnte andauern sollte: das Ringen um äußerste Nähe, heftigste Teilnahme, verbunden mit der aufrichtigsten Kritik.

Zwei waren aufeinandergestoßen, die sich Außerordentliches antun konnten, im Guten wie im Bösen.

2

Jenseits des südlichsten Hügels von Rom, des Aventis, erhebt sich, siebenunddreißig Meter hoch, eine Pyramide aus Gußwerk, Travertin und Marmor; das Grabmal des Gaius Cestius, Volkstribun, Praetor und Jupiterpriester der Antike.

Daneben, am Abhang des Aventins, liegt ein Friedhof voller Poesie, mit melancholischen Zypressen und Pinien. Er wurde in der ersten Hälfte des vorigen Jahrhunderts für Ausländer angelegt: der Campo Santo Acattolico. Shelley, der englische Dichter, liegt hier begraben, auch Goethes Sohn August; und viele Künstler, vor allem deutsche Maler, die in Rom gestorben sind.

Am 30. März 1985, bei blauem Himmel und lauem Frühlingswetter, traf sich hier die Trauergemeinde, um Ingeborg Hoffmann-Ende die letzte Ehre zu erweisen.

Rom. Die Cestius-Pyramide, der Campo Santo daneben: Damals,
in den sechziger Jahren, Ingeborgs allererste Eindrücke von der
Ewigen Stadt. Luise Rinser, die Freundin, hat sich in der nahen
Straße Manlio Gelsomini eine behagliche Dreizimmerwohnung
eingerichtet, mit schönen Antiquitäten, Dachterrasse, Blick auf
die Straßen von Rom. Hier verbringen die beiden Lebensgefährten
immer wieder den Monat August. Vier Wochen in der Stadt, die
Ingeborg nun ein Leben lang glühend lieben wird: Beim ersten
Aufenthalt, beim ersten Streifzug durch die enge, volkreiche Via
del Corso, über das brodelnde Autochaos der Piazza Venezia,
nach dem Besuch der mystisch-dunklen Kirche Santa Maria in
Aracoeli und einem Blick auf das Forum Romanum, das Kolos-
seum – da packt sie plötzlich die Hand des Freundes: »Endlich zu
Hause«, sagt sie, und es ist ihr ernst damit.
Warum klopft ihr – jetzt und später – auf der Via Appia Antica
immer das Herz bis zum Hals? Warum hält kein Römer sie für
verrückt, warum gilt sie bei diesen Menschen trotz der Sprach-
schwierigkeiten als eine der Ihren?
Ingeborg, die Römerin. Seit zweieinhalbtausend Jahren ist sie hier
zu Hause.

Die Trauergäste drängten in die Friedhofkirche, die Begräbnisfeier-
lichkeiten begannen. Eine Priesterin der Münchner Christengemeinschaft zelebrierte. Ein Chor aus den Albaner Bergen sang.
Neben Michael saßen Ingeborgs alte Mutter, ihre Tante, der Sohn
Mika, nun Schauspieler und Regisseur. Michaels Onkel Helmuth
war gekommen, und gekommen waren die italienischen Freunde,
die Freunde aus Deutschland. Nina, Matthias Nicolai. Michaels
Stuttgarter Verleger mit seiner Frau und dem jungen Lektor. Aus
der Toskana, wo er jetzt in einem Bauernhaus lebte und malte: Oki
Piloty mit seiner Frau. Aus dem nahen Rocca di Papa, wo sie jetzt
ein Anwesen besaß: Luise Rinser, die Schriftstellerin.
Luise Rinser wird noch im selben Jahr ein Buch veröffentlichen und
darin über Ingeborgs Begräbnis berichten: »Hätte ich am Grab bei
der Beerdigung ein Wort herausgebracht, ich hätte einen einzigen
Satz gesagt: Sie war der nobelste Mensch, den ich je kannte.« (Luise

Rinser, *Im Dunkeln zu singen, 1982 bis 1985*, Frankfurt 1985,
S. 247 f.)

*Die Heirat. Sie sind zwölf Jahre befreundet und Tag für Tag
zusammen – da bringt Michael ihr eines Tages zwölf Rosen und
sagt: »Ich möchte um deine Hand anhalten.«*
*»Das kommt mir sehr überraschend, das muß ich mir erst überle-
gen«, antwortet sie und lacht.*
*Sie heiraten auf Roms Kapitolinischem Hügel, im Rathaus auf
dem Campidoglio. Viel Gold überall, im Renaissancesaal des
Standesamts, an den Uniformen der Ehrenwache. Und draußen,
vor dem Palast, auf dem von Michelangelo prachtvoll angelegten
Platz, flimmern Reste von Goldbelag am Reiterstandbild des
Kaisers Marc Aurel.*
*Die Trauung wird in italienischer Sprache vollzogen, eine verei-
digte Dolmetscherin übersetzt. Eine unauffällige Hochzeit: Nur
die Trauzeugen sind in die Stadt gekommen, Nina, die Freundin
aus der Falckenberg-Schule, und Ingeborgs Münchner Kollege
Walter Sedlmayr. Am Abend wird man zu viert essen gehen.*
*Manches ändert sich nun. Sie leben nicht mehr in getrennten
Wohnungen, sondern unter einem Dach. Und denen, die ihre
Verbindung immer noch mit scheelen Augen ansehen, haben sie
gezeigt: Wir gehören zusammen.*
*Manches ändert sich nicht. Nicht ändern kann die römische
Trauung die Problematik ihrer Beziehung, die wird immer bleiben. Wo zwei Naturen mit solchen Prägungen und Verwundungen
aufeinandertreffen, geht es immer mal wieder zu wie in Shakespeares Königsdramen oder in Einaktern von Strindberg.*
*Gut, sie gehören zusammen, sie kommen – auch wenn sie es
manchmal versuchen – nicht voneinander los, da ist nun mal
nichts zu machen. Aber ihr Zusammensein ist Himmel oder Hölle.
Hölle zum Beispiel dann, wenn Ingeborg erfährt, daß Michael ihr
wieder nicht treu war. Doch seine Seitensprünge sind es nicht
allein, auch ohne sie wäre diese Frau unglücklich.*
*Ingeborg, die Unglückliche. Sie hat sich ihren Käfig geschmiedet,
lebt in einem Koordinatensystem von Enttäuschungen, Täu-*

schungen, uneingelösten Hoffnungen, Ängsten. Wenn sie es ande-
ren nicht sagt – Michael weiß es. Dann und wann kann er ihr
Leiden an der Welt in seiner liebevollen, verständnisvollen Art
lindern. Wenn ihr Temperament überkocht, wenn sie wie ein
Weibsteufel tobt (was ihr schon auf der Bühne kaum eine nach-
macht), bleibt ihm nur, zu warten, bis der Sturm sich gelegt hat.

Der Sarg war zwischen den melancholischen Zypressen und Pinien
in die Erde gesenkt, nun stiegen sie in die Wagen und nahmen ihren
Weg über den Viale Marco Polo und die Via Appia Antica südost-
wärts, zu den Castelli Romani hinaus. Das ist die Region mit den
vielen kleinen Ortschaften, in denen römische Adelige und Kleriker
sich einst ihre befestigten Häuser bauten. Sie fuhren über Castel
Gandolfo mit dem Sommersitz des Papstes, über Albano Laziale,
den von den Römern geliebten Ferienort, über Ariccia, das Bernini
verschönert hat, über Brücken und Viadukte und die grünen Hügel
der Albaner Berge zum Südwestrand des Nemisee-Kraters – bis
nach Genzano di Roma.
In den Ort hinein, rechts ab und dann wieder nach links, in die Via
Monte Giove, zum Haus mit der Nummer 13, der Casa Liocorno, wo
Michael und Ingeborg vierzehn Jahre lang gemeinsam gelebt hatten.
Im großen Wohnraum, dem Salotto, traf die Trauergesellschaft
wieder zusammen.

Genzano di Roma. Das Landhaus, das sie kaufen und dem
Michael den Namen Einhorn gibt, Liocorno. Im Januar 1971
ziehen sie ein. Gustav René Hocke, dessen Villa nicht weit davon
liegt, der von Michael hochverehrte Doktor Hocke, Kulturjourna-
list der alten Schule, der den Manierismus und das Phantastische
in der Kunst erforscht hat: Er weist die Endes als erster auf das
versteckte Haus hin. Und zwei Jahre später wird der Doktor
Hocke als erster die Bedeutung von Endes Momo erkennen und
das auch laut und deutlich verkünden.
Es ist keine Luxusvilla mit Swimmingpool, aber Ingeborg sagt:
»Ich bin hier die glücklichste Unglückliche.« Sieben Zimmer, der
große Salon mit dem Kamin, die Nebenräume, alles zu ebener

Erde. 3000 Quadratmeter umfaßt der Grund (später werden sie noch 2000 Quadratmeter dazukaufen). Der Garten, dieser üppige, italienische Garten mit seiner Fülle unterschiedlicher Bäume – Oliven, Lorbeer, Eichen, Ulmen. Und natürlich mit Palmen. Und die Rosen: Du mußt nur einen Zweig in die Erde stecken und sorgfältig begießen, dann wird ein Rosenstrauch daraus. Die Pergola mit wildem Wein. Die beiden Teiche mit Zierfischen darin. Der Brunnen, den sie in zweiunddreißig Meter Tiefe graben lassen, nachdem der Rutengänger ihn gefühlt haben will. Was keiner für möglich hält: Das Wasser sprudelt wirklich aus der Tiefe.

Ist es heiliger Grund? Ingeborg glaubt das. Unten am Nemisee soll ein Eingang zur Unterwelt sein, dort gibt es ein Diana-Heiligtum der Antike. Einen steinernen Römerkopf haben sie schon im Garten gefunden, einer Baum-Dryade bringt Ingeborg regelmäßig Geschenke dar. Sie sagt: Hier hat ein Tempel gestanden, und ist überzeugt, man würde auf Mosaikboden stoßen, wenn man nur graben würde. Die Leute hier graben nicht. Man findet beim Graben immer etwas aus den Zeiten der alten Römer, und wenn es zu kostbar ist, kommen die Herren vom Denkmalschutz angereist und machen Auflagen.

Die Tiere. Zwei kommen aus München mit nach Italien: Mao, der Kater, und der Hund Ali Baba, die treuen, reisegewohnten Kumpane. Sie liegen im Garten begraben. Viele Tiere werden ihre Nachfolger und leben mit Ingeborg und Michael. Auch Schildkröten, auch die Schildkröte Kassiopeia.

Die Besucher. Aus Rom schauen Ugo Tognazzi, Castellani, Vittorio Gassmann herein, sogar ein Prinz von Afghanistan. Ein junger Mann klopft an: Wilfried Hiller, Stipendiat der Villa Massimo. Er wird Endes Hauskomponist. Aus Deutschland finden sich Schauspieler und Schriftsteller ein, die Verlagsleute, die Film- und die Fernsehleute, Journalisten, Fotografen. Immer sind Gäste im Haus, immer finden Gespräche statt, immer muß etwas beredet werden.

Viele der alten Freunde verleben Ferientage in der Casa Liocorno: Nina, Rainer, Matthias Nicolai mit seiner Frau. Vera

Hacken, die jetzt in den Vereinigten Staaten lebt. Ingeborgs Sohn
Mika kommt mit wechselnden Freundinnen. Und die Verwandten
bleiben manchmal monatelang im Haus: Michaels Mutter Lise,
Michaels Onkel Helmuth, Ingeborgs Mutter, ihre Tante. Es ist
nicht immer leicht – wann kann das Ehepaar schon mal allein
sein? Aber Ingeborg, die Temperamentvolle, erweist sich als die
geduldigste, freundlichste Gastgeberin. Annunziata, die Italiene-
rin mit dem unverständlichen Abruzzen-Dialekt, macht Ordnung,
Ingeborg kocht das Essen, obwohl sie nicht gerne kocht; lieber
würde sie mit den anderen diskutieren, als in der Küche zu stehen.
Dann: die ungebetenen Gäste, die Ende-Fans. Sie steigen über die
Gartenmauer, um mit dem berühmten Schriftsteller zu reden, ganz
kurz nur, ein paar Worte – oder auch stundenlang. Manche
kommen, um Michael ihre ungedruckten Gedichte vorzulesen –
oder auch ganze Romane. Mädchen haben lange von ihm ge-
träumt und möchten ihn nun endlich einmal anfassen. Und die
ganz Unverfrorenen stehen mit ihren Rucksäcken vor der Tür –
»Hey, Michael!« – und wollen in seinem Garten zelten.
Der Preis des Ruhms.
Es ist Michaels Ruhm. Ihr eigener, der Ruhm der Schauspielerin
Ingeborg Hoffmann, ist da schon verblaßt.

Im Salotto der Casa Liocorno hat sich die Trauergesellschaft auf
Sesseln und Stühlen niedergelassen. So zahlreich die Gäste sind –
jeder empfindet die bedrückende Leere in dem großen Wohnraum.
Sie sprechen gedämpft miteinander. Nie mehr wird sich unter ihre
Reden die rauhe, rauchige Stimme der Gastgeberin mischen. Sie
essen, und Ingeborg wird sie nie mehr zum Zugreifen nötigen. Dieses
Haus hat sich verändert.
Michaels Blick schweift zur Kaminecke. Drei Stufen führen zur
Feuerstelle hinunter. Dort hat der Schriftsteller oft mit seiner Frau
gesessen – in den Zeiten, in denen sie alle Besucher abwehrten, weil
er ein neues Buch schrieb.
Dort haben sie zusammen gearbeitet.
Es wird schwer sein, ohne Ingeborg weiterzumachen.

Genzano di Roma. Casa Liocorno. Hier begräbt sie den Traum von der eigenen Karriere. Anfangs hofft sie noch, daß man sie zum Synchronisieren nach Cinecittà holen werde. Sie wartet, und wie getrieben schlägt sie sich immer wieder die Karten, stundenlang. Doch es ergibt sich nichts, kein Ruf, der sie in die römische Filmstadt holt, keiner der alten Freunde und Regisseure ruft sie nach Deutschland, an eine Bühne. Die Hoffmann? Ist sie nicht sehr schwierig? Redet sie nicht bei jeder Probe alles nieder? Eine hervorragende Schauspielerin, sicher. Aber schwierig, sag' ich dir, schwierig. Laß uns die Rolle lieber mit einer anderen besetzen.

Bitter, das vergebliche Warten. Ingeborg ist zu stolz, stundenlang bei Theateragenten herumzusitzen, und sie kann und will ihren Mann nicht allein in Italien lassen. Allmählich welken die Hoffnungen, wächst der Unmut auf ihr Land – das Land, das sie so schlecht behandelt. Immer seltener reist sie über die Alpen, da muß schon ein ganz besonderer Anlaß vorliegen, zum Beispiel die Hochzeit ihres Sohnes.

Sie findet anderes, was ihr Leben ausfüllt.

Die Natur, den Garten. Nello, das Faktotum, besorgt die schweren Arbeiten, Ingeborg pflegt ihre Bäume und Pflanzen und gießt sie jeden Abend. Immer trifft man die Frau draußen, in der Hand irgendein Gartengerät, gegen die gleißende Sonne einen alten, ausgefransten Strohhut mit breiter Krempe auf dem Kopf. Es sind Wesen, die sie da umhegt.

Dann, wichtiger noch: die Arbeit mit Michael.

Sein chaotischer Arbeitsstil. Manchmal bringt er monatelang keine Zeile zu Papier, dann plötzlich packt es ihn, und er sitzt achtzehn, vierundzwanzig Stunden ohne Unterbrechung im Arbeitszimmer. Das Geräusch seiner Schreibmaschine dringt durch das nächtliche Haus bis in Ingeborgs Schlafzimmer.

Es gibt auch weniger aufregende Zeiten. Wenn ihn nicht der Furor poeticus beutelt, arbeitet der Momo-Autor wie andere Schriftsteller auch. Abends sind dann ein paar Seiten fertig, fünf Seiten, sechs Seiten, wenn er Glück gehabt hat. Oder auch mal nur eine, wenn es nicht so gut gelaufen ist.

Sie setzen sich im Salotto in die Kaminecke, er reicht ihr die neuen

Manuskriptseiten, sie liest vor, Michael lehnt sich zurück und lauscht. Einiges klärt sich schon beim Zuhören: Ein Satz ist zu lang geraten, eine Personenbeschreibung nicht plastisch genug; oder die Erzählung geht zu schleppend voran. Handwerkliches also. Darüber gibt es dann nicht viel zu reden, der Dichter wird am nächsten Tag den Rotstift gebrauchen.

Aber es wird auch deutlich – und hier zeigt sich Ingeborgs Erfahrung im Vorlesen –, es wird auch unüberhörbar deutlich, wenn etwas im Text nicht stimmt. Wenn der Autor sich in eine Formulierung verliebt hat, die gar nicht dem Fluß der Erzählung dient, sondern ihn hemmt; wenn dem vielleicht übermüdeten Schreiber ein falscher Ton, eine Attitüde in seine Geschichte hineingeraten ist. Da läßt Ingeborg nicht locker, da erweisen sich ihre unbestechliche, beharrliche Ehrlichkeit und ihr sicheres Urteil in künstlerischen Fragen. Sie kritisiert behutsam, ohne zu verletzen; aber sie weist deutlich darauf hin.

Manchmal sind die beiden sofort einer Meinung, manchmal verstricken sie sich in eine lange Diskussion mit unentschiedenem Ausgang. Da kein Schriftsteller leicht Kritik an seinem Werk verträgt – vor allem nicht, wenn er sich mitten im Schaffensprozeß befindet –, kommt es vor, daß Michael sich von seiner Frau nicht überzeugen läßt.

Nicht an diesem Abend. Nach einiger Zeit freilich und nach einigem Überlegen erkennt er: Sie hat recht, ihr Einwand sticht. Dann ändert er die Stelle: weil Ingeborgs untrüglicher künstlerischer Instinkt eben doch eine Schwachstelle in Momo *oder der* Unendlichen Geschichte *aufgespürt hat, die einem Millionen-Lesepublikum auf diese Weise erspart geblieben ist.*

Die Nacht war hereingebrochen. Viele Stunden hatten die Trauergäste im Salotto zusammen verbracht und von Ingeborg gesprochen. Nun wurde es Zeit für die Nachtruhe. Einer nach dem anderen verabschiedete sich. Manche waren in der Nachbarschaft untergebracht. Bei Dada zum Beispiel, der italienischen Freundin, einer Schriftstellerwitwe, die auf ihrem Grundstück täglich ein kleines Heer von Katzen verköstigte.

Ihr Haus lag nur einige Schritte entfernt auf der anderen Seite der Via Monte Giove. Sie gingen oder fuhren die paar Meter durch den Garten zur Straße hinauf, zum Tor. Gedämpfte Abschiedsworte, dann senkte sich Stille über das Trauerhaus.

Genzano di Roma. Casa Liocorno. Das Tor zur Straße. Ornamentales, schmiedeeisernes Gitterwerk zwischen der Mauer, die sich hier in sanftem Halbrund nach innen, zum Garten schwingt. Rechts und links neben dem Tor stehen oben auf der Mauer zwei römische Vasen mit Agaven; und rechter Hand ist in die Wand eine Marmortafel eingelassen, die den Kopf eines Einhorns zeigt und den Namen des Hauses.

Dieses Tor sieht Ingeborg zu Anfang ihres italienischen Lebens in einem seltsamen Traum: Zwei Mädchen in weißen Schuluniformen winken sie aus dem Haus und führen sie durch den Garten hinauf zum Tor zwischen den römischen Vasen. Die beiden Hälften des Gitters sind weit geöffnet, und dort erblickt Ingeborg zwei andere Mädchen; sie tragen schwarze Kleider, zwischen ihnen steht ein schwerer, prachtvoll geschnitzter Sarkophag.

Die Krankheit. Sie kündigt sich lange an, schleichend erst, dann unübersehbar. Ingeborg achtet nicht darauf, raucht ihre Zigaretten wie eh und je. Auch als Atemnot sie so bedrängt, daß selbst die leichte Steigung zur Straße hinauf zum unüberwindlichen Hindernis wird.

Die Krankheit schon im Leib, führt sie in diesen Jahren noch einmal einen großen Kampf. Es ist, als ob sich ihre nervöse Energie, ihre Leidenschaft für die Gerechtigkeit und ihre Liebe zur Kunst noch einmal in einem Brennpunkt fingen; ein Feuer flammt auf und läßt diese außerordentliche Frau noch einmal vor dem Sterben gegen die Welt antreten – in einem grandiosen, aussichtslosen Unternehmen.

Die Unendliche Geschichte *soll verfilmt werden. Zu spät erfährt Michael, daß nicht in seinem Sinne gedreht wird. Er hat an einen leisen, poetischen Film gedacht, an ein kunstvolles Gespinst zwischen Traum und Wirklichkeit. Aber jenseits der Alpen, in Geiselgasteig, arbeiten sie längst an etwas ganz anderem: an einem* monströsen Spektakel mit der ganzen technischen Maschinerie der amerikanischen Profis, an einem Fantasy-Film, der keinen Raum läßt für Innenwelt und Träume: Die Technik ist über Phantasien gekommen.

Ingeborg rast. Sie veranlaßt Michael, vor Gericht zu gehen, Klage zu erheben – dieses Unglück müsse unter allen Umständen verhindert werden, sagt sie, das Werk eines Autors dürfe nicht so verfälscht werden. Tage, Nächte brütet sie über Rechtsanwalts- und Gerichtsakten, sie fertigt Exzerpte an, vergleicht Argumente mit Gegenargumenten, findet neue, schreibt sie auf; sie verfolgt den ganzen Weg zurück, auf dem es zu diesem Film gekommen ist, studiert immer wieder die Verträge, liest das Kleingedruckte, beherrscht allmählich die Juristensprache wie ein Advokat. Jedem Freund, der nach Genzano kommt, erklärt sie in stundenlangem, monomanischem, quälendem Vortrag mit allen Details, was da geschehen ist, und wie es geschah, und was man dagegen tun muß. Noch einmal revoltiert Ingeborg, die Schauspielerin, die Künstlerin, gegen die Banalität der Welt.

Sie gehen durch viele Gerichtsinstanzen, es ist ein Kampf gegen Windmühlenflügel: Der Film wird gedreht – so gedreht, wie es Michael und Ingeborg nicht wollen –, der Prozeß wird verloren.

Und längst ist der Streifen in allen Kinotheatern der großen Städte gelaufen, als er eines Tages auch in der Provinz, in Genzano di Roma gezeigt wird. Ingeborg geht mit einer Freundin hin und sieht sich den Film an. Am Abend desselben Tages wird sie auf der Bahre aus ihrem Haus getragen und in ein römisches Krankenhaus transportiert.

Sieben Tage währt ihr allerletzter Kampf.

Die hohen Augenbrauen, die Hakennase: Nie im Leben, sagt Michael, habe sie einer Römerin so ähnlich gesehen wie im Tod.

ACHTES KAPITEL

*Wie er seinen Lebensbund schloß und der Lebens-
bund seiner Eltern zerbrach. Und wie Palermo ihm
den rechten Weg zeigte*

(München-Schwabing, 1953–1956)

*Eine Frau für Michael, ein Mädchen für Edgar – Lise will nicht
mehr leben – Sonntagsmalerei – In Goethes Italien – Ein Ge-
spenst auf Elba – Mit Schiller die Politik veräppeln – Der
Anbruch einer neuen Zeit – Ungarn-Aufstand, Ungarn-Elend –
Fürs Fernsehen im Mezzogiorno – Ist denn alles wie vorher? –
Die Verheißung einer Märchenstadt*

1

AN EINEM DER ERSTEN JANUARTAGE des Jahres 1953 läutete Michael Ende in der Schwabinger Siegfriedstraße am Haus
Nummer 5 und stieg die Treppen zur Wohnung der Hoffmanns
hinauf. Die Schauspielerin, der er auf der Silvesterparty der Heinrichs begegnet war, hatte ihn eingeladen: Er solle doch mal vorbei-
kommen und ein paar seiner Manuskripte mitbringen.
Michael hatte einen ganzen Packen unter dem Arm.
Als die rothaarige Frau Hoffmann den Gast in ihren Salon führte,
hielt der junge Mann den Atem an – er trat in eine Traumwelt ein.
Das gab es doch nicht wirklich, das gab es doch nur in Cocteaus
morbidem Roman von den *Schrecklichen Kindern*, in Jean Anouilhs
melancholischem Theaterstück *Eurydice* – diesen Verfall, diese
verblichene Poesie in allen Ecken und Winkeln.
Da standen kostbarste Empire-Polstermöbel, mit billigem, gestreif-
tem Matratzendrell bezogen und so ramponiert, daß aus manchen
Sesseln die Sprungfedern herausragten. Michael sah einen Kron-
leuchter mit zerrissenen Kristallschnüren, ein Tischchen mit zer-
splitterter Marmorplatte, einen riesigen Lola-Montez-Spiegel; an
den hohen Fenstern Draperien aus schwerem, goldfarbenem, aber
verschossenem Damast, auf dem Fußboden echte, doch jammervoll

abgetretene Perserteppiche – überall heruntergekommene Eleganz und zerbröckelnde Pracht.

Es war der verblaßte Glanz aus Großvater Scherers vornehmem Modegeschäft am Odeonsplatz. Das konnte Michael freilich nicht wissen, und ebensowenig wußte er, wie verzweifelt Ingeborg gegen den Verfall ankämpfte, wie sie – weil doch nie genug Geld im Hause war – eigenhändig renovierte und restaurierte. Mit mäßigem Erfolg, wie man sah.

Michael sah nur die Poesie des Verfalls, und er war beeindruckt. Was mußte das für eine Frau sein, die tagtäglich in diesem melancholischen Traumland, in diesem morbiden Märchenschloß lebte! Staunend entdeckte er, daß sie – die doch viel realistischer dachte als er und viel entschiedener mit der Wirklichkeit umzugehen wußte –, daß diese Frau in seiner Welt der Phantasie zu Hause war.

Und noch etwas lernte Michael in dieser Stunde kennen: die Begeisterungsfähigkeit der Ingeborg Hoffmann. Er hatte Gedichte mitgebracht, darunter das *Apokalyptische Gebet*, auch die Geschichte *Eine Veränderung* und natürlich sein Theaterstück *Ein Sultan hoch zwei*. Während er vorlas, geriet die Schauspielerin mehr und mehr in einen Rausch des Enthusiasmus. Das war es, was der junge Dichter brauchte: So viel Unvernunft und Einsamkeit hatte er erlebt, und nun wurde er endlich von einem Menschen begriffen und gelobt, der Kunstverstand besaß. Er müsse, sagte Ingeborg, nicht nur Geschichten schreiben, sondern auch längere Prosastücke – Romane.

Romane, wie nur er sie schreiben könne.

Der erste Besuch in der Wohnung der Hoffmanns wurde zum Fest: Michael hatte einen Menschen gefunden, der an ihn glaubte.

2

Sie sahen sich immer häufiger und schließlich jeden Tag, und sie entdeckten ihre Gefühle füreinander. Doch war ihnen keine frohe Zeit der Verliebtheit beschieden. Wenn andere Paare zumindest am

Anfang wie auf Wolken durch die Welt laufen – in Ingeborgs und Michaels Seligkeit mischte sich viel Bitteres.

Nur wenige Freunde hielten zu ihnen. Wo die beiden zusammen auftraten, fühlten sie sich abgelehnt und isoliert. Es gab genug Leute, die mit stechenden Blicken nach den Liebenden sahen, die Köpfe zusammensteckten und über sie tuschelten. Dieser schöne, junge Mann – und eine um acht Jahre ältere Frau? Eine unmögliche Affäre, eine Verirrung. Es war immer das gleiche, wenn sie in der Öffentlichkeit erkannt wurden. Auszugehen bereitete ihnen kaum noch Freude.

Außerdem gab es eine ganze Menge anderer Probleme, die diese Partnerschaft überschatteten.

Ingeborg steckte immer in finanziellen Nöten, und immer machte sie sich Sorgen um ihren wilden Sohn. Der Zehnjährige wechselte von einer Schule zur anderen, die Lehrer wurden nicht fertig mit ihm.

Michaels familiäre Schwierigkeiten waren noch weit größer. Denn nun wütete zwischen Edgar und Lise der offene Kampf, ein Kampf bis aufs Messer. Was sich all die Jahre über vorbereitet und angestaut hatte, kam jetzt zum Ausbruch, und der Vorhang hob sich zum letzten Akt dieser Ehe.

3

Schon im Jahr zuvor war Edgar einem Mädchen begegnet, einer sehr jungen Kunststudentin im Alter seines Sohnes. Auf einem der großen Faschingsfeste im Haus der Kunst lernten Maler und Mädchen sich näher kennen. Es ist nicht ganz klar, ob Edgar wirklich so verliebt war. Möglich, daß ihn znächst mehr die große Verehrung beeindruckte, die ihm da entgegengebracht wurde, und daß sich aus diesem Körnchen Eitelkeit die Lawine des Verhängnisses entwickkelte.

Edgar brachte die Kunststudentin mit in die Wohnung, in der er mit Lise lebte, und gab dem Mädchen im Atelier stundenlang Erklärungen zu seinen Werken – er, der sonst kaum ein Wort über eins seiner

Bilder verlor, sondern – die Pfeife im Mund – nur zuhörte, was andere dazu sagten. Hier redete er auf einmal. Lise wunderte sich.

Lange wollte er die Beziehung als bloßes Lehrer-Schüler-Verhältnis sehen. In seiner Naivität ging er soweit, Lise vorzuschwärmen, wie schön diese junge Frau sei – ungemein schön. Lise bekam schmale Augen.

Das Mädchen war tatsächlich von ebenmäßiger, geradezu klassischer Ansehnlichkeit. Und es war vier Jahrzehnte jünger als die Ehefrau.

Dann blieb Edgar Tage und Nächte weg. Lise tobte. Eine Frau wie sie nahm das nicht unwidersprochen hin. Wenn Edgar wiederkam, schrie sie ihn an, sie ging auf ihn los – die Wohnung dröhnte von bösen Worten, Vorwürfen, Anklagen. Aber auch zu dieser Zeit dachte Edgar noch nicht an eine Trennung von seiner Familie.

Am liebsten hätte er mit beiden Frauen gelebt, mit der Gefährtin *und* der jungen Geliebten.

Er war ein Mann von mehr als fünfzig Jahren, kein Filou. Unerfahren im Seitensprung, unwillig über die belastende Gefühlssituation, wünschte er sich nichts sehnlicher, als seine Bequemlichkeit, seine Arbeitsruhe zurückzugewinnen – aber wie denn? Was denn tun? Ein Leben lang hatte seine Frau für ihn die Entscheidungen getroffen – und nun sollte er, der Passive, auf einmal sagen, was zu geschehen hatte? Er wußte es nicht. Er wollte das eine nicht aufgeben und auf das andere nicht verzichten.

Aber bei Lise gab es keine Halbheiten. Und Halbheiten in ihrer Ehe schon gar nicht.

Schließlich ging alles mit einem bösen Ausbruch zu Ende. Den Zündstoff lieferte – wie oft in solchen Situationen der großen, aufgewühlten Gefühle – eine Banalität. Wieder einmal kam Edgar nach Hause, nachdem er Tage und Nächte weggeblieben war, wieder einmal brachte er Lise seine gebrauchte Wäsche – und die Ehefrau packte der rasende Zorn: »...dann soll sie dir auch deine Wäsche machen«, schrie sie ihn an und warf ihm das Bündel vor die Füße.

Er hob es auf und kam nicht wieder.

4

Michael: Was sollte er tun, zu wem sollte er halten? Er stand wie versteinert, er erlebte diese Szenen wie durch einen Schleier, wie einer, der unter Wasser schwimmt. Hier war sie also, die Katastrophe, vor der er sich in seiner ganzen Kindheit gefürchtet hatte, und sie beutelte ihn quälender als seine Angstträume.

Das Schlimmste sollte noch kommen.

Lises Gemüt verdüsterte sich. Die Liebe zu ihrem Mann schlug in Haß um, und so uferlos die Liebe gewesen war, so ohne Maß verlor sich diese Frau in ihrem Haß. Eines Tages packte sie plötzlich mit beiden Fäusten ein Messer und rannte ins Atelier; und in einem Anfall halben Wahnsinns schwang sie es über den Kopf und zerfetzte Edgars Gemälde auf den Staffeleien und an den Wänden.

Medea tötete ihre Kinder: Edgars Bilder waren das Heiligste in Lises Leben gewesen und wurden von ihr nun vernichtet, und in diesem symbolischen Akt brachte sie gleichzeitig den Mann um, mit dem sie so viele Jahre gelebt hatte. Von Stund' an war Edgar für sie tot.

Bald richtete Lise ihre Zerstörungswut gegen sich selber. Eines Nachts, als Michael in die Wohnung zurückkehrte, fand er die Mutter leblos auf ihrem Lager – sie hatte eine Überdosis Schlaftabletten genommen. Der Sohn rannte zum Arzt, Lise konnte gerettet werden. Als sie wieder zu sich gekommen war, redete Michael mit ihr bis zum frühen Morgen. Lise weinte haltlos, nun war sie das Kind. Nun mußte der Sohn sie trösten.

Die nächtlichen Gespräche bis zum Morgengrauen wiederholten sich, die Selbstmordversuche auch. Michael konnte nicht mehr ohne Beklemmung das Haus verlassen, bei jedem Zusammensein mit Ingeborg quälte ihn die Sorge um die Mutter. Es kam so weit, daß die drei nur noch gemeinsam ausgingen, zum Beispiel in den »Pfälzer Hof« in Schwabing, und bis zur Polizeistunde blieben.

Ein seltsames Bild: die verfemten Liebesleute und die unglückliche alte Frau am Wirtshaustisch, bei Bier, bei Wein – und isoliert. Und wenn Michael einmal aufstand, Freunde zu begrüßen, und die beiden Frauen allein in ihrer Ecke zurückblieben, attackierte Lise die Geliebte des Sohnes, und Feindseligkeit sprühte aus ihrem Gesicht.

Lise mochte Ingeborg Hoffmann nicht. Das war noch so eine, die ihr etwas wegnahm: den Sohn, das einzige, was ihr nach dem Treuebruch des Ehemanns geblieben war. Lise brauchte Michael jetzt und hing mehr denn je an ihm. Er sollte die Rolle des Partners einnehmen, sollte der Mutter allein gehören, nur für sie da sein. Was besaß sie denn sonst noch auf der Welt?

Während Michael sich gegen Lises Umklammerungen wehrte, stieg in ihm Groll gegen den verschwundenen Vater auf. Der hatte sich aus dem Staub gemacht und dem Sohn die Probleme hinterlassen – übrigens auch die finanziellen: zwei Haushalte zu bezahlen, ließen Edgars schmale Einkünfte nicht zu.

Die Entfremdung zwischen Vater und Sohn hat jahrelang angehalten.

5

Etwas mußte mit Lise geschehen, so konnte sie nicht weiterleben. Auch Michael konnte so nicht weiterleben; und wenn die Mutter noch so klagte, wütete, resignierte – er war kein Ersatz für Edgar, er hatte ein Recht auf sein eigenes Dasein. Etwas mußte gefunden werden, das Lises Tagen einen neuen Sinn gab.

Sie hatte schon immer gern schöne Dinge hergestellt, sie besaß handwerkliches Geschick und künstlerisches Gefühl. Und was sie anfertigte, war immer etwas Besonderes und fand schnell begeisterte Käufer: die ausgeblasenen Hühnereier, phantasievoll mit traumhaften Szenen und Rundum-Panoramen bemalt; die Spanholzschachteln, mit Perlen, Borten und Spitzenresten verziert; die kleinen Spiegel in Bleifassungen. Und aus Wachs, Glas, Spiegeln und Farbe entstanden unter ihren Händen verspielte Aquarien mit lustigen, bunten Fischen.

Doch es mußte mehr als Kunsthandwerk sein, worauf sie ihr neues Leben stellte, überlegte Michael. Er besorgte heimlich grundierte Sperrholzplatten, die legte er Lise auf den Arbeitstisch. Bilder malen, richtige Bilder? Sie reagierte befangen. Das konnte sie nicht, das hatte sie nie ernsthaft gelernt. Aber warum es nicht mal versuchen, warum es nicht einmal mit der Sonntagsmalerei versuchen? beharrte Michael. Damit könne sie sich ihre eigene Welt schaffen.

Sie brauchte Zeit, aber eines Tages setzte sie sich hin und begann mit den ersten Entwürfen. Sie nahm Temperafarben und malte die Welt ihrer Kindheit und längst vergessene Märchen auf die kleinen Sperrholzplatten. Arabien und Palästina standen in ihr wieder auf, die Geschichten der Gebrüder Grimm. Auf manchen ihrer winzigen Bilder brachte Lise unglaublich viele Figuren unter – Engel, Menschen und Tiere, auch mittelalterliche Städte und Burgen und Köhlerkaten. Und immer wartete einsam in einer Ecke das bleiche Waisenkind Luise auf ein Wunder.

Tatsächlich hat es Michaels Mutter mit ihrer Sonntagsmalerei zu Ehren und bescheidener Anerkennung gebracht. Ihre Bilder zeigen eigenen Stil, auch wenn da manches von großen Malern eingeflossen ist. Die chassidischen, schwebenden Träume des Marc Chagall zum Beispiel. Und – wie könnte es anders sein – die Jenseitswelt des Edgar Ende.

Ja, malen, das war etwas. Man muß Lises glückliches Lächeln gesehen haben, wenn einer ihre Bilder lobte.

6

Als er die Mutter über dem Berg wußte, beschloß Michael nun einmal an sich zu denken und eine Reise zu machen – ohne die Frauen. Geld hin, Geld her – er kratzte alle Pfennige zusammen, und nach vielen Beratungen mit Freund Rainer stand das Ziel fest: San Andrea, ein Fischerdorf auf der Insel Elba.

Zum erstenmal im Leben nach Italien – ein Abenteuer.

Und eine große Reise. Denn das Italien des Jahres 1953 läßt sich nicht vergleichen mit dem heutigen Touristendorado zwischen Mailand und Syrakus; auf dem Lande glich es eher dem Italien Goethes und Seumes: In San Andrea gab es noch keine Elektrizität, und das Wasser holten die Frauen an der Quelle oder aus dem Brunnen.

Es sollte sehr heiß sein dort unten, in Italien, auch jetzt noch, zu Anfang des Herbstes. Michael rannte ins Kaufhaus und erstand, um gut gerüstet zu sein, eine Art Tropenanzug und einen Strohhut.

Rainer und sein Bruder fuhren mit ihrer roten Lambretta. Wenn der Weg über einen Paß führte, streikte das eigenwillige Gefährt; es trug dann nur einen der Brüder, der andere mußte das steile Stück mit der Bahn zurücklegen. Michael nahm von Anfang an den Zug und erwartete in der nächsten größeren Stadt seine beiden Reisegefährten – Treffpunkt: ein Café an der Piazza. Es war nicht schwer, sich zu finden: Kein anderer saß im schneeweißen Tropenanzug an der Piazza und winkte mit flottem Strohhut; und keiner außer den Brüdern brauste mit einer so knallroten Lambretta auf den Platz.

Sie hatten vor der Reise kein langes Kulturstudium betrieben, Italien sollte unmittelbar auf sie wirken; unvoreingenommen wollten sie Leben und Kultur der Italiener in sich aufnehmen. In Florenz stießen sie unversehens auf ein besonders schönes Bauwerk: außen grüner, roter und weißer Marmor, eine dreischiffige Basilika, überragt von einer gewaltigen, achtseitigen Kuppel – die jungen Reisenden wanderten lange bewundernd um die Kirche herum und durch sie hindurch. Um zu Hause berichten zu können, was sie da Schönes entdeckt hatten, und um es weiterempfehlen zu können, erkundigten sie sich radebrechend, was das denn für eine Kirche sei.

Es war der Dom von Florenz.

Über Pisa führte ihre Bildungsreise weiter nach Piombino. Im Hafen wurden Lambretta, Männer und Koffer im Fährschiff verstaut. Die Nacht brach an, unterm Sternenzelt standen sie am Bug und fuhren mit erhabenen Gefühlen über das Meer. Die erhabenen Gefühle endeten jäh, als das Schiff nach zwei Stunden im Elba-Hafen Portoferraio anlegte.

Lärm und Durcheinander am Kai, die Freunde riefen sich »Ciao in San Andrea« zu, Michael erwischte den letzten Bus, Rainer und sein Bruder schwangen sich auf ihre Lambretta.

Doch das Quartier im Fischerdorf sollte keiner der drei in dieser denkwürdigen Nacht erreichen.

7

Die Lambretta-Fahrer kurvten verzweifelt auf unbekannten Straßen durch die Dunkelheit, sie hatten die Richtung verloren. Sie kamen durch Dörfer, in denen kein Licht mehr brannte, und fanden niemanden, der ihnen Auskunft geben konnte: Um diese Zeit schlief auf Elba jeder. Um Mitternacht klopften sie erschöpft an einem einsamen Haus an, wo sie dann doch noch einen Unterschlupf bekamen. Michael erging es schlimmer. Sein Bus kam nie in San Andrea an, auf irgendeinem Marktplatz war Endstation. Da schulterte der junge Mann im weißen Tropenanzug seinen Koffer und lief los; denn er meinte, sein Fischerdorf sei nur noch wenige Kilometer entfernt. Das war es aber nicht.

Lange ging er oben auf der Landstraße. Dann kletterte er durch die Büsche den Steilhang hinunter; er hatte ein Licht gesehen und glaubte am Ziel zu sein. Nun geriet er aber vollends in die Irre, ohne Weg und Steg, in der finsteren Nacht. Und als den armen Reisenden die große Müdigkeit überkam, beschloß er, sich einfach niederzulegen und auf dem Erdboden zu schlafen. Es war ja nicht kalt.

Er hatte kaum den Kopf auf den Koffer gelegt, als es ganz in der Nähe raschelte. War da etwas? Richtig, nun ließ sich ganz deutlich ein Flüstern vernehmen. »Presto, presto«, wisperte es. Michael fuhr hoch. Ein Gespenst auf Elba? Oder die Mafia, die den Fremden entführen wollte? Ihm wurde unheimlich, er riß seinen Koffer an sich und rannte weg.

Eine Kapelle. Hier rollte sich Michael wieder zusammen. Wenn ein Gespenst hinter ihm her war, würde es den geheiligten Boden respektieren. Und die Mafia? Aber die Mafia? Tatsächlich, es raschelte schon wieder im Laub. »Presto, presto«, wisperte es. Michael standen die Haare zu Berge.

Es wurde eine unruhige Nacht. Im Morgengrauen traf der umherirrende, völlig übermüdete Wanderer endlich auf eine Frau – eine majestätische Einheimische mit einem Krug auf dem Kopf. »San Andrea?« fragte er kleinlaut, und sie wies stumm nach Westen. Gegen zehn erreichte er das Fischerdorf. Die Freunde hielten schon sorgenvoll nach ihm Ausschau.

Das Geheimnis dieser Nacht klärte sich ein paar Tage später auf, als die Urlauber mit den Weinbauern und Fischern Freundschaft geschlossen hatten und sich allmählich notdürftig mit ihnen verständigen konnten. Die Italiener hielten sich vor Lachen die Bäuche, als Michael ihnen sein Abenteuer erzählte.

Sein Gespenst, sein Mafiaräuber war eine kleine Kröte, die auf Elba nachts herumschweift und dabei Laute von sich gibt, die man als »Presto, presto« verstehen kann.

8

Isola d' Elba, San Andrea: Das war das urtümliche, einfache Leben, das war Italien pur. Von der Landstraße hoch oben zum Meeresstrand tief unten zogen sich die Häuser des Dorfes den Steilhang hinab. Sie waren nur zu Fuß oder mit Eseln zu erreichen, über schmale Pfade, die von Steinmauern gesäumt und gesichert wurden. Hier ging man – auch als Schwabinger – mit der Sonne schlafen (es gab ja nur Öl- und Petroleumfunzeln) und stand mit der Sonne auf. Niegekannte Freuden: das Meer, Italiens Sonne, Italiens Vegetation. Die Fischer, die Weinbauern und ihre Frauen: zutrauliche, einfache Menschen, die sich über ihre seltenen Gäste freuten; da kamen auch schon mal der Onkel oder die Nonna aus dem Nachbarhaus, um sich diese Exoten aus dem fernen Monaco näher anzusehen. Ein großes Weinfest für das ganze Dorf: weil draußen im Meer das Schiff ankerte, das über einen langen Schlauch die Weinproduktion des Jahres in seinen Container-Bauch aufnahm. Ein fröhliches Erlebnis: Sie standen unten und staunten, weil oben auf der Landstraße spielzeugklein eine Lambretta kurvte, die ebenso rot war wie ihre – bis sie merkten: Es *war* ihre; ein Dorfbursche hatte nicht widerstehen können und sich ohne viel Worte das Gefährt für eine Spritztour geliehen. Ein Besuch: Evchen, ehemals Kollegin in der Falckenberg-Schule, kam auf ihrer grauen Lambretta, quartierte sich auch in einem Bauernhaus ein und sorgte für Unruhe; erst gab es Diskussionen um einen feurigen Italienerburschen, der ihr zu nahe getreten war, dann lag sie erkrankt zu Bett. Eine märchenhafte

Entdeckung: Sie badeten in der Nacht und sahen zum erstenmal Meeresleuchten; wie ihr ganzer Körper im Wasser strahlte und auch noch einen Lichtkometen hinter sich her durch die Wellen zog. Selige Tage des Dolce-far-Niente: faulenzen, spielen, trinken, baden, sonnen – Italien.

Vergangene Tage aus einer vergangenen Welt. Heute hat auch San Andrea seine Fahrstraßen, seine Hotels und seine Touristenschwärme. Und die bettelarmen Weinbauern und Fischer von damals – oder ihre Kinder und Enkel – sind, sofern sie Grund und Boden besaßen, steinreiche Leute geworden.

Aber Goethes und Seumes, Michaels und Rainers Italien existiert dort nicht mehr.

9

Michael mußte Geld verdienen, das war klar, und Ingeborg wußte auch schon wie. Sie sorgte dafür, daß eine seiner Geschichten im Bayerischen Rundfunk gesendet wurde. Und sie brachte ihn zu Frau Hans.

Ria Hans, die allgewaltige Kulturredakteurin, arbeitete im Münchner Radiosender und hatte eine Schwäche für Ingeborg. Die Hoffmann – »eine Spezialität im Funk, aufgrund ihrer rauhen Stimme« – wirkte damals ja in sehr vielen Sendungen mit, das ging von Hörspielen bis zu Filmkritiken. Filmkritiken? Filmkritiken *schreiben*? Wäre das denn nichts für Michael mit seinem klaren, künstlerischen Urteil?

Ingeborgs Freund fand Gnade vor den Augen der Rundfunkredakteurin, er bekam seine Chance und machte seine Sache gut. Bald schrieb er als freier Mitarbeiter des Bayerischen Rundfunks regelmäßig Texte über Filme, die eben in München anliefen. Pro Streifen gab es drei bis fünf Minuten Sendezeit, Gewichtigeres wurde auch mal länger besprochen – *Film im Funk* hieß die Serien-Sendung.

Reich werden konnte bei dieser Arbeit keiner, Michael war natürlich nicht der einzige Filmkritiker, den Ria Hans beschäftigte, er gehörte zur Crew. Aber er hatte einen ehrlichen Broterwerb, er hatte einen

Job. Über Jahre hin saß der junge Dichter nun manchen Nachmittag im Kino ab, um anschließend seinen Text zu schreiben (den dann nicht selten Ingeborg ins Mikrophon sprach); und freundlicherweise wählte seine Gönnerin, wenn es möglich war, Filme für ihn aus, die zu ihm paßten: phantasievolle oder phantastische.

Ganz gern sah er sich (wie übrigens sein Vater Edgar auch) Wildweststreifen an. Ria Hans erinnert sich heute noch mit Vergnügen, wie er ihr die Cowboysprache beibrachte. Unter Trappern und Desperados, erklärte er ihr, rede man nicht von einem Salon, bei denen gebe es nur den »Sseluhn«. Auch Michaels Schwäche für Gruselfilme mag aus dieser Zeit stammen. Nur wenn es um Kunst ging, hörte der Spaß bei ihm auf: Das vielumjubelte Kinowerk *Hiroshima – mon amour* hat er gnadenlos als Intellektuellenkitsch verrissen und seinen Verdruß mit vielen Argumenten begründet.

Der junge Filmkritiker lieferte seine Manuskripte pünktlich ab, er arbeitete ordentlich und fleißig. Was er da durchmachte, war eine gute Schule – eine harte Schule. Eigentlich war es ihm ja nicht an der Wiege gesungen worden, daß er seine Feder und seine Phantasie in den Dienst des Heimat- und Unterhaltungsfilms würde stellen müssen.

10

1955 brachte Michael es zu bescheidenem Ruhm. Den verdankte er Friedrich Schiller.

Eines Abends hatte Ingeborg den Freund nämlich in die Königinstraße geschleppt und dort in ein Gebäude, das er kannte: Hier hatte Pimpf Ende einst schwitzend unter den barschen Kommandos des SA-Manns mit dem Zigarrenstummel im Mund das Reiten gelernt. Die Diktatur war dahin, und wo einst neurotische Gäule gebockt hatten, trieb jetzt ein literarisch-politisches Kabarett seine Späße mit der jungen Demokratie. Das Kabarett hieß *Die kleinen Fische*, seine Prinzipalin Therese Angeloff.

Als Ingeborg ihren Michael vorstellte, schlug sich die Regisseurin gerade mit einem Problem herum. Schiller war nun hundertundfünfzig Jahre tot, und Frau Angeloff brauchte für ihr nächstes Kabarettprogramm noch eine Nummer zum Jubiläumsjahr des klassischen Dichters. Vermutlich stellte sie damals in ihrer Not jedem, den sie traf, die Frage, die sie an diesem Abend auch an Michael richtete: Ob er ihr nicht eine schöne, gepfefferte Schiller-Nummer schreiben könne?

Er konnte. Sein Sketch wurde so berühmt, daß ihn auch andere Kabarettgruppen nachspielten. Der Inhalt: Um Mitternacht wird der Olympier auf seinem Denkmal von einem Reporter interviewt, und natürlich stellt der Mann mit dem Mikrophon Fragen nach der Gegenwart. Die Ost-West-Querelen, das Wirtschaftswunder, Bert Brecht, Bonn, Adenauer, sein Verteidigungsminister und die umstrittenen Wehrgesetze – alles wird veräppelt. Und allen Späßen liegt ein simpler, jedoch zündender Einfall zugrunde: Schiller beantwortet von seinem Denkmal herunter jede Reporterfrage mit einem Schillerzitat. Das Publikum jubelte und applaudierte lange.

Mit diesem Erstlingswerk hatte sich Michael den Zugang zur Welt des Kabaretts erobert – zu den *Kleinen Fischen*, der *Zwiebel*, den *Namenlosen*. Für alle hat er Texte geschrieben, nicht viele, doch immerhin Nummern, die aufgeführt wurden. Und er schlug sich nun die Nächte mit den Kabarettleuten um die Ohren: Nach der Vorstellung hockten sie noch bis in den frühen Morgen beisammen und politisierten.

Den Chef der *Namenlosen*, Sammy Drechsel, mochte Michael Ende gern. Dieser Mann – ein quirliger Berliner – war nicht allein ein Regisseur mit sicherer Hand, sondern auch ein Funkreporter von echtem Schrot und Korn. Für Sammy gab es nichts Unmögliches: Als ein Artist über ein Seil lief, das zwischen Gedächtniskirche und dem Haus gegenüber gespannt war, lief Sammy mit seinem Mikrophon hinter ihm her. Sammy legte sich zwischen Eisenbahnschienen, ließ sich vom Zug überrollen und schilderte seinen Hörern, was man bei so was fühlt. Er war stets überall – und überall dabei. Und wo er war, gab's Sensationen oder zumindest Trubel. Nur eins blieb ein Geheimnis: Wann schlief Sammy eigentlich?

Die Leute vom Kabarett: sympathische Leute, sympathische Spinner, Geistesverwandte. Aber ihre Welt war nicht die Welt des jungen Ende, in ihrer Welt ging es immer und stets um das Jetzt und Hier, um die Pointe des Tages.

11

Michaels Schiller im Sketch, vom Reporter nach dem neuen Medium Fernsehen befragt, antwortet mit zwei Zeilen aus dem Schiller-Gedicht *Der Taucher*:

Es wallet und siedet und brauset und zischt,
wie wenn Wasser mit Feuer sich mengt.

Das war auch so eine Pointe vom Tage. Denn unversehens war eine neue Zeit angebrochen: die Fernseh-Ära.

Schon 1929, in Michael Endes Geburtsjahr, hatte man in Berlin erste, eher kuriose TV-Anfänge bejubelt. Ende November 1950 wurde es dann ernst: Hamburg strahlte aus einem ehemaligen Luftschutzbunker dreimal wöchentlich ein Versuchsprogramm aus. Und schon vom 25. Dezember 1952 an sendete der NWDR täglich und sorgte für schöne Schwarzweiß-Bilder im Heim – nachmittags ein Häppchen und abends zwei bis zweieinhalb Stunden lang.

Dann mischte die englische Königin kräftig mit: Als am 2. Juni 1953 Elizabeths Krönung aus London in fünf Länder – darunter die Bundesrepublik – übertragen wurde, brach das deutsche Fernseh-fieber aus, und das bundesrepublikanische Gemeinschaftspro-gramm war nicht mehr aufzuhalten. Jeder wollte fernsehen, jeder wollte Fernsehen machen, und am 1. November 1954 war es soweit: Die Arbeit der ARD, des »Deutschen Fernsehens«, begann.

Bald kannte jeder die Urfernsehansagerin Irene Koss, die Spaßma-cher Peter Frankenfeld und Hans-Joachim Kulenkampff, den Sportreporter Harry Valérien. Neue Idole wurden gefeiert, neue Freizeitgewohnheiten angenommen.

Wer ahnte schon in der Zeit, als noch so unendlich langweilige Filme wie *Porzellan und Steingut* und *Kunst der Gotik* über den Bild-schirm flimmerten – wer ahnte da schon, wie sehr dieses Medium das kulturelle Niveau der Deutschen senken, wie sehr es aber auch ihren politischen Weitblick schärfen würde? Und nicht nur der

Menschen in der Bundesrepublik. Wer konnte ahnen, daß die TV-Informationen und -Bilder unaufhaltsam über Grenzen, Zäune und Mauern hinweggehen würden, bis sie Jahrzehnte später friedliche Revolutionen auslösten?

Damals in den großen Tagen Konrad Adenauers (»Et hett noch immer jutjejange«) und Catarina Valentes *(Ganz Paris träumt von der Liebe)*, in den Tagen der Nierentische und der Goggomobile, des Berliner Arbeiteraufstands und – später – des Berliner Mauerbaus, ahnte das noch keiner.

Doch mancher entdeckte, daß es beim Fernsehen interessante Arbeit zu tun gab.

12

Spätherbst 1956: In Ungarn brach blutige Revolution aus, Studenten und junge Arbeiter führten die Aufständischen gegen die kommunistische Regierung und ihre Anhänger. Im Norden und Osten des Landes wurde gekämpft, erbittert gekämpft wurde auch in den Straßen von Budapest. Und obwohl sowjetische Truppen aufmarschierten, sah es zunächst nach einem Sieg der Revolutionäre aus. Schon forderten sie allgemeine und geheime Wahlen, viele von ihnen wollten eine Demokratie nach westlicher Art. Die Sympathisanten rühmten den »heroischen Kampf unserer Jugend«, die Moskauer *Prawda* grollte: »Ein Abenteuer der von imperialistischen Agenten aufgehetzten Bevölkerung«; und der Leitartikel der *Süddeutschen Zeitung* sprach visionär vom »ersten Morgenrot eines veränderten Südosteuropas«. In der westlichen Welt spendeten inzwischen mehr als dreißig Staaten begeistert für Ungarn. Auch die Bundesrepublik beteiligte sich an den Hilfsaktionen, auch im Bayerischen Rundfunk und in den Münchner Tageszeitungen wurde dazu aufgerufen.

30. Oktober 1956: »Neue schwere Kämpfe in Budapest« – so die Schlagzeile auf der ersten Seite der *Süddeutschen Zeitung*. Was die Bürger in diesen Tagen außerdem aus ihrer Ruhe schreckt, sind die brenzligen militärischen Verwicklungen um den Suezkanal.

30. Oktober 1956: Eisenhowers Ärzte versichern, der amerikanische Präsident habe sich nach seiner Darmoperation »glänzend erholt«. Bundesverteidigungsminister Franz Josef Strauß wirbt beim NATO-Ausschuß in Paris um Verständnis dafür, daß man die deutsche Bundeswehr nicht ganz so schnell auf die Beine bringt. Die SPD gewinnt in Nordrhein-Westfalen, Niedersachsen und Hessen Gemeindewahlen.

30. Oktober 1956: Bayerns Arbeitsministerium will die Nachtarbeit für Frauen abschaffen, der Gesundheitsschäden wegen; in der Nachkriegszeit, als es noch zuwenig Maschinen gegeben habe, sei diese Nachtarbeit nötig gewesen, jetzt aber nicht mehr. München ist noch keine Millionenstadt, die Einwohnerzahl liege erst bei 990 000, gibt das Statistische Amt bekannt. Die Stadträte beschäftigt in ihrer Sitzung der Lärm in der Kassenhalle der Stadthauptkasse: Um den wirksam einzudämmen, sollen 16 100 Mark bewilligt werden.

30. Oktober 1956: Das halbe Pfund Butter kostet 1,72 Mark, ein Stück »8 mal 4«-Seife 1,50 Mark. Bei Ludwig Beck am Rathauseck gibt es preiswerte Flanell-Bettücher: von 4,95 Mark (140 × 200 cm) bis 16,40 Mark (150 × 250 cm) das Stück. Kaufhaus Horn verkauft Damenhüte »in modischer Topfform aus langhaarigem Wollfilz« für 15,90 Mark, die »hübsche, sportliche Glocke« für 13,90 Mark. Konen bietet Herrenoberhemden »hohen Ranges« zu 19,75 Mark an, hübsche Wollkleider (Flanell, Prinzeßform, durchgeknöpft) kosten zwischen 39 und 69 Mark, der elegante Mohair-Damenmantel »mit dekorativem Persianerkragen« 148 Mark.

30. Oktober 1956: In der Immergrünstraße fand eine Neunundsiebzigjährige den Tod durch Gas, nachdem sie beim Herdputzen versehentlich den Hahn aufgestoßen hatte. Der Fall Anastasia wird neu aufgerollt: Anna Anderson in Unterlengenhardt klagt gegen den Chefredakteur einer Illustrierten, in der behauptet wurde, Frau Anna sei eine polnische Landarbeiterin und nicht die dem Blutbad der russischen Revolution entkommene Zarentochter Anastasia.

30. Oktober 1956: Für 500 Mark Monatsmiete wird in Steinebach am Wörthersee ein Einfamilienhaus angeboten: sieben große Zimmer, Wohndiele, Nebenräume, Zentralheizung, Garage, Garten. Beim Münchner Bavariaring ist (»nur an ruhige Mieter«) eine Fünfzim-

merwohnung mit 210 Quadratmetern zu vergeben, Parkett, Zentralheizung – Monatsmiete: 345 Mark. Der Sport-Scheck-Reisedienst bietet »schneesichere Weihnachten auf der Zugspitze« an: sieben Tage mit Halbpension zu 73 Mark.

30. Oktober 1956: Im Haus der Hausfrau werden von 14 bis 17 Uhr Weihnachtskrippen gebastelt, im E-Werk in der Blumenstraße gibt es um 15 Uhr eine Vorführung *Elektrische Waschmaschinen im Stadthaushalt.* Dr. A. Chr. Hoffmann wiederholt um 19.30 Uhr im Kolpinghaus seinen Vortrag *Krebs ist heilbar – keine Angst vor Krebs,* zur selben Zeit spricht im Münchner Saal der Pschorrbräu-Bierhallen Dr. Ludwig Schmitt über das Thema *Kann die Zukunft ohne Krieg beginnen?*

30. Oktober 1956: Im Residenztheater wird Shakespeares *Heinrich IV.* in der Inszenierung Fritz Kortners gespielt, in den Kammerspielen *Das Tagebuch der Anne Frank* mit Maria Nicklisch, Peter Lühr und Ruth Drexel. Heinz Rühmann ist als *Hauptmann von Köpenick* in der Filmburg und elf weiteren Münchner Kinos zu sehen. Der Gloria-Palast zeigt (»Jugendliche ab 6 Jahren zugelassen«) *Die Trapp-Familie* – Hans Hellmut Kirst: »... die entscheidende Kraft dieses Films heißt Ruth Leuwerik«. Das Lenbach-Theater bietet in der dritten Woche den »neuesten Farbfilm von Alfred Hitchcock« an: *Der Mann, der zuviel wußte,* mit Doris Day und James Stewart. Und das Deutsche Theater bringt *Operette auf dem Eis:* »entzückende Eis-Ballerinen, herrliche Eis-Clowns, die Scala-Eis-Girls und -Boys«.

Aber immer wieder, in allen Teilen dieser Zeitungsausgabe: Ungarn. Reportagen, Berichte – Spendenaufrufe: »Helft einem heimgesuchten Volk!« Und: »Die notleidende Bevölkerung Ungarns braucht Lebensmittel, Kleider, Mäntel, Wäsche, Schuhe, Strümpfe, Handtücher, Seife und alles sonst zum Leben Notwendige.« Angabe des Postscheckkontos für Geldspenden sowie der Namen der sechs Verbände, welche die Sachspenden entgegennehmen.

(Nachrichten und Zitate aus: Süddeutsche Zeitung, Jg. 12, Nr. 260 M, vom 30. 10. 1956)

13

Bald darauf, als die ungarische Revolution bereits in Blut und Tränen unterging und die Flüchtlinge aus dem Lande strömten, kehrten zwei von einer Reise nach Süditalien zurück, die sie für das Fernsehen des Bayerischen Rundfunks unternommen hatten: Bodo Blüthner und Michael Ende. Als sie über die Alpen fuhren, hörten sie in einer Raststätte die Schreckensmeldungen; als sie in München angekommen waren, geschah ihnen, was die ganze, 4000 Kilometer lange Italienreise über nicht passiert war: Ihr Auto, ein Opel, wurde nachts von der Straße weg gestohlen.

Zum Glück hatten Bodo und Michael die Filmausbeute aus Apulien, Kalabrien und Sizilien mit in Blüthners Wohnung genommen.

14

Sie waren monatelang durch den tiefsten Süden gezogen, dort, wo Europa endet. Bari, Matera, Taranto, Catanzaro, Reggio, Messina, dann, an Siziliens Nordküste entlang, über Cefalù nach Palermo. Sie hatten nach Geschichten, Geschichte und der Gegenwart Ausschau gehalten und alles überreich gefunden. Bodo hatte mit der Kamera genug Material für mehrere Stunden Sendezeit gedreht – gutes Material, wie sich in München herausstellen sollte –, und Michael Informationen für die Texte der Fernsehfilme gesammelt.

Was für ein Land! Früher war hier der Mittelpunkt der Welt gewesen. Griechen, Römer, Araber, Goten, Byzantiner und Langobarden, die Sarazenen und die Normannen, die Spanier, die Franzosen, die Kreuzfahrer, die Staufer und die Männer der Kirche: Alle hatten sie hier ihre Spuren hinterlassen. Die einen architektonische Spuren, die anderen Spuren im Körperbau und in den Gesichtern der Nachkommen; und manche auch alles: Kinder, Kathedralen und Kastelle.

Was für Eindrücke, was für Abenteuer unter dieser heißen Sonne, in diesem unglaublichen Licht!

Castel del Monte. Ein Jagdschloß, einmalig auf der Welt. Achteckiger Grundriß. Staunend stehen sie vor dem grandiosen Bauwerk. Es ist eins der vielen, die der »Herr der Welt«, der Stauferkaiser Friedrich II., in seinem geliebten Apulien angelegt hat.

Das Mädchen. Sie feiern in einer Dorfschenke. Fröhlichkeit, Wein, Lieder – Michael greift zur Gitarre. Ein Mädchen kommt, es sieht aus wie eine der schlanken Griechinnen auf antiken Vasen. Das kleine Fernsehteam zieht dreihundert Kilometer weiter – ein paar Tage später taucht die Schöne bei den beiden Männern auf. Aber die Signori haben zu arbeiten, wollen sie nicht für die Televisione entdecken. Sie langweilt sich, kauft noch auf Kosten des Bayerischen Fernsehens ein feuerrotes Kleidchen ein und zieht wieder heim in ihr Dorf.

Der hinkende Pfarrer mit der Hakennase. Er sieht aus wie der Teufel und kämpft mit Wut und dem Mut eines Erzengels gegen die Kommunisten am Ort. Bodo Blüthner dreht einen ganzen Film über den streitbaren Mann.

Die Tagelöhner. Es sind keine Wohnungen, es sind Höhlen, in denen die Ärmsten der Armen leben. Ihre ganze Nahrung am Tag: ein Teller Minestrone. Aber der Tag trifft sie nicht in ihren jämmerlichen Behausungen an, sie ziehen – wie man hier sagt – von Stern zu Stern: Noch unter dem Nachthimmel machen sie sich auf den Weg zur Arbeit, und wenn sie heimkommen, ist längst schon wieder die Dunkelheit angebrochen.

Die Umsiedler. Gemäß der Bodenreform, welche die Regierung des verstorbenen Landesvaters de Gasperi ausgearbeitet hat, wird umgesiedelt. Auf der Landstraße: Lastwagen mit den Habseligkeiten der Umsiedler, die trotten nebenher. In der Nähe des Strandes stehen einfache neue Häuschen, jede Familie bekommt eines zugewiesen, dazu ein Stück Land und eine Kuh. Doch bald fühlen sich die Menschen hier unglücklich und verwirrt, der bescheidene Wohlstand bringt ihnen Verhängnis – Trunksucht, Diebstahl, Schlägereien sind an der Tagesordnung. Diese Leute haben ihre alte Lebensform verloren, auch die alte Kirche, die ihnen lieb war. Und zurückkehren können die Entwurzelten nun nicht mehr: Ihre schmutzigen, tbc-verseuchten Höhlenwohnungen sind von Amts wegen zugemauert worden.

Die Reichen. Texter und Kameramann werden von einem Großgrundbesitzer eingeladen, dem alle Ländereien bis an den Horizont gehören. Über eine Zugbrücke betreten die Gäste sein Schloß, verbellt von einer Meute gefleckter Doggen. Der Baron, eine Meerkatze auf der Schulter, geleitet sie in den achteckigen Spiegelsalon. Kühl ist es hier, und eiskalte Getränke werden von einem Diener auf einem Wagen hereingerollt. Auf dem Schloß lebt der märchenhaft reiche Clan des Barons, an die fünfzehn Herren und Damen sind es, die jeden Morgen auf schwarzen Pferden am Strand entlanggaloppieren. Glückliche Menschen? Michael lernt auch den Sohn des Großgrundbesitzers kennen, der ist körperlich und geistig behindert.

Was für ein Land, welche Gegensätze, was für Ebenen, Hügel, Strände, was für strahlend weiße Ortschaften an den Hängen! Städte voller fröhlicher und voller melancholischer Menschen. Schmutz und Glanz und bitterste Armut. Es ist eine andere Welt, in die Michael da eingedrungen ist. Er fühlt, daß ihn nur ein dünner Schleier von Tausendundeiner Nacht trennt.

Und dann hebt sich der Schleier, und dahinter liegt die Märchenstadt Palermo.

In Palermo empfängt Michael eine Botschaft. Nie im Leben wird er die Verheißung von Palermo wieder vergessen.

15

Er war zurückgekommen und nahm sein altes Leben auf. Wiedersehen mit Ingeborg, der Freundin. Gute Worte für Mutter Lise, mit der er nach wie vor die Wohnung teilte. Versöhnliche Aussprachen mit Vater Edgar, der mit seiner Gefährtin in die Schellingstraße gezogen war. Filmkritiken für Ria Hans, Texte für die Leute vom Kabarett. Geld verdienen. Geschichten schreiben. In den Kneipen sitzen, trinken, diskutieren.

War es das? Sollte das sein Leben sein, dieses ärmliche Münchner Intellektuellendasein? War denn alles wie vorher? War da nicht Palermo gewesen, hatte er nicht Palermo gesehen?

Michael kannte nun Verantwortung und Existenzkampf und die ganze Mühsal der Realität. Er hatte erlebt, was sich Menschen antun, wie sie sich hassen können; und wie Menschen hungern und zugrunde gehen. Aber auf der sizilianischen Reise hatte er noch anderes gelernt: daß es Träume gibt, die Gestalt annehmen.

Palermo, die unwirkliche Stadt, hatte es ihn gelehrt. Und Palermo hatte ihm auch gezeigt, wie er *seine* Träume gestalten mußte.

Aus seinem Kinderland war er ausgezogen, die Realität zu lernen. Nun machte er sich, gereift, auf, um nach Phantásien zurückzufinden.

16

Die Moderne – den Autoverkehr, die Hochhäuser, die protzigen Banken – nahm er kaum wahr. Was ihn überwältigte, waren die Schönheit, die Poesie und die strahlende Architektur Palermos; wie der Orient hier alles vergoldet hat; und wie selbstverständlich die Bewohner mit Tod, Traum und Vergänglichkeit leben.

Gemüseverkäufer und Fischweiber, Kinder in Lumpen und gichtbrüchige Straßenhändler, Herren im Nadelstreifenanzug, verschleierte Araberinnen mit goldbestickten Pantoffeln an den Füßen, baumlange Schwarze, Sizilianer mit blauen Augen, Hafenarbeiter, Matrosen, Ganoven, Zuhälter quirlten unter dieser heißen Sonne durcheinander, sie schrien, palaverten, winkten und boten Waren feil. Und hinter den Scheibengardinen der teuersten Limousinen der Welt verborgen, ließen sich die ganz Reichen von ihren Chauffeuren durch die Via Maqueda und die Via Roma fahren.

Michael nahm alles in sich auf, er sah: Nichts ging in Palermo verloren. Hier lebte noch Ariosts Renaissance-Epos vom rasenden Ritter Roland, die Kinder spielten auf der Straße seine furiosen Abenteuer nach. In den Katakomben warteten Tausende von mumifizierten Toten auf das Jüngste Gericht. Auch die Vendetta, die Blutrache, erzählte man ihm, fordere noch Opfer; und im Gerichtssaal wurden vor seinen Augen Schuld und Sühne gefangener Mafiosi gewogen – wütend diskutierten die Angeklagten in ihren Gitterkäfigen mit.

Michael lief an den Märchenpalästen und den Prunkkirchen vorüber, an den maurischen, byzantinischen, normannischen Bauten. Er sah moslemische Moscheen, die christianisiert, gotische Kathe-

dralen, die im Barockstil verunziert waren, und Welten aus Gold-
mosaiken und Kobaltblau warteten auf ihn. Und Brunnen mit
Faunen und Nymphen; und andere mit nackten, steinernen Göttinnen, deren Schönheit dem Fremden den Atem benahm.

In den Bassi, den Armenvierteln, begegnete Michael Spuren seiner
Kindheit. Wie hatte er das Puppentheater geliebt! Hier gab es
winzige Theaterchen, vor denen ein Moritatenbild aufgestellt war;
und mit Marionetten wurde ein ganzes Jahr lang vor Abonnenten
eine Geschichte in vielen Episoden aufgeführt – von Rittern und
schönen Damen, Magiern und feuerspeienden Drachen. Auch einen
kleinen Zirkus traf Ende; und er staunte nicht wenig, als die Clowns
– hier natürlich in unverständlichem sizilianischem Dialekt – die-
selbe Nummer aufführten, die der Dreikäsehoch Michael bei Beppis
Dummem August in Obermenzing gelernt hatte: *Bienchen, gib mir
Honig!* Schon da war es, als luge Fanti um die Ecke.

Und schließlich, unweit des majestätischen Palazzo dei Normanni,
im Palmengarten, traf Michael auf die Cantastori.

17

Es gab zwei Schulen. Im Quadrat standen die Parkbesucher um
einen traditionellen Cantastorie herum, der auf seinem Schemel saß
und mit einem Holzsäbel seine Verse skandierte – Verse, die abermals von den unvergessenen Rittern, von Orlando-Roland und
Rinaldo und vom Kaiser Karl erzählten. An der spannendsten Stelle
hielt der Mann inne, und erst, wenn das Publikum seinen Obolus
entrichtet hatte, deklamierte er weiter.

Michael schlenderte hinüber zu einem anderen Erzähler, der –
ebenfalls von einem kleinen Zuhörerheer umlagert – auf einer
Parkbank saß. Dieser Cantastorie trug einen dunkelgrünen Regisseurschirm an der Stirn und sprach nicht die klassischen Verse; er
redete in Prosa und erzählte seine Geschichte in einer wilden,
grimmigen, verrückten Art, die der junge deutsche Schriftsteller
kannte. Jäh erinnerte er sich: So hatte ihm schon einmal einer
Geschichten erzählt – Fanti, der große Kamerad seiner Kindertage.

Michael geriet in wachsende Erregung. Er lauschte und lauschte und rührte sich nicht vom Fleck.

Am frühen Nachmittag war er gekommen, seither stand er hier unter den anderen. Irgendwann hatte hinter den Zuhörern eine Pferdekutsche angehalten – auf dem Kutschbock ein livrierter Diener, in der Kalesche ein vornehm gekleidetes Paar. Auch diese drei hörten gebannt zu. Tiefe Stille herrschte um den Erzähler herum, nur manchmal konnte ein Ungeduldiger sich nicht mehr bezähmen und fragte begierig: »Und dann? Und dann?« Um fünf Uhr läuteten die Kirchenglocken zum Angelus. Da brach der Sizilianer mitten im Satz ab, die Männer nahmen die Hüte vom Kopf, alle bekreuzigten sich; auch das Paar in der Kutsche tat das. Dann führte der Cantastorie seinen Satz zu Ende und erzählte weiter.

Es wurde Abend. Als der Mann mit dem Regisseurschirm verstummt war und die Menge sich verlief, ging Michael zu der Parkbank. Was das für eine Geschichte sei, der er den ganzen Nachmittag über gelauscht habe, wollte er vom Cantastorie wissen.

Der Sizilianer zuckte die Achseln. Eine alte Geschichte. Ein Scrittore namens Alessandro Dumas habe sie einmal vor langer Zeit geschrieben. Der Cantastorie hatte sie von seinem Großvater übernommen.

Nachdenklich verließ Michael den Palmengarten. Und dann wußte er auf einmal: Solche Geschichten mußte man schreiben, Geschichten, die nach hundert Jahren noch – vielleicht in einer anderen Sprache, vielleicht gar nicht originalgetreu – Menschen wiedererzählt wurden, die ihnen weltentrückt lauschten, auf einem Marktplatz, in irgendeinem Park.

Es kam nicht darauf an, Geschichten zu schreiben, die von den Kritikern bejubelt wurden, Geschichten für Intellektuelle und Schöngeister – Erzählungen in einem ganz neuen, ganz feinen, ganz anderen Stil, funkelnd von unerhörten Metaphern, brillant in ihren ungewöhnlichen Redewendungen. Es kam darauf an, die Träume der Menschen in die rechten Worte zu fassen und zu schildern, was alle selber in sich trugen, die Anteil hatten am Land der Phantasie. Und das mußte so erzählt werden, daß jeder es in sich aufnehmen konnte wie ein Kind – wenn er nur guten Willens war.

18

Als sie Palermo verließen, drehte Michael sich im Wagen noch einmal um.

Ein Gewitter zog über der Stadt auf und hüllte sie in fahles, gelbes Licht.

Als ob sie jetzt, sagte Michael, für immer versinken würde.

Er sah Palermo nicht wieder.

Protokoll eines Erfolges

ETWA 1956 – gibt der Schriftsteller Michael Ende an – habe er auf der Schwabinger Leopoldstraße einen ehemaligen Schulkameraden getroffen, dessen Name ihm entfallen sei. Der Mann, inzwischen Grafiker, soll ihn ungefähr so angesprochen haben: »Ich höre, du schreibst. Wie wär's denn mal mit einem Text, aus dem wir beide ein Bilderbuch machen können?«

Ende, der zu der Zeit nach jedem Strohhalm griff, setzte sich zu Hause hin und schrieb, ohne viel nachzudenken, diesen ersten Satz aufs Papier: »Das Land, in dem Lukas der Lokomotivführer lebte, hieß Lummerland...« Dabei hatte der Schriftsteller noch keinen Plan für eine Geschichte im Kopf, er wußte nicht einmal die Personen, die darin vorkommen sollten. Aber gerade das – so ins Blaue hinein zu fabulieren – bereitete ihm den größten Spaß. Nachdem er sich jahrelang mit Bertolt Brechts schwierigen Theatertheorien und mit ausgeklügelten Stilarten und literarischen Regeln auseinandergesetzt hatte, war dieses spielerische Vorgehen eine Befreiung: Kindern eine Geschichte zu erzählen, erklärt Michael Ende, habe ihm die Unbekümmertheit beim Schreiben zurückgegeben.

Er hangelte sich von Satz zu Satz weiter, und als dann ein seltsames Postpaket in besagtem Lummerland ankam, wußte der Schriftsteller selber nicht, was denn nun darin sein sollte. Zögernd ließ er Frau Waas, die Lummerländerin, eine der ineinandersteckenden Schachteln nach der anderen auspacken, bis aus der letzten zum Erstaunen der Frau (und des Autors) Jim Knopf zum Vorschein kam.

In der Art, versichert Ende, habe er auch weitergeschrieben. Allerdings sei das Erzählen allmählich schwieriger geworden, weil es oft viel Überlegung kostete, wie Jim Knopf und der Lokomotivführer Lukas aus dieser und jener brenzligen Situation wieder herauszuführen seien.

Nach ungefähr einem Dreivierteljahr täglicher Arbeit umfaßte das Manuskript rund 500 Seiten. Verwandte und Freunde, denen der Autor seine Geschichte vorlas, drängten ihn, sich um eine Veröffentlichung zu bemühen. Der Schriftsteller gibt an, eigentlich habe er sich von seiner Arbeit nicht mehr als die Freude am Schreiben versprochen; damit Geld zu verdienen, sei nicht beabsichtigt gewesen. Seine ständige wirtschaftliche Bedrängnis habe ihn aber dann doch zum Umdenken genötigt.

In einer Buchhandlung notierte er sich Namen und Adressen von zehn einschlägigen Verlagsunternehmen, und Jim Knopfs lange Reise durch die Welt der bundesdeutschen Kinderbuchverlage begann.

In der Regel verstrichen drei bis vier Monate, ehe der Autor sein unverlangt eingesandtes Manuskript wieder in den Händen hielt, meistens zusammen mit einem höflichen Brief des Inhalts: Es handle sich bei dem Werk um ein sehr hübsches (oder bemerkenswertes oder vielversprechendes oder herausragendes o. ä.) Kinderbuch, bedauerlicherweise lasse es sich aber zum gegenwärtigen Zeitpunkt nicht in das Verlagsprogramm des betreffenden Unternehmens einfügen, mit allen guten Wünschen für die Zukunft des Autors etc. etc.

Die Ablehnungen machten Ende schwer zu schaffen. Aber nun habe er sich, sagt er, trotzig an ein Wort des österreichischen Feuilletonisten Alfred Polgar gehalten, Erfolg sei eine Sache des Portos, und das Manuskript postwendend an den nächsten Verlag auf seiner Liste geschickt.

Ende sprach mit seinem Freund, dem Kabarettisten Sammy Drechsel über seine Mißerfolge. Der vielbeschäftigte Mann hatte in einem Stuttgarter Kinder- und Jugendbuchverlag einen Fußballroman für

Jungen veröffentlicht: *Elf Freunde müßt ihr sein.* Stets hilfsbereit, ermunterte der Sportreporter den jungen Autor, seinen Jim-Knopf-Text bei den Stuttgartern einzureichen; er wollte dann mal »mit denen« telefonieren.

Mit denen – das hieß in diesem Fall: mit Frau Lotte W. In ihren Händen lag bei dem schwäbischen Buchunternehmen die Entscheidung über unverlangt eingesandte Manuskripte. Ihr gefiel Endes Arbeit, und tatsächlich zeigte sie sich zu einem Vertragsabschluß bereit. Da meldete sich auf einmal ein Berliner Verlag bei Ende. Er bot lukrativere Bedingungen, wie dem Autor schien. Weil er mit jedem Pfennig rechnen mußte, bat er Frau Lotte um Verständnis und gab der Konkurrenz den Zuschlag.

Mit den Berlinern sei er aber nicht glücklich geworden. Immer wieder hätten ihm die Lektoren seine Manuskriptseiten, rot korrigiert, nach München zurückgeschickt, immer wieder habe man Änderungen verlangt, manchmal den Stil, manchmal den Verlauf der Erzählung betreffend. Nichtigkeiten wie: Emma, die Lokomotive, dürfe nicht unter den Begriff »Leute« gerechnet werden. Einschneidendes wie: Kinderhochzeit zwischen Jim Knopf und Prinzessin Li Si? Das denn doch nicht, Herr Ende! Und so weiter und so weiter.

Der Autor wehrte sich und schrieb zurück, erst sachlich, dann ärgerlich, dann sarkastisch; ein höchst unerquicklicher Briefwechsel sei das gewesen. Bis die Bombe platzte: Das Manuskript – verlautete aus Berlin – sei zu lang, der Text müsse um zwei Drittel gekürzt, das Kapitel vom Scheinriesen Tur Tur beispielsweise herausgestrichen werden.

Zu der Zeit traf Ende eine junge Frau wieder, die während seiner Stuttgarter Waldorfschulzeit in demselben Kreis Theater gespielt hatte wie er. Die blonde Frau Marion war inzwischen mit ihrem Gefährten von damals verheiratet: mit dem hemingwaybegeisterten Gymnasiasten, den seine Freunde Teddy nannten. Er hatte den Journalistenberuf ergriffen, sie war – wie es der Zufall wollte – Autorin bei eben dem Stuttgarter Kinder- und Jugendbuchverlag, dessen Vertrag Ende ausgeschlagen hatte; und natürlich kannte sie Frau Lotte.

Der Schriftsteller vertraute der Bekannten aus seiner Schulzeit an, daß er sich frage, ob er den Vertrag mit den Berlinern nicht lösen solle. »Ich habe ganz schnell sein Manuskript gelesen«, berichtet die Blondine, »in zwei Nächten habe ich es geschafft und war hingerissen.« Sie suchte sogleich Frau Lotte auf und soll so zu ihr gesprochen haben: »Wenn ihr das nicht druckt, und zwar so, wie es ist, dann – dann ist euch nicht zu helfen!«

Frau Lotte ließ Endes Manuskript drucken, wie es war – mit einer Einschränkung: Der Autor mußte sein 500-Seiten-Werk in zwei Bände teilen und für den ersten Band einen passenden Schluß, für den zweiten einen entsprechenden Anfang schreiben.

1960 erschien der erste Band unter dem Titel »Jim Knopf und Lukas der Lokomotivführer«. Ein Welterfolg wurde zunächst nicht daraus.

1961 stand Michael Ende vor dem wirtschaftlichen Ruin. Weil er seinen Job als Kritiker verloren hatte (die Radio-Sendereihe *Film im Funk* gab es nicht mehr), war er seit sieben Monaten die Wohnungsmiete schuldig, nun drohte die Räumungsklage. Er wußte nicht, wie er für seine Mutter und sich das tägliche Brot auf den Tisch bringen sollte.

Da, an einem Vormittag im Sommer, bekam er einen Telefonanruf. »Wir haben soeben«, sagte die Stimme aus der Hörmuschel, »Ihrem Buch ›Jim Knopf‹ den diesjährigen Deutschen Jugendbuchpreis zuerkannt.« Ende, mit seinen Mietproblemen und der Räumungsklage beschäftigt, stotterte: »Gibt es da auch – ich meine: wieviel, bitte?« Nun soll die Stimme aus der Hörmuschel etwas verlegen geklungen haben: »Wir wissen, die Dotation ist nicht gerade hoch, Herr Ende. Nur fünftausend Mark. Aber Sie dürfen ganz sicher sein...«

Der Autor fiel auf den nächsten Stuhl. Fünftausend Mark? So viel Geld hatte er noch nie auf einem Haufen gesehen. Fünftausend Mark! Er war seine Wohnungssorgen los. »... dürfen sicher sein, dieser Preis wird den Verkauf Ihres Werkes sehr fördern.«

Das tat er auch.

In Hamburg, wo Endes Onkel Helmuth immer noch und seit ein paar Jahren auch Endes Freund, der Journalist Matthias Nicolai, lebten, fand die Preisverleihung statt – das erste vieler Ehrenfeste, die für den Autor nun veranstaltet werden sollten. Und schmeichelhaft klang ihm die Begründung der Jury in den Ohren, weshalb sie sein Buch ausgewählt und ausgezeichnet hatte: »Randvoll von köstlichen Einfällen ist die Geschichte, und atemberaubend sind die phantastischen Abenteuer, die Jim Knopf mit Lukas und der schwimmenden Lokomotive Emma erlebt...«

Triumphal der Empfang im Stuttgarter Hauptbahnhof, als Ende auf blumengeschmückter Lokomotive – mit einem kleinen Buben als Jim, einem Schauspieler als Lukas – einfuhr; Hunderte von Kindern jubelten ihm zu, Funk, Fernsehen und Wochenschau erwarteten ihn. Es folgten Reisen quer durch die Bundesrepublik, in großen und kleinen Städten mußte der Autor aus seinem Buch vorlesen. Es kamen fünf Folgen der Jim-Knopf-Fernsehfassung der Augsburger Puppenkiste. Es kam der zweite Band, *Jim Knopf und die Wilde 13*. Das tägliche Brot war gesichert – der Weg in den Ruhm begann. Und eine Entwicklung war abgeschlossen, die erste Existenz des Michael Ende vorbei.

Ein ganz neuer Lebensabschnitt, ein ganz anderes Dasein nahm seinen Anfang.

Kindersommerfest in der Münchner Kurwenalstraße, in einem Haus, das den Eltern von Michael Endes früherer Freundin Wiltrud gehört. Strahlender Sonnenschein, im Garten toben an die vierzig Kinder im Alter zwischen fünf und vierzehn Jahren.

Auf einmal ist die Wiese leer, alle Buben und Mädchen sind ins Haus verschwunden. Sie hocken im Wohnzimmer, manche liegen bäuchlings auf dem Teppich oder dem Parkett, und in ihrer Mitte sitzt ein Mann mit einem Buch auf den Knien: Michael Ende.

Wäre eine Stecknadel zu Boden gefallen, man hätte sie klirren hören. So atemlos ist die Stille, als Michael Ende sein Buch aufschlägt. Er sieht in die Runde, schaut ein Kind nach dem anderen an; dann beginnt er zu lesen.

»Das Land«, hören die Kinder den Märchenerzähler sagen, »das Land, in dem Lukas der Lokomotivführer lebte, hieß Lummerland und war nur sehr klein...«

Brief an einen toten Freund

Lieber Michael!

»Es ist sicher falsch, seine Seele zur Schaubude zu machen und seinen Mund zur Trompete, aber da ich zu nichts anderem nütze bin, halte ich es für meine Pflicht und Schuldigkeit.« Das schriebst Du mir, als wir beide knapp zwanzig Jahre alt waren – in einem Brief, der mich sehr spät erreichte, nämlich erst 1994, viereinhalb Jahrzehnte später also. Du gabst ihn mir, gerade mit der Zusammenstellung des »Zettelkastens« beschäftigt, und erklärtest, Du habest diesen Brief immer aufgehoben und jetzt – umgearbeitet – in Dein neues Buch aufgenommen.

Das von der Schaubude und der Trompete hast Du weggelassen. Warum? Ich habe Dich nie danach gefragt. Aber ist die Metapher des kaum Zwanzigjährigen nicht ein Programm, eine geheime Richtschnur Deines Lebens gewesen? Vielleicht hast Du damals schon geahnt, daß Du mit vierzig Phantasien entdecken und davon berichten würdest.

Der Weg nach Phantasien war weit. Mehr als ein Jahrzehnt nach den »Jim-Knopf«-Erfolgen erschien »Momo«, die Geschichte von den Zeitdieben. Das Buch wird, schriebst Du mir 1976 voller Freude, »nach und nach in alle Weltsprachen übersetzt. Englisch, Italienisch, Holländisch, Finnisch, Französisch, Portugiesisch, Spanisch ist es schon erschienen. Unterwegs sind gerade die Versionen in Russisch, Polnisch, Tschechisch, Rumänisch, Japanisch, Pakistanisch, Afrikaans, Walisisch. Ich hoffe, ich habe nichts vergessen . . .« Dazu kamen die Übersetzungen ins Baskische, Bulgarische, Dänische, Griechische, Hebräische, Isländische, Katalanische, Koreanische, Litauische, Norwegische, Schwedische, Thailändische, Ukrainische, Ungarische.

Ein Welterfolg also. Ein Buch für Millionen Leser. Dein Name, Michael, ging rund um die Erde. Kaum zu glauben, daß das, was Du in Deinem stillen Haus in den Albaner Bergen bei Rom, in der Casa Liocorno, erträumt, gestaltet und aufgeschrieben hattest – daß dies nun Nachträumer in den Gefilden nahe dem Nordpol wie im südlichsten Afrika und auf den japanischen Inseln fand – nein, es ist im Grunde nicht auszudenken.

Und dann: »Die unendliche Geschichte« (deren Titel heute ein geflügeltes Wort ist), Dein nächster Bestseller, *das* Kultbuch. Nein, Du hast Dich immer dagegen gewehrt, als Kultbuch-Autor oder gar als Guru verehrt zu werden, diese Attitüde war Dir ein Greuel. Und außerdem: Das Kultbuch hat Dir viel Kummer bereitet. Genauer gesagt hat Dich das, was sie im Kino aus Deiner »Unendlichen Geschichte« gemacht haben, jahrelang gequält. Was Dir als leiser, poetischer Film, als Kunstwerk in der Art von Cocteaus »Orphée« oder Marcel Carnés »Les enfants du paradis« vorschwebte, wurde zum Fantasy-Machwerk im Hollywood-Kaliber.

Gerade die Kräfte, gegen die Du angetreten warst, bemächtigten sich Deines Werkes und verdrehten es ins Gegenteil, sie koppelten Maschinen mit Pseudo-Gefühlen und ließen »Die unendliche Geschichte« zum traurigen Triumph der Technik werden, zum (wie Du einmal sagtest) »gigantischen Melodram aus Kitsch, Kommerz, Plüsch und Plastik«. Das hast Du nicht gewollt, Michael. Wie hast Du gegen die Verballhornung Deines Buches gekämpft, und wie bist Du trostlos unterlegen; unvertraut mit den Klauseln in Film-Verträgen bist Du in die Falle getappt, und nichts blieb Dir, als Dich öffentlich von dem Spektakel zu distanzieren.

Es hat Dir nichts gebracht, das Spektakel, nur die enormen Ausgaben für die verlorenen Prozesse. Die Neider, die glauben, der Un-Film habe Dich reich gemacht – wie sehr sie irren! Aber nach Geld –

das kann ich bezeugen – stand Dir nie der Sinn. Auch wenn Du arm warst und nichts hattest, ließ Dich das gleichgültig. Materielles war nie eine Verführung für Dich.

Zurück zu den Anfängen, den Zeiten der ganz großen Erfolge und einem Schriftstellerleben, wie es im Bilderbuch steht. Ehrungen, immer neue Buch-Preise (auf den Janusz-Korczak-Preis warst Du stolz), Orden. Reisen in die USA, nach Japan und ich weiß nicht, wohin sonst noch; heute wurdest Du in Spanien mit Pomp empfangen, morgen in einem anderen Land. Es gab Galas zu Deinen Ehren, Du speistest mit der Prominenz der Welt, saßest am Tisch des Bundespräsidenten. Interviews für Presse und Fernsehen, TV-Filme, Auftritte in den Talk-Shows. Du warst ein umjubelter Star. Hat es Dir gefallen?

Ich habe Deine Karriere damals nur aus der Ferne verfolgt, unsere Lebenskreise lagen weit auseinander. »Komm doch«, schriebst Du, und natürlich kam ich zu Dir nach Genzano di Roma. Wir sprachen über dramaturgische Probleme, über logische Verknüpfungen in den Geschichten, die Du gerade unter der Feder hattest. Du hast Dir das Schreiben nie leicht gemacht. Aber zu schreiben war eine andere Mühe, als im Lichte der Öffentlichkeit zu stehen; es war die Mühe des Schöpferischen, die beschwerliche, geliebte Arbeit. Und wenn Du dann wortkarg durch Deinen schönen Garten mit den Olivenbäumen streiftest, dort, hinter den sieben Bergen, und aufmerksam Deine Schildkröten betrachtetest – ja, ich glaube, das waren – trotz der problematischen Ehe mit Ingeborg – Augenblicke des Glücks in Deinem Leben.

Michael Ende im Scheinwerferlicht, Michael Ende, der Talk-Show-Gast, Michael Ende am Rednerpult: Je älter Du wurdest, desto mehr sind Dir solche Auftritte zur Last geworden, und grüblerisch fragtest Du Dich, ob sie aus Dir nicht eine Ware gemacht hätten. Am liebsten war Dir noch der Umgang mit Kindern und jungen Menschen. Ich erinnere mich an Deine Veranstaltung für Studentinnen und Studenten in der Aula der Münchner Universität. Die jungen Leute kamen in Massen und standen dann erwartungsvoll bis weit hinaus in den Korridoren; es war unmöglich für mich, einen Platz zu finden, ich mußte umkehren. Oder Deine Lesung in einem Münchner Jugend-

Theater, in das die Mädchen und Jungen strömten. Wie andächtig und begeistert sie jedem Deiner Worte lauschten. Sie spürten, daß Du sie gern hattest.

Und umgekehrt: Deine Leser liebten Dich auch. Was man von Deinen Kritikern nicht behaupten kann (ausgenommen den großen Kulturjournalisten Gustav René Hocke, der Deinem Werk schon früh Anerkennung entgegenbrachte). Wann ist es eigentlich aufgetaucht, das böse Wort von Deiner »Weltflucht«, Deinem »Rückzug« in einen Elfenbeinturm im Sonnenland? Was stand dahinter: Unverständnis, Mißverständnis, Neid? Gewiß, Du bist – auch – aus Unmut über die Schelte der deutschen Kritiker nach Italien gezogen; das hast Du oft genug bestätigt; aber hauptsächlich tatest Du es doch Deiner Frau zuliebe. Ingeborg sah Rom als ihre Geistesheimat an und hat Dich schon vor Eurem Umzug Jahr für Jahr wochenlang in die Stadt Marc Aurels, des Campidoglio und der Maria in Aracoeli gelockt.

Die Albaner Berge, Genzano di Roma, Dein Leben in der Casa Liocorno. Es war kein Rückzug, kein Elfenbeinturm, kein trotziges Schweigen. Das war nicht Deine Art. So warst Du nicht. Dein ganzes Schriftstellerleben lang hast Du Deine Stimme erhoben, Deinen Mund zur Trompete gemacht, Dich zu den Problemen unserer Zeit geäußert und nicht nur in Deinen Büchern vor dem hereinbrechenden Nichts und der Kälte des modernen Daseins gewarnt – auf Deine Weise, die Dinge immer etwas anders betrachtend als andere, überraschend und mit Phantasie.

Du hast Dich in den Medien geäußert, öffentlich und im privaten Kreis diskutiert – mit Joseph Beuys (»Drei Tage lang«, erzähltest Du mir, »2000 Menschen waren manchmal im Saal«), mit Erhard Eppler und vielen anderen: über Kunst, Kultur und Politik und natürlich über die Welt der Phantasie (womit Du – ein lustiger Gedanke – auf jener Tagung bei Zürich an die zweihundert Top-Managern, Gewerkschaftsleuten und Club-of-Rome-Mitgliedern zum Ärgernis wurdest). Du hast über ökonomische und ökologische Fragen nachgegrübelt und geredet, wurdest von japanischen TV-Leuten über Einstein und die Folgen befragt und von japanischen Tageszeitungen zum Jahreswechsel um einen Leitartikel gebeten. Elfenbeinturm? Kein Ort für den Autor Michael Ende, Dein ganzes Schriftstellerleben nicht, bis zur tödlichen Krankheit nicht. Du konntest eher den Mund nicht halten, hast ihn Dir verbrannt und wurdest verlacht. Denn was Du der Öffentlichkeit vorhieltest, war oft genug unpopulär und paßte den Leuten nicht in den Kram, den Literaten nicht und den Wirtschaftlern schon gar nicht.

Doch der Tadel bezog sich ja nicht allein auf Dich, sondern auch auf Dein Werk. Phantasien – eine Verlockung zur Flucht aus der Wirklichkeit? »Momo« – Opium für simple Gemüter? »Die unendliche Geschichte« – eine Anti-Bibel oder gefährliches Gedankengut, das die Erfolglosen dieser Erde noch tiefer in ihre Tagträumereien treibt? Sie haben Dich tüchtig mit solchem Unsinn geärgert. Was nützte es Dir, darauf hinzuweisen, daß es Dir um das Wiederfinden der inneren Wirklichkeit ging, einer zusätzlichen Welt zu der, in der wir leben, eines Fonds, aus dem wir Kraft schöpfen können für das technokratische, materialistische Diesseits? Es ging Dir um die Wirklichkeit auch der geistigen Welt, um – wie es Dein Wahlsohn Roman Hocke einmal formulierte – um das »Nebeneinander der beiden Welten«.

Die Gutwilligen haben das gefühlt und verstanden. Selbst dort, wo Du es ihnen nicht leicht gemacht hast, selbst wenn sie Dir nicht immer folgen konnten. Die verwirrende Geschichte vom »Korridor des Borromeo Colmi« (Du hast sie gern öffentlich vorgelesen) haben sie noch bereitwillig angehört und freundlich hingenommen, als etwas verstiegenen Jux vielleicht, mit leichtem Kopfschütteln vielleicht. Aber wie war das mit Deinem Buch »Der Spiegel im Spiegel«, das mir das liebste aus Deiner Feder ist? Zunächst stand es sogar auf der Bestsellerliste, und gar nicht mal kurze Zeit. Doch es war wohl Dein Name, der die Menschen in den Buchhandlungen danach greifen ließ. Ich glaube, dann ist es bald – halb gelesen – in den Bücherschränken verschwunden.

Man muß wohl in der Welt Deines Vaters Edgar Ende, des Malers surrealistischer Bilder, zu Hause sein, um mit den grandiosen Wortgemälden des »Spiegel im Spiegel« umgehen zu können, um seine dunklen, satten Farben, diese unbarmherzigen, melancholischen Gaukler-Visionen und rätselhaften, ungreifbaren Traumgeschehnisse jenseits der Tageslogik schätzen zu können. Nicht ohne Grund hast Du dieses Buch der Bilder Edgar gewidmet, dem wir beide un-

ser Verhältnis zum Leben verdanken und über den Du geschrieben
hast:

»Die Wirklichkeit einer geistigen Welt jenseits der sinnlichen Wahr-
nehmung stand für ihn außer jedem Zweifel, und zwar nicht in einem
abstrakt begrifflichen Sinne, sondern in einem sehr konkreten, ja sogar durchaus personalen, wesenhaften.«

Das hättest Du über Dich selbst schreiben können.

Daß »Momo« und »Die unendliche Geschichte« die Zeiten überdau-
ern werden, bezweifelt wohl niemand. Aber ich glaube, daß man
auch Deinen »Spiegel im Spiegel« eines Tages zur großen Literatur
rechnen und möglicherweise sogar als Dein wichtigstes Buch ansehen wird. Dann nämlich, wenn sich das Bewußtsein der Menschen
abermals gewandelt hat: weg vom Kausal-Denken und hin zu der
neuen, alogischen »Romantik«, deren Verfechter Du warst. Ich
schreibe das Wort »Romantik« hier in Anführungszeichen, um es zu
verfremden. Denn ich meine es nicht so, wie die Literaturhistoriker
es verstehen – wohl wissend, daß Du Dich selbst als einen Nachfah-
ren der Romantiker bezeichnet hast. Verzeih, ich konnte Dich so nie
sehen. Gewiß, wir beide sind Brentano, Eichendorff, E. T. A. Hoffmann und den anderen Romantikern immer dankbar gewesen für
das, was sie an Neuem in die Welt gebracht haben. Wenn wir von
Deinem Geistesbruder Novalis einmal absehen, war ihre Welt eine
grundsätzlich andere, ihre Romantik und ihr Bewußtsein auch. Was
Du geschrieben hast, unterscheidet sich wesentlich von ihren naiven Werken, ist weniger unverbindlich als die Geisteskinder dieser
achtbaren Autoren. Es ist kantiger, weist überall dort schärfere Kon-
turen auf, wo ein Brentano verspielter, ein Eichendorff gefühlsseli-
ger, ein Hoffmann vertrackter schrieb. Ein paar Farben, die Freiheit
im Fabulieren, Formulieren, Fühlen, Denken – etwas von jener Romantik ist in Deine eingegangen, und vielleicht hätte es Deine Arbeiten ohne die jener nicht gegeben. Aber ich meine, Du hast etwas anderes geschaffen als sie, weil das menschliche Bewußtsein seither
universaler und das Denken in unserer Zeit klarer geworden ist.

Kehren wir nochmals nach Italien zurück, zur Katastrophe von Genzano di Roma, zum Tod Deiner ersten Frau. Diese Ehe, die Ehe mit
Ingeborg Hoffmann, der Schauspielerin, ist Himmel und Hölle gewe-

sen, alle Freunde wissen es. »Wir wollten uns Sonne geben/und stehen uns nur noch im Licht./Wir können zusammen nicht leben,/doch ohne dich lebe ich nicht«, heißt es in Deinem Gedicht, das mit der Zeile endet: »Mein Liebes, was sollen wir tun?« Und in diese Ratlosigkeit, dieses Inferno hinein trat dann der Tod – da *mußtest* Du ohne sie leben.

Ich habe Dich kaum je so verzweifelt gesehen wie in diesen Monaten. Fluchtartig verließt Du Italien und die Casa Liocorno von heute auf morgen, verlegtest Du Deinen Wohnsitz wieder nach München – ohne Deine Frau, Deine Mitarbeiterin, die chaotische Geliebte, ganz auf Dich selbst zurückgeworfen. Wir konnten Dich damals nicht trösten, Du hast mit Gott und der Welt gehadert.

Zehn Jahre waren Dir noch gegeben für Deine dritte Existenz. Du hast wieder zu arbeiten begonnen und standest wieder im Scheinwerferlicht, buchstäblich: Bei den Premieren der Opern, die Du mit dem Komponisten Wilfried Hiller geschaffen hast, wollte das Publikum Dich auf der Bühne sehen.

»Dem Goggolori schenke ich meinen Tod,/auf daß er erlöst wird aus seiner Not,/und damit er einst selige Auferstehung findet«, heißt es im »Goggolori«, Deiner »bairischen Mär« mit Musik, der Legende von der Erlösung eines Naturgeists durch das Opfer des Mädchens Zeipoth. Das ist die Übersetzung des Textes, der in einem altertümlichen bayerischen Dialekt geschrieben ist, vielleicht sogar in einer von Dir erfundenen Kunstsprache, ich weiß es nicht. Die Oper hat die Menschen trotz dieser schwierigen Sprache bewegt, sie wurde und wird immer wieder aufgeführt. Du hattest besonders das Finale gern: »Bis zum Ende der Welt, bis zum Ende der Zeit . . .«

Hiller und Du, Ihr habt zusammen viel für das Musiktheater gearbeitet. Zur festlichen Wiedereröffnung des Münchner Prinzregententheaters brachtet Ihr Eure »Jagd nach dem Schlarg« auf diese Opernbühne, eine »musikalische Clownerie«. Es hat Euch selbst viel Spaß bereitet, dieses turbulente, übermütige Nonsens-Stück nach Lewis Carrolls Nonsens-Gedicht über das »Schlarg«, ein vertracktes Ding, das keiner recht fassen, definieren kann. Dann, von den Kindern umjubelt: »Das Traumfresserchen«, das mehrere hundert Mal aufgeführt worden ist, im In- und Ausland. Und schließlich: »Der Rattenfänger«, eine Oper in elf Bildern, die Ihr auch »Ein Hamelner Totentanz« nanntet.

Das war nun kein Spaß mehr, kein gemütvolles Märchen, keine Herzensfreude für Kinder. Es war – wenn auch im verfremdeten Kostüm – eine deutliche Warnung vor dem Materialismus unserer Zeit, eine düstere Parabel über die drohende Macht des Geldes: »Für jedes Geldstück, das wir erwerben,/muß etwas sterben:/ein Baum – ein Tier – ein Gewässer – ein Kind . . .« Nur die wenigsten wissen, was dahintersteckt: daß Du Dich jahrelang intensiv mit dem gefährlichen Wachstum des Geldes ins Unermeßliche beschäftigt hast. Eure letzte Oper hat es dann nicht mehr auf die Bühne geschafft. Du hast Dich lange und eingehend mit dem Stoff auseinandergesetzt, schriebst bereits die ersten Zeilen, Hiller vertonte sie – da, Michael, verließen Dich die Kräfte, und Dein Sterben begann. Deine seltsame Geschichte vom Flaschenteufel werden wir nie zu sehen und zu hören bekommen.

Freund Hiller sagte seinerzeit über Eure fruchtbare Zusammenarbeit: »Wenn er einen Satz hinschreibt, fällt mir sofort die Musik dazu ein. Er ist ein Autor mit unbestechlichem Gefühl für sinnlich erlebbares Theater.« Kein Wunder: Du hast das Theater immer geliebt, von Jugend an, noch vor Deinem Studium an der Schauspielschule, vor Deiner Arbeit als Regisseur.

Was Dramaturgie heißt, hast Du aus den Werken bedeutender Autoren erfahren. Schon früh schriebst Du die »Commedia Infernale« mit dem Titel »Die Spielverderber«, die – ich kann es nicht begreifen – bei der Premiere an den Frankfurter Städtischen Bühnen einen Theaterskandal auslöste, von den Kritikern in Grund und Boden verdammt wurde und nie ein Erfolg geworden ist (was für saftige Rollen, was für exakt konturierte Charaktere stecken darin!). Du schriebst das »Gauklermärchen«, das oft aufgeführt wurde, besonders von jungen Menschen (denen Du auch die Erlaubnis gabst, »Momo« zu dramatisieren und zu spielen). Du schriebst die Bühnenfassung zum »Wunschpunsch« – genauer gesagt zu Deinem Bestseller-Roman »Der satanarchäolügenialkohöllische Wunschpunsch«, auch das ein Zeitstück im märchenhaften Gewand.

Der lustige »Wunschpunsch« entstand in Deiner zweiten Münchner

Zeit, wie so vieles, vor allem aber der autobiographische »Zettelka-sten«, über den Du mir verrietest: »Das hat mich buchstäblich schlaf-lose Nächte gekostet. Als Erzähler pflege ich hinter meine Geschich-ten zurückzutreten – im ›Zettelkasten‹ tue ich das nicht. Ich weiß, daß ich mich mit diesem Buch sehr angreifbar mache.«

Nun ist es zu einer Art Vermächtnis geworden.

In München hast Du dann wieder geheiratet (und es ist heute noch eine Freude für mich, daß Du meine Frau zu Deiner Trauzeugin wähl-test). Du heiratetest eine Japanerin, Mariko Sato, Deine Übersetze-rin. Ich glaube, es war die Erfüllung eines Traums, den Du von Ju-gend an träumtest, des Traums vom Märchenland Nippon.

Deine Reisen nach Japan, Dein Enthusiasmus für das majestätische No-, das volkstümliche Kabuki-Theater (Du hast mir stundenlang da-von erzählt). Und die Begeisterung, die Dir in diesem Land entgegen-schlug. Du konntest kaum über die Straßen von Tokio gehen, ohne um Autogramme gebeten zu werden. Und in einem Museum zeigen sie – so hast Du mir berichtet – Deine alte Schulmappe und Deine (schlechten) Schulzeugnisse neben anderen Requisiten aus Deinem Leben.

Einiges japanische Mobiliar hast Du dann auch mitten in Deiner letz-ten Münchner Wohnung aufgestellt, diesem eleganten Flat hoch über den Dächern der Stadt, das sich so sehr von Deiner Boheme-Behausung in Italien unterschied. Jedes neue Stück hast Du mit viel Überlegung ausgewählt, den langen Naturholztisch für viele Gäste, die bunten Beleuchtungskörper überall, die Regale für Deine Biblio-thek, die Glaskästen für das Bric-à-brac; und Du hast alles ordentlich zusammengefügt mit den Schätzen, die Du von Ort zu Ort mit Dir nahmst: der jadefarbene Buddha-Kopf, Edgars Chodowiecki-Schrank, Edgars glutvolles Ölgemälde »Der Orgelkönig« von 1952. Zwei Katzen spielten hier und zerkratzten die weißen Möbel, kostba-re Kartäuser-Katzen mit verwickelten Charakteren, anders geartet als einst der simple Kater Mao, der treuherzige Köter Ali Baba oder Deine verrückte Hündin, die mich in jenen glücklichen italienischen Tagen einmal nachts in die Hand gebissen hat. Der Blick aus den Fen-stern des riesigen Wohnzimmers führte auf das Treiben der Haupt-straße und auf die herrliche Fassade der Asam-Kirche.

Und hier begann Dein Sterben.

Die Operation, die schleunigst vorgenommen werden mußte, nachdem Du von der Untersuchung in der Ulmer Spezialklinik nach München zurückgekehrt warst. Das Erschrecken, die Ungläubigkeit. Wir konnten es nicht fassen, was uns der Arzt eröffnete, als Du noch in der Intensivstation lagst; wir wollten es nicht annehmen, verdrängten es und hofften mit Dir. »Das ist nicht meine Krankheit«, hast Du uns immer wieder versichert, und wir glaubten es nur allzu gerne.

Die tiefgreifenden Behandlungen, Dein Zug durch die Kliniken. Wie sehr sich Dein Aussehen veränderte! Und zwischendurch gab es immer mal wieder Phasen, in denen der alte Michael zum Vorschein kam, in denen wir Gespräche führten wie früher. Doch das war trügerisch. Vierzehn Monate hast Du gegen das tückische Leiden angekämpft, haben wir um Dich gebangt. Deine Kräfte ließen immer mehr nach. Der erste Aufenthalt in der Filderklinik bei Stuttgart. Du wolltest noch einmal nach Hause, setztest es durch. Aber dann war nur noch künstliche Ernährung möglich, und Du kehrtest in diese Klinik zurück, in der sie Dir die letzten Wochen erleichterten.

Unser Abschied. Vier Tage danach, am 28. August um 19.10 Uhr, bist Du für immer gegangen, friedlich hinübergegangen in Deine andere Existenz.

An einem grauen Regentag dann, auf dem Münchner Waldfriedhof, das letzte Lebewohl. »Bis zum Ende der Welt, bis zum Ende der Zeit« sang ein Chor das »Goggolori«-Finale, in dem es heißt: »Unser Leben ist zu kurz und gar bald kommt der Tod,/und ist dennoch eine himmlische Gnade.« Ja, es war zu kurz, mein Freund, Dein ungewöhnliches, schöpferisches Dasein.

»Ich habe zeit meines Lebens nach Hinweisen und Gedanken gesucht, die uns herausführen könnten aus dem Weltbild des Nur-Beweisbaren«, hast Du einmal erklärt. Und Du hast auf das Geheimnis hingewiesen, das hinter allem steht, und auf die Kraft dieses Geheimnisses.

Lebe wohl, Michael. Wir kommen wieder zusammen.

Peter Boccarius

Im September 1995

Gemeinde-Krankenhaus Garmisch

Telefon Nr. 164

Garmisch, den *25. 11.* 192*9.*

Krk.-Buch Nr. *973.*

Rechnung

für *Frau Luise Ende, Garmisch, "Günter Haus"*

Kur= und Verpflegung vom *12. 11. 29* bis *25. 11. 29*		
= *13* Tage à *8* RM. *pro Tag* . . . . . *104.* RM. — Pfg.
Benützung der Operationseinrichtung . . . *28.* RM. — Pfg.
Narkose= und Nähmaterial . . . . . . *15.* RM. — Pfg.
Verbandstoffe . . . . *7.* RM. — Pfg.
Medikamente — Lösungen — Salben . . . *18.* RM. — Pfg.
Tabletten und Injektionen . . . . . *10.* RM. — Pfg.
Elektr. Wärme= und Heißluftbehandlung . . *1.* RM. — Pfg.
Röntgenbehandlung . . . . RM. Pfg.
Höhensonnebehandlung . . . . . . RM. Pfg.
Elektr. Behandlung (Diathermie ꝛc.) . . . RM. Pfg.
Elektr. Lichtbäder und gewöhnl. Bäder . . RM. Pfg.
Cysto= und Rectoskopie . . . . . . RM. Pfg.
Mikroskopische Untersuchungen . . . . RM. Pfg.
Bakteriolog. und histolog. Untersuchungen . . RM. Pfg.
Desinfektionen . . . . RM. Pfg.
Getränke . . . . RM. Pfg.
Telegramme und Telefongespräche . . . . RM. Pfg.
Porto . . . . RM. Pfg.
Sonstiges *Bügeln* . . . . . . *3.* RM. — Pfg.
. . . . RM. Pfg.
. . . . RM. Pfg.
. . . . RM. Pfg.
Summa: *170.* RM. — Pfg.

170 RM. Pfg. m. W.: RM. Pfg.

erhalten zu haben bestätigt:

Garmisch, den *25. 11.* 192*9*

Krankenhaus Garmisch

Schw. M. Theodora

J.H. Frau Luise Ende
c.S. Rekli 4½

Für ärztliche Bemühungen

Kaiserschnitt
Operation 21.II.29

erlaube ich mir

255 Mk.

zu berechnen.

Obigen Betrag erhalten

Garmisch, den _____ 19

Frau Luise Ende

Für ärztliche Bemühungen

Leitfrad bei Entbindung
Operation u. Nachbehandlung

erlaube ich mir

120. Mk.

zu berechnen.

12.Dez. 1929

Obigen Betrag erhalten

Garmisch, den _____

Garmisch 6 XII 29

Aerztliches Attest.

Frau Luise Ende, Kunstmalers gattin
mußte wegen fast verengten Becken
durch Kaiserschnitt entbunden werden. (12.XII.29)
Eine Entbindung auf natürlichem Wege kam
nicht in Frage wegen mit Aufopferung d Kindes.
Die Mithilfe der Hebamme (Fr. Hierseil) vor
während d Operation u. zur Pflege im Wochenbett
war unbedingt erforderlich

San. R Dr Ulrich.

INTENDANZ   MÜNCHEN, DEN 30.März 50

Herrn
Michael E n d e
Otto Falckenberg-Schule
München, Herrnstr.54

Sehr geehrter Herr Ende,

    Ihre bisherigen Leistungen an der Otto Falckenberg-
Schule, vor allem in Hinsicht auf Ihren Fleiss, lassen es
dem Lehrerkollegium im augenblick noch nicht geraten erscheinen, Ihnen die Ausbildung für das ganze folgende Schuljahr
zu gewährleisten. Wir haben uns deswegen entschlossen, Ihre
Ausbildung bis zum Ende des nächsten Semesters, d.h. also
bis zum 31.Juli d.J. fortzusetzen und es dann von einer
erneuten Beobachtung abhängig zu machen, ob Ihr weiteres Verbleiben auf der Schule gerechtfertigt ist.

    Mit guten Wünschen für Ihre Entwicklung

                       (Hans Schweikart)

Personenregister

(Nicht aufgeführt sind Michael Ende, Edgar Ende, Luise Ende und Ingeborg Hoffmann-Ende)

Bibliographie

Willy Andreas, *Deutschland vor der Reformation*, Stuttgart 1932.

Kristian Bäther, *Wer wohnte wo in Schwabing?* München 1965.

Eva Berthold/Norbert Matern, *München im Bombenkrieg*, Düsseldorf 1983.

Hans Biedermann, *Handlexikon der magischen Künste*, Graz 1973.

Martin Broszat, *Der Staat Hitlers*, München 1969.

Ronald W. Clark, *Sigmund Freud*, Frankfurt/M. 1981.

Walter Deppisch, *Richard Strauss*, Reinbek 1968.

Michael Ende, *Jim Knopf und Lukas der Lokomotivführer*, Wien 1960.

Michael Ende, *Jim Knopf und die Wilde 13*, Stuttgart 1962.

Michael Ende, *Momo*, Stuttgart 1973.

Michael Ende, *Das Traumfresserchen*, Stuttgart 1978.

Michael Ende, *Die unendliche Geschichte*, Stuttgart 1979.

Michael Ende, *Das Gauklermärchen*, Stuttgart 1982.

Michael Ende, *Der Goggolori*, Stuttgart 1984.

Michael Ende, *Der Spiegel im Spiegel*, Stuttgart 1984.

Michael Ende, *Trödelmarkt der Träume*, Wien 1986.

Michael Ende, *Die Jagd nach dem Schlarg*, Stuttgart 1988.

Michael Ende, *Der Spielverderber*, Stuttgart 1989.

Michael Ende, *Der Wunschpunsch*, Stuttgart 1989.

Michael Ende, *Das Gefängnis der Freiheit*, Stuttgart 1992.

Michael Ende, *Der Rattenfänger*, Stuttgart 1993.

Michael Ende, *Zettelkasten*, Stuttgart 1994.

Maurus Gerner-Beuerle (Hrsg.), *Schöpferisches Leben / Die Bedeutung Johannes Müllers für unsere Zeit, Gedenkschrift zu seinem 100. Geburtstag*, München 1964.

Hermann Glaser, *Kleine Geschichte der modernen Weltliteratur*, Frankfurt/M. 1956.

Th. Gsell-Fels, *Rom und Mittel-Italien*, Leipzig 1875.

Peter Hanke, *Zur Geschichte der Juden in München zwischen 1933 und 1945*, Neue Schriftenreihe des Stadtarchivs München 1967.

Johannes Hemleben, *Rudolf Steiner*, Reinbek b. Hamburg 1963.

Andreas Hillgruber / Gerhard Hümmelchen, *Chronik des Zweiten Weltkrieges*, Königstein, Düsseldorf 1978.

Ludwig Hollweck (Hrsg.), *Unser München / Ein Lesebuch zur Geschichte der Stadt im 20. Jahrhundert,* München 1980.

Marianne Kesting, *Bertolt Brecht,* Hamburg 1959.

Felix Klee (Hrsg.), *Tagebücher von Paul Klee 1898–1918,* Köln 1957.

Jörg Krichbaum (Hrsg.), *Edgar Ende* (Monographie), Stuttgart 1987.

Jörg Krichbaum (Hrsg.), *Edgar Ende* (Ausstellungskatalog), Stuttgart, Wien 1987.

M. J. Krück v. Poturzyn, *Wir erlebten Rudolf Steiner / Erinnerungen seiner Schüler,* Stuttgart 1967.

Hans Lamm (Hrsg.), *Vergangene Tage / Jüdische Kultur in München,* München 1982.

Hans-Georg Lehmann, *Chronik der Bundesrepublik Deutschland / 1945/49 bis heute,* München 1981.

Franz Lennartz, *Ausländische Dichter und Schriftsteller unserer Zeit,* Stuttgart 1955.

Alma Mahler-Werfel, *Mein Leben,* Frankfurt/M. 1960.

Lisa Matthias, *Ich war Tucholskys Lottchen,* Hamburg 1962.

Yehudi Menuhin, *Unvollendete Reise / Lebenserinnerungen,* München 1976.

Emil Molt, *Entwurf meiner Lebensbeschreibung,* Stuttgart 1972.

Christian Morgenstern, *Gesammelte Werke,* München 1980.

Siegfried Obermeier, *Münchens goldene Jahre / 1871–1914,* München 1976.

August Pauli, *Vom Pfarrer der Landeskirche zum Pfarrer der Christengemeinschaft / Ein Werdegang,* Stuttgart 1928.

Lothar Perret, *Geschichte der Familie Perret-(Saulvestre),* Neustadt a. d. Aisch 1984.

Wolfgang Petztet, *Theater – Die Münchner Kammerspiele 1911–1972,* München 1973.

Kurt Preis, *München unterm Hakenkreuz,* München 1989.

Friedrich Prinz (Hrsg.), *Trümmerzeit in München. Kultur und Gesellschaft einer deutschen Großstadt im Aufbruch 1945–1949,* München 1984.

Rudolf Reiser, *Alte Häuser – Große Namen,* München 1978.

Günther Rühle, *Theater für die Republik / 1917–1933 im Spiegel der Kritik,* Frankfurt/M. 1967.

Rolf Schneider, *Theater in einem besiegten Land. Dramaturgie der deutschen Nachkriegszeit 1945–1949,* Frankfurt/M., Berlin 1989.

Franz Schonauer, *Stefan George,* Hamburg 1960.

Wolfram Selig (Bearb., u. Mitw. v. Ludwig Morenz und Helmuth Stahleder), *Chronik der Stadt München 1945–1948,* München 1980.

Werner Stein, *Kulturfahrplan,* Berlin-Grunewald 1946.

Joanna Thylmann (Hrsg.), *Karl Thylmann, Briefe,* Privatdruck o. J.

Ferner:
Allgemeine Deutsche Biographie
Rau-Lexikon. Das Wissen der Menschheit.
Münchner Neueste Nachrichten, Jg. 1929, 1935.
Völkischer Beobachter v. 10. 2. 1935.
Marbacher Magazin Nr. 34/1985: *Max Kommerell 1902–1944,* bearb. v. Joachim W. Storck; Deutsche Schillergesellschaft.
DER SPIEGEL, Nr. 20/1989: *Die Gnade der künstlichen Geburt (IV): Währungsreform und Berlin-Blockade* von Wolfgang Malanowski. – DER SPIEGEL Nr. 21/1989: *Die Gnade der künstlichen Geburt (V): Das Bonner Grundgesetz* von Wolfgang Malanowski.
Johannes Müller zu seinem 70. Geburtstag am 19. April 1934; als Manuskript gedruckt, Frankfurt/Oder o. J.
Verdunkeltes München; hrsg. v. d. Landeshauptstadt München, 1987.
Die Oberuferer Spiele; Dornach 1957.
Unikat zum 60. Geburtstag Michael Endes (Glückwünsche und Erinnerungen seiner Freunde); im Besitz des Schriftstellers, 1989.

AHNENTAFEL MICHAEL ENDE

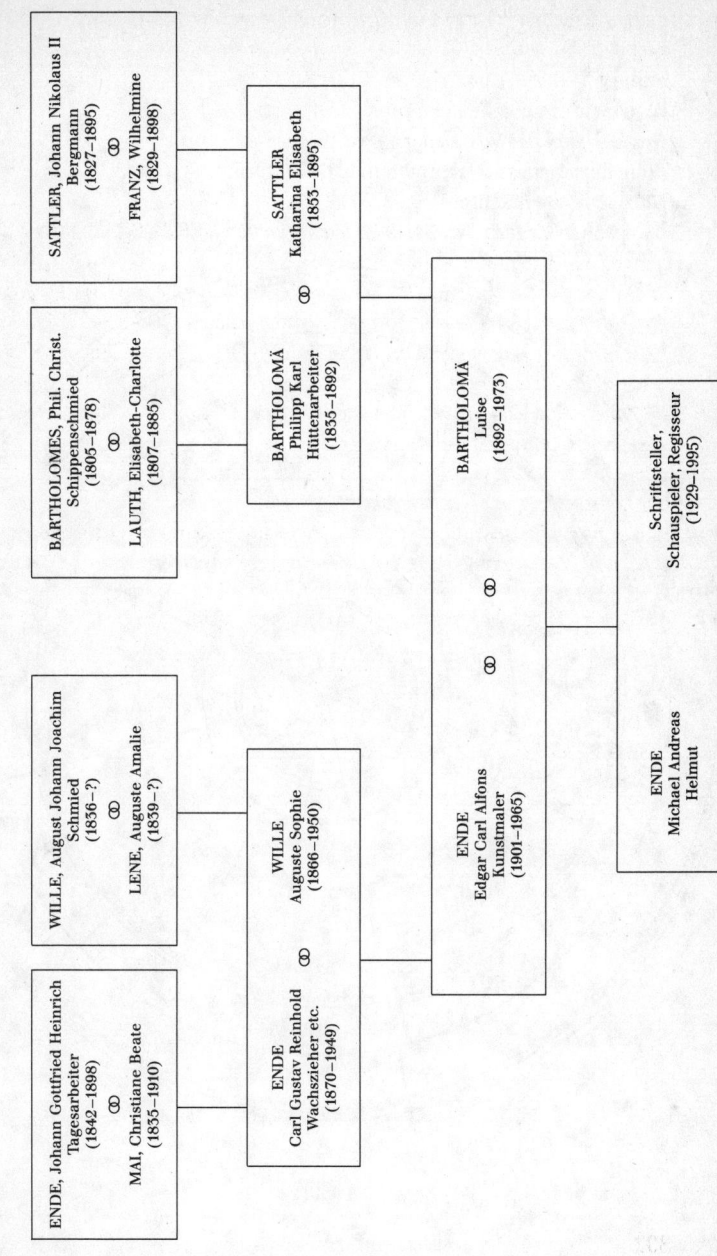

ENDE, Johann Gottfried Heinrich
Tagesarbeiter
(1842–1898)

∞

MAI, Christiane Beate
(1835–1910)

WILLE, August Johann Joachim
Schmied
(1856–?)

∞

LENE, Auguste Amalie
(1839–?)

BARTHOLOMES, Phil. Christ.
Schippenschmied
(1805–1878)

∞

LAUTH, Elisabeth-Charlotte
(1807–1885)

SATTLER, Johann Nikolaus II
Bergmann
(1827–1895)

∞

FRANZ, Wilhelmine
(1829–1898)

ENDE
Carl Gustav Reinhold
Wachszieher etc.
(1870–1949)

∞

WILLE
Auguste Sophie
(1866–1950)

BARTHOLOMÄ
Philipp Karl
Hüttenarbeiter
(1855–1892)

∞

SATTLER
Katharina Elisabeth
(1853–1895)

ENDE
Edgar Carl Alfons
Kunstmaler
(1901–1965)

∞

∞

BARTHOLOMÄ
Luise
(1892–1973)

ENDE
Michael Andreas
Helmut

Schriftsteller,
Schauspieler, Regisseur
(1929–1995)

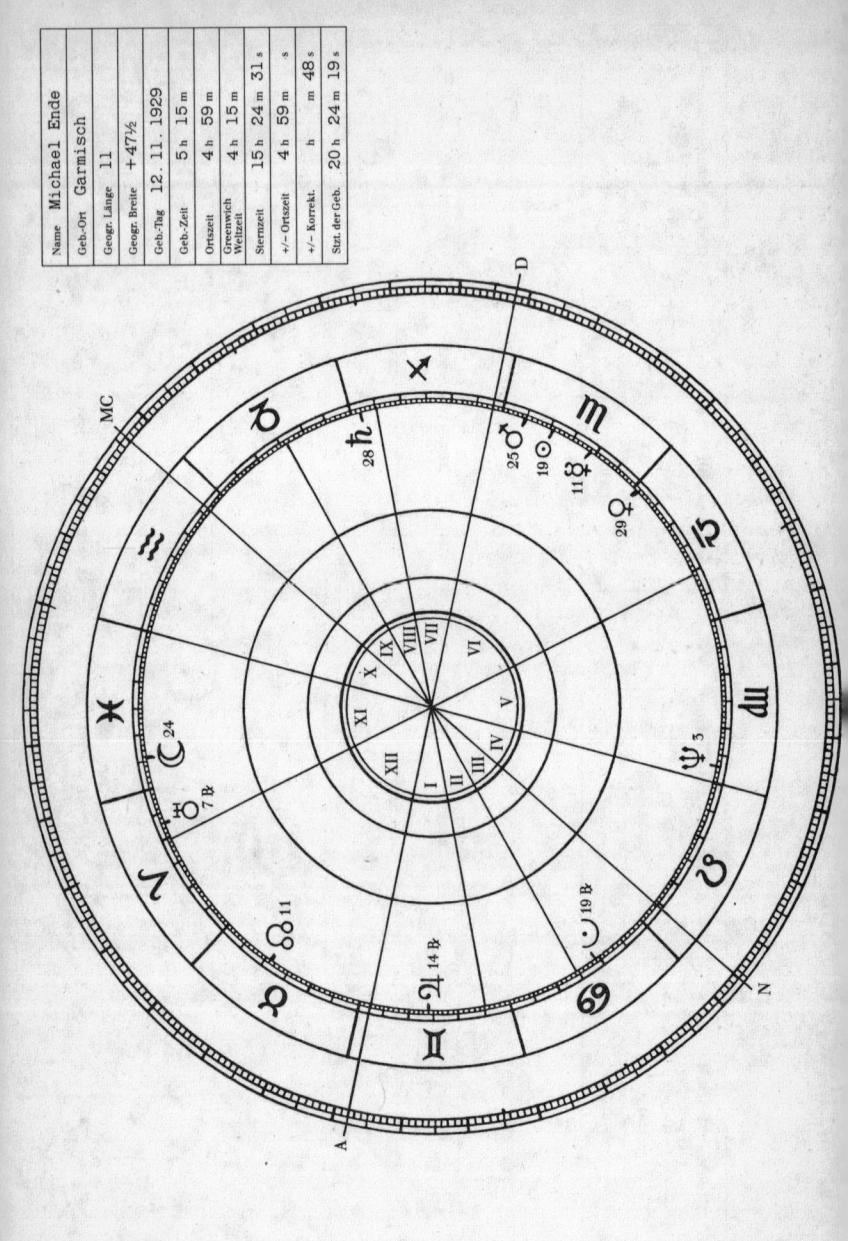

Name	Michael Ende
Geb.-Ort	Garmisch
Geogr. Länge	11
Geogr. Breite	+47½
Geb.-Tag	12. 11. 1929
Geb.-Zeit	5 h 15 m
Ortszeit	4 h 59 m
Greenwich Weltzeit	4 h 15 m
Sternzeit	15 h 24 m 31 s
+/– Ortszeit	4 h 59 m s
+/– Korrekt.	h m 48 s
Stzt. der Geb.	20 h 24 m 19 s